歷史只露半邊臉

求仙、殺宰相、文字獄……
血腥中帶著一點搞笑的君臣日常！

劉緒義 著

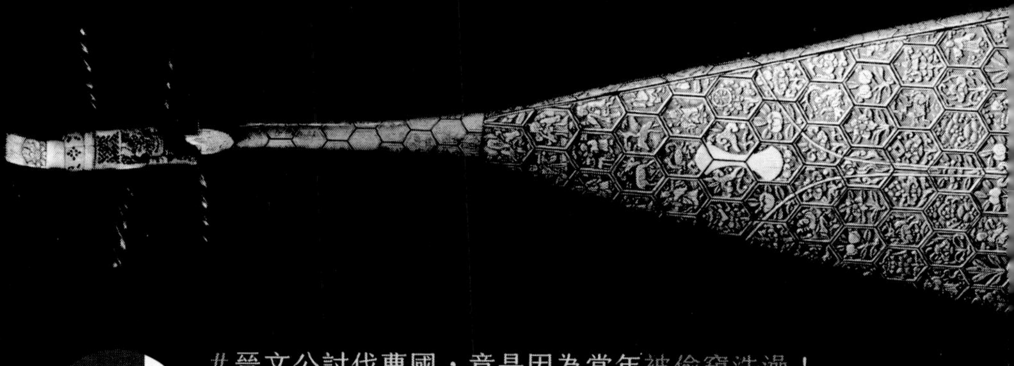

The hidden History

晉文公討伐曹國，竟是因為當年被偷窺洗澡！
西漢丞相，一個人人避之唯恐不及的高危險職業！
如果你是北宋官員，過年請小心王安石出沒！
明代官員上朝，享有豪華皇家早餐福利！

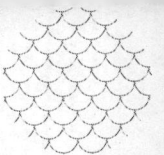

目錄

目錄

第五輯

第六輯

自序

探求歷史真相，回歸歷史本真，是許多研史者的追求與志願。

我沒有這種衝動，我不是歷史學家，我是學哲學的，我對歷史的興趣純然是出於好玩兼好奇。於歷史，我只算是一個「玩家」。

哲學上講，做什麼事都應該有一個主張，也就是要有自己的價值觀。那麼，我玩研歷史的主張是什麼呢？

我的主張並不是要探求真相，歷史很難說會找到真相，畢竟歷史沉澱下來的材料就那麼多，看起來，皇皇二十四史，但具體到某個人、某件事、某個歷史場景，則往往只有片語隻言。更何況，眼見尚且都不一定為實。歷史難有真相，但歷史是有生命的。

歷史的生命表現在讀史人的眼睛裡，如王冕在〈讀史〉發出的感慨：「耿耿青燈照青史，坐看興廢眼前來。」歷史是有溫度的，歷史的溫度表現在記史人選擇記下某人某事時的心情上，這種心情哪怕過了千年萬年再來感知，也是冷暖分明的。

歷史還是有思想的，我不是指「一切歷史都是思想史」，而是說無論哪一段歷史進入讀史人的視野裡，本身就帶有一種眼光去看它，無數的眼光足以匯成一條思想者的「星光大道」，這本身就是一件很有趣的事。

更有趣的是，歷史頗像個小頑童，總是只露出半邊臉。露著的這半邊臉，很難說是有意還是無意的，另外那半邊，說不定也是機緣巧合，被人視而不見，或者要換個角度才能看見。這正是歷史的有趣奇妙之處，否則幾千年來，同一段歷史就不大可能被不同的人反覆玩研。

作為一個學哲學的「歷史玩家」，我特別喜歡去「看」那沒有露出來的「半邊臉」。這一「看」，或許就能看出些什麼，比如說明明前人看到過那「半邊臉」，為什麼卻不讓它露出來？這就往往能夠引發出一些哲學上的思考了。我的思考也基本上還是圍繞著正史展開，前人所謂「信史直需求草野」，我更不相信野史。《史記》尚且只是「一家之言」，更何況他史？官修《明史》歷時百餘年，呈現出來的只是「半邊臉」；那些民間的方志、族譜、筆記，呈現出來的又何嘗不是「半邊臉」？

我的這些思考並不是想以古鑒今，記得魏源過說：「執古以繩今，是為誣今；執今以律古，是為誣古。」（《默觚．治篇五》）繩今或者律古，都不是我能力範圍內的事，因此心理上也就沒有傳統治史者的那種壓力。

「平生未識繁華事，旋借宣和國史看。」宋人葉茵的詩給了我很多啟示。歷史是給人看的，尤其是讓我們這些不識繁華事的普通人看的。但怎麼看，還真是一門學問，這門學問可能就叫歷史學吧。歷史學就是一門怎麼看歷史的學問，這樣解釋不知歷史學家認不認可。

我相信，我們無法去改變歷史，但是我們可以改變人們對歷史的看法，而歷史學的生命恰恰就在這裡。

一切歷史都只露半邊臉，這就是我對歷史的看法。

秉承這一理念，這些年來，我陸陸續續地抱著好玩、好奇的動力兼心態，信馬由韁地寫了不少看歷史的文章，它鞭策著我悠遊於歷史的磁場裡，徘徊於歷史的津渡邊，感知歷史的生命，觸摸歷史的溫度，燭照歷史的思想，喚起一個讀史人的自省，雖不敢作世事洞明之想，但亦有舊時朱門之悟。欣慰的是，這許多文章得到了媒體及師友們的垂青，陸續刊發，真乃人生一幸事。

好奇是我看史的動力，好玩是我研史的心態，至於寫得好不好，留待讀者朋友去評判了。「青史書時未是真，可能纖手卻強秦。」感謝老友楊鑫垚的慷慨扶助，讓這些文章得以結集問世，給世人一個看歷史半邊臉的窗口。

是為序。

劉緒義

戊戌荷月．鎖石齋

自序

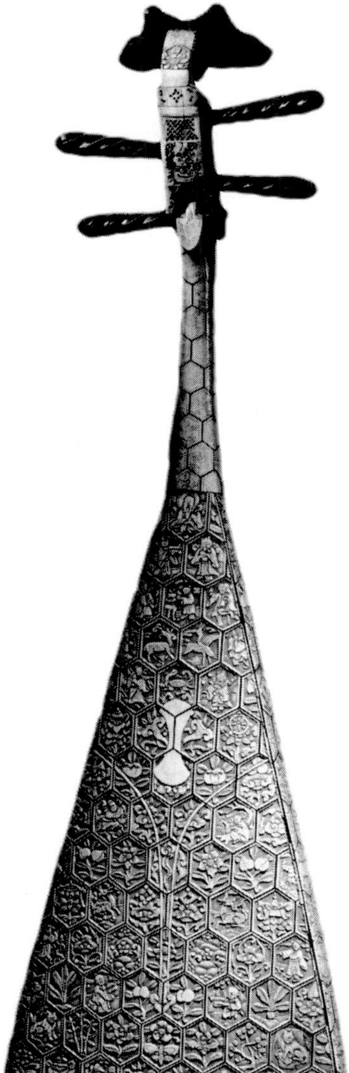

第一輯

同樣是沿海，齊魯兩國差距怎麼那麼大

《史記．封禪書》有一段特別有趣的話：「齊人燕人「為方仙道，形解銷化，依於鬼神之事。鄒衍以陰陽主運顯於諸侯，而燕齊海上之方士傳其術不能通，然則怪迂阿諛苟合之徒自此興，不可勝數也」。

太史公直指秦始皇時的方士，主要集中在燕齊，其原因要歸結到戰國時齊威王和齊宣王的理論家——齊人鄒衍「五德終始說」。雖然這些方士在騙術失敗後，曾遭到秦始皇的無情打擊而元氣大傷，但到漢武帝時，齊國的方士又興盛起來，李少君、少翁、欒大、公孫卿等哄騙漢武帝的本事一個比一個大，膽子一個比一個肥，其規模與聲勢遠超其上。「求蓬萊安期生莫能得，而海上燕齊怪迂之方士多更來言神事矣」，當地百姓也都如痴如狂，「上疏言神怪奇方者以萬數」。仙人沒有見到，倒招來故齊沿海一帶無數「怪迂之方士」，都說自己有禁方，能做神仙了。

齊國在秦漢時期多出方士，同樣是山東沿海的魯國卻沒有，兩國差距那麼大，原因何在？

完全不同的政治制度

齊國姜姓，地理位置在山東的東北部，是周武王的國師太公望的封地。「三監之亂」後，周成王給了姜太公相當於今天的特區自治權：「東至海，西至河，南至穆陵，北至無棣，五侯九伯，實得征之。」

魯國姬姓，地理位置在山東的南部，首封國君為周武王弟弟周公旦，由於周公要留在鎬京輔佐成王，讓長子伯禽代為主政。魯國始封時疆域較小，「封土不過百里」，後來陸續吞併了周邊的小國，並奪占了曹、宋等國部分土地，成了大國。國力最強時其疆域北至泰山，南達徐淮，東至黃海，西抵定陶一帶。

應該說，齊魯二國在春秋時期都是大國。地位也平等，都是侯爵。但是兩國的政治制度完全不同。

齊國實行的不是郡縣制，地方行政制度偏向於分權，採取了五都之制。據周振鶴先生考證，按理每國只應有一都，但齊在國都之外又有平行的四都，地方行政權力分屬於五都；軍權亦不集中，齊國曾起「五都之兵」伐燕，說明五都皆有兵。《國語》記載，齊國五都設一大夫專權治理，每年正月到國都述職，擁有相當大的權力。齊國也有縣，但縣很小。齊《叔夷鐘銘》載靈公一次性賞賜叔夷萊邑三百縣，足見其縣之小，齊實行的是分權的都邑制。

魯國實行的則是周的政治制度，「周之最親莫如魯，而魯所宜翼戴者莫如周」。魯國享有郊祭文王、奏天子樂的崇高特權。

可以說，齊魯二國，政治上各有各的優勢。一是自治，一是輔周。但由此也造就兩國不同的發展方向，齊國以創業為主，魯國以守成為主。

同樣的經濟優勢，不同的改革思路

齊魯兩國以泰山為界，分居泰山南北；海洋環境優越，有著相似的經濟資源。齊國的海鹽煮造很發達，《左傳》中鹽池被稱為「國之寶」。到了戰國，「齊有渠展之鹽」，產量大，流通廣。魯國鹽鐵同樣是重要且豐富的資源。《史記．貨殖列傳》有一個西漢初的富豪排行榜，其中魯國的曹邴氏，以煉鐵起家，排第四；齊國的刁閒，大鹽商，排第五。

但是，齊國因冶鐵手工業發展起了繁華城市，如國都臨淄。臨淄故城出土冶鐵作坊六處，最大一處面積達四十多萬平方公尺。各國國都中，屬齊國國都臨淄規模最大最繁華，人口七萬戶，居民都很富裕，娛樂活動豐富多彩，馬路上車輛擁擠，行人往來如織，「家敦而富，志高而揚」。城內最熱鬧的街道直貫外城南北，有六車道，南北約四公里半，東西約四公里。當時大的商業城市中，沒有魯國國都；稍大的城市，齊國有即墨、安陽和薛，魯國一個都沒有。

齊魯兩國的蠶桑業發達。魯國出產的縞有名，但齊國的阿地出產的縞更著名。齊魯之間還發生過經濟戰爭，「齊紈魯縞」，齊以經濟手段「不戰而屈人之兵」。

齊國屬於禹貢九州的青州，周初姜尚剛受封時，齊國國境也小，瀕海之鹽鹼地不適於農業生產，但是齊國因地制宜，「通商工之業，便魚鹽之利」，煮鹽墾田，富甲一方，兵甲數萬，至齊桓公時，依靠海上資源，迅速成為春秋五霸之首。隨著疆域的擴大，膏壤千里，農業也得到發展，到戰國時已呈「粟丘如山」的景象。

齊國還有一個劣勢，齊和趙、魏以黃河為界，趙、魏二國地勢較高，黃河泛濫時齊國就會遭受嚴重災害。但齊國沿黃河建了一條離河二十五里地的長堤，以防黃河泛濫。《管子・度地》，講的就是齊國築堤的經驗。

在處理農業與商業的關係時，管仲提出「溥本肇末」，既透過農業積累財富，又透過商業活動促進流通以增加財富。將士、農、工、商並列為國之四民，設工商之鄉，四民分工，地位平等，農工商並重。

齊國注重改革。西元前六八五年，「齊桓公用管仲之謀，通輕重之權，繳山海之利，以朝諸侯，用區區之齊，顯成霸名」。後又打出「尊王攘夷」的旗號，成為中原霸主。

魯國屬於禹貢九州之徐州，西部是黃淮平原，擁有土質肥沃的良田，農耕發達。也許正是看到齊國的優勢，孔子將農事看作是「鄙事」。

魯國的改革卻遲至西元前五九四年的「初稅畝」，這一被後人津津樂道的稅制改革，其實是不得已而為之，因為井田已經被破壞，要想增加稅收，只能按田畝的多少來徵稅。因此，《左傳》、《穀梁傳》都說：「初稅畝，非禮也。」四年後，魯國又「作丘甲」，實際上是對私田所有者徵收軍賦，都是為了增加稅收，根本算不上真正的稅制改革。魏國李悝變法推行的是

「什一稅」，但魯哀公說「二吾猶不足」，認為十分之二仍不夠。可見，魯國經濟到了何等地步。

齊國的辦法則是相壤定籍，按照土壤品質的好壞規定租稅的等級，是對管仲「相地而衰徵」辦法的發展，比「初稅畝」要科學得多。

雖然魯桓公、莊公、僖公時魯國曾強盛一時，一度與齊國爭奪東方的霸主地位，但因為缺乏改革，在齊國面前長期處於弱勢。

截然不同的文化政策

齊太公一開始實行「因其俗，簡其禮」的文化政策，管仲相齊，仍然採取「俗之所欲，因而予之，俗之所否，因而去之」，並不強求思想一律，而是順其自然，採取強國富民的方法以達到「知禮節，知榮辱」的文化道德水準。

魯國則一開始「變其俗，革其禮」，同時又「啟以商政」，魯因而成為禮樂之邦。魯國在諸侯班次中位次居長，將推行周朝禮樂作為政治任務，依照周制來治理。因此，伯禽前後用了三年才完成魯國初步的穩定，返回成周報告；齊國卻只用了五個月。魯在政治上的優勢沒有轉化為經濟優勢。

齊人第一特點是善辯，性情豁達。《史記》說齊人「寬緩闊達而足智」。鄒衍、鄒奭、淳於髡等都是齊國有名的辯士，《漢書．鄒陽傳》說「齊楚多辯知」，稷下學宮便是齊國機辯之士集中之處。

第二，齊人尚武。有的行俠仗義，熱衷私鬥；有的暗殺行刺，雞鳴狗盜。武夫、力士、刺客之類，遍及各地。

第三，齊人尚奢。管仲就以奢侈著稱，卻受到齊人的尊崇。齊國的數代名君皆尚奢侈，如桓公「宮中七市，女閭七百」；景公有一雙鞋子，鞋帶用金絲織成，鞋面與鞋口鑲飾白銀和一串串珍珠，鞋頭上還綴著美玉，長一尺。

第四，齊人尚色。兩性關係上隨意，無媒自交，同姓相婚、近親相交普遍。「齊桓公好婦人之色，妻姑姊妹，而國中多淫於骨肉」，他還自稱「有汙行，不幸而好色，姑姊妹有不嫁者」。

魯人則沉浸於周代禮樂文化，固守禮「經國家，定社稷，利後嗣」的功能，「服於有禮，社稷之衛也」，對周禮懷有極大熱忱。東周「禮壞樂崩」，魯國仍有不少知禮之人，如臧文仲、柳下惠、曹劌、里革、叔孫豹、子服景伯、左丘明、孔子等。

秦末，劉邦舉兵圍魯時，「魯中諸儒尚講誦肓習禮樂，絃歌之音不絕」。後來司馬遷到魯地「觀仲尼之廟堂」，諸生「以時習禮其家」。史學家顧頡剛先生說「漢代統一了魯國的禮教和秦國的法律」。

齊魯兩國的差距給了我們現代人重要的啟示。齊國強力推行經濟建設和改革，同時在文化建設上順其自然；魯國則強力推行文化建設，忽視經濟和改革。前者導致國強而民俗，後者導致民雅而國弱。

治國理念上，齊國以開放的姿態，一定程度上與地方分權，因而，思想文化也不容易保守，導致秦漢時期方士盛行，走上急功近利之途；魯國則固守傳統，思想意識內斂，導致經濟停步不前、改革無力。魯齊兩國最終在與秦抗衡的過程中衰落，先後被人吞併。

《管子．治國》中指出「凡治國之道，必先富民」，正是看到了齊國的長處，孔子後來提出「先富後教」，就是對自己母國的反思。

文化需要推陳出新，固守很難維繫文化的生命力。春秋戰國禮崩樂壞，魯國其實並不例外：季孫氏「八佾舞於庭」；為了爭權奪位，魯國也發生過多次兄弟骨肉相殘的事件，廢長立幼，殺嫡立庶；三桓專權，慶父之難。禮樂制度本來是為了維繫宗法制度的，但這種制度或文化必然受經濟基礎所制約。所謂「周禮盡在魯」，只不過是一種形式或者程序化的存在，其根本精神早已不存在。

齊人鄙視魯人的繁瑣禮節。孔子至齊，齊景公欲以田封孔子，遭到晏嬰勸阻：「夫儒者，滑稽而不可軌法；倨傲自順，不可以為下；崇喪遂哀，破產厚葬，不可以為俗；遊說乞貸，不可以為國。」齊人淳於髡曾兩次當面指責孟軻，認為魯繆公重用儒士而致國家衰弱，儒士無益於國，「為其事而無其功者」。

魯人信奉「無禮必亡」，而魯國的滅亡，不正充分說明周禮在魯國名存實亡了嗎？

然而，只顧經濟發展而忽視文化創新，也會喪失社會的精氣神。如齊國發生的大事「田氏代齊」相當於亡國。因此，鄒忌相齊時，對國君提出「謹事左右」，對臣下提出「謹擇君子」、「謹修法律」，鼓勵進諫的三謹之策，正是看到齊國文化與民風存在的問題。當時齊國之阿地，田野不耕，民眾貧苦，用錢事奉國君左右以求譽。齊威王採納鄒忌意見，將阿大夫及其左右都烹了，從此，「齊國震懾，人人不敢飾非，務盡其誠」。但沒有堅持多久，「其民無不鬥雞、走狗」。

由此可見，正是因為不同的政治與改革思路與文化政策，導致同為沿海齊魯兩國命運如此不同。

獨尊儒術的背後

儒學如今是顯學，從學界到民間，從儒學論爭到讀經運動，似乎都彰顯了新世紀儒學的「復興」。不管是把儒學當作一種信仰，還是批評儒學只是一縷「遊魂」，總而言之，儒學都進入了新世紀的視野。接下來值得一問的是：為什麼那麼多人關注儒學？

概言之，我以為，儒學其實只是一種權力，或日權力的實現。

要理解這句話的意思，我認為還是要回到儒學成為獨尊的歷史境域來說話。

眾所周知，儒學獨尊，發生在漢初武帝之時。武帝為什麼要獨尊儒學？他又是怎麼來尊儒的？這個問題本來是個大問題，然而，人們都有意無意地忽略了它。要弄清這個問題，我們先來看三件事，而這三件事發生在三個很有意思的人身上。

第一件是秦始皇坑儒。《史記．秦始皇本紀》中關於坑儒的記載背景是這樣：秦始皇聽信方士關於長生不老之說，打發方士到處尋找長生之方，殊不知世間哪有什麼長生不老之方？方士得了銀子，卻不敢回去見始皇，於是只好逃亡。方士侯生、盧生潛逃後，秦始皇大怒，「於是使御史悉案問諸生，諸生傳相告引，乃自除犯禁者四百六十餘人，皆坑之咸陽，使天下知之，以懲後」。御史是刑獄之官，諸生即儒生。御史把諸生捉來審問，諸生互相告密，秦始皇便親自圈了犯禁者四百六十餘人，把他們活埋了。活埋以後，又告知天下，以示儆誡。

《史記．儒林列傳》中，張守節又作了正義，以補充說明：「今新豐縣溫湯之處，號愍儒鄉。溫湯西南三里有馬谷，谷之西岸有坑，古相傳以為秦坑儒處也。衛宏《詔定古文尚書序》云『秦既焚書，恐天下不從所改更法，而諸生到者拜為郎，前後七百人，乃密種瓜於驪山陵谷中溫處，瓜實成，詔博士諸生說之。人言不同，乃令就視。為伏機，諸生賢儒皆至焉，方相難不決，因發機，從上填之以土，皆壓，終乃無聲』也。」

大意是，秦始皇焚書以後，為鎮服天下而對儒生而屠殺，其具體辦法是先以官職引誘儒生，再以種瓜之計誑騙儒生，最後將儒生坑殺。從這段記載中的坑儒過程來看，這完全是經過精心策劃的陰謀。

這兩段記載因坑殺的人數不同和原因動機不同，而引起後世廣泛的爭論。有的說，秦始皇坑儒怎麼說人數也只有幾百人，與當時活埋趙軍幾十萬人相比，只是小巫見大巫；有的說，秦始皇很可能坑儒兩次；還有的說，這兩次實際上是一次。從《秦始皇本紀》看，所記載的坑殺過程很簡單，只四個字——「坑之咸陽」，而《詔定古文尚書序》所記，則是坑殺的具體過程，因此，有可能兩書所記的實際同為一事，後書是對前書所坑殺事件的具體記述（儘管某些細節未必準確）。

還有的說，秦始皇「焚書」有之，「坑儒」則無，所謂「坑儒」實是「坑方士」之訛。當時秦始皇主要針對方術之士大開殺戒，儒生被坑殺者雖有，但為數不多。從歷史上看，儒家在秦朝的地位，比以往大有提高，秦始皇的「坑方士」行動，對秦代儒生的社會政治地位，並未造成大的影響。宋代鄭樵說：「陸賈，秦之巨儒也；酈食其，秦之儒生也；叔孫通，秦時以文學召，待詔博士，數歲，陳勝起，二世召博士諸儒生三十餘而問其故，皆引《春秋》之義以對，是則秦時未嘗不用儒生與經學也。」清代梁玉繩也說：「余常謂世以『焚書坑儒』為始皇罪，實不盡然……其所坑者，大抵方伎之流，與諸生一時議論不合者耳。」、「〈叔孫通傳〉載二世召博士諸儒生三十餘人問陳勝，又通降漢從儒生弟子百餘人，徵魯諸生三十餘人……則知秦時

未嘗廢儒，亦未嘗聚天下之儒而盡坑之。」（《史記志疑》）

毛澤東甚至曾寫過一首詩抒發看法：

勸君少罵秦始皇，焚坑事業要商量。
祖龍魂死秦猶在，孔學名高實秕糠。
百代都行秦政法，《十批》不是好文章。
熟讀唐人〈封建論〉，莫從子厚返文王。

有人甚至提出，西漢始元六年（西元前八一年），始有桑弘羊提出秦始皇「坑儒」這一說法，這時距始皇去世已有一百多年了。劉向在《戰國策．序》中也說過「坑殺儒士」的話。也就是說，坑儒是後世儒家強加於秦始皇的罪名。

既然這麼多人對「坑儒事件」提出了質疑，我們就有必要來探究一下秦始皇殺的到底是些什麼人。考古發現的秦雲紋瓦當告訴我們：被秦始皇所坑埋的是術士，是一群宣傳煉丹吃藥、上山下海求仙、用長生不死之說蠱惑人心的騙子。在當時以這種「方術」成名的人有羨門高、正伯僑、徐福，以及他們的徒子徒孫盧生、侯生、韓眾等等。他們欺騙秦始皇，說能給秦始皇弄來長生不死之藥。秦始皇給了他們不少錢，他們還在下面議論秦始皇，說秦始皇「剛戾自用」、「專任獄吏」；說秦始皇「樂以刑殺為威，天下畏罪持祿，莫敢盡忠」；說秦始皇「貪於權勢」、「天下之事無小大皆決於上」；說秦始皇每晚批閱文件，批閱不完多少斤竹簡、木牘就不睡覺;說像他這樣的人如何能夠成仙呢?然後他們便捲鋪蓋逃跑了。他們所批評秦始皇的一些毛病,不能說不對;但他們是由於沒有辦法向秦始皇交差,沒有辦法掩蓋他們的騙術不靈而發這種牢騷。所以秦始皇大為震怒,便把留在咸陽的一些嫌疑犯抓起來,加以拷問。這些人相互牽引,越扯越多。秦始皇從中圈定了四百六十餘人,把他們活埋在咸陽城外的山區。當時的坑儒谷在今西安市臨潼區西南十公里之洪慶村。

顯然,至少可以肯定一點,坑儒是由方術之士引起的。許多人據此認為,秦始皇是坑方士而不是坑儒,其實是有問題的。「儒者,術士之稱也。」儒是術士的別稱。術士本來就是儒,儒也就是術士,秦始皇坑殺的就是儒。那麼,方術之士為什麼被稱為儒生(諸生)呢?

儒在孔子之前的時代就已經存在,它是從事某種與文化和習俗有關、具有特殊職業的一批術士。東漢許慎說:「儒,柔也,術士之稱。」鄭玄也說:「儒之言優也,柔也,能安人,能服人。又,儒者,濡也,以先王之道能濡其身。」揚雄認為:「通天地人曰儒。」胡適考證:儒是殷民族的教士。由此可見,儒的名稱內涵經歷了很大的變化。在孔子以前,儒是作為一個掌握知識、懂禮重樂的知識階層而出現的;孔子以後,儒是作為一個有文化意識和道德節操的社會團體而出現的,後者則是從前者、即巫術方士中分離出來的。

戰國時期,「儒」可以稱孔子、孟子的那個「學派」的人;同時也可以泛稱學者、文化人,例如對於莊子,就有人稱他是「小儒」。孔子也強調要區分「君子儒」與「小人儒」。荀子認為

「有俗儒者，有雅儒者，有大儒者」，甚至認為有徒具形式而喪失儒家精神的「賤儒」。東漢末年，應劭仍然將儒者劃分為「通儒」和「俗儒」。孔子死後，「儒分為八」，不一定表明儒家這個「學派」內部分化為八派，事實上也不大可能分化得這麼嚴重，無非是人們根據他們的師承和境界而區分他們的差異而已，就如俗儒、雅儒這樣的區分一樣。因為根據孔門後學的具體情況來看，他們之間有的區別並不明顯，有的則根本不能算作儒，比如那個替孔子駕車的樊遲。

因之，後人不必在「儒」和「方士」之間為秦始皇大做翻案文章。在秦始皇和時人看來，他們之間並沒有什麼區別，況且，坑殺那些俗儒，只不過是秦始皇手中的一種權力。

這第二件事是漢高祖劉邦溺儒冠。史載漢高祖劉邦之輕賤儒生、奚落儒生更是到了令人髮指的程度。「沛公不喜儒，諸儒冠儒冠而來者，沛公輒解其冠，溲溺其中」。酈食其以「狀貌類大儒」不見，復報以高陽酒徒則見之。

劉邦為什麼不喜儒？歷史上沒有明文記載。但從劉邦的舉動來看，當時的儒者大多尚文飾，而無益於事功。後人說「劉項原來不讀書」，這其實是片面的。項羽雖然是一介武夫，但作為貴族出身的他，剛開始也是要讀書的，只是他更喜歡學武，這並不能說項羽就是個文盲；劉邦也一樣，歷史上雖然沒有記載他讀了什麼書，但《史記．高祖本紀》中說他「不事家人生產作業。及壯，試為吏，為泗水亭長」，也就是說他成年後是經過考試做了亭長的。依秦制，以吏為師。劉邦無疑更不是文盲（否則何以能寫出〈大風歌〉）。說他是流氓更是沒有根據，劉邦身上頗有後世江湖中人的性格與風範。

劉邦顯然不是方術之士，他和儒生的區別也體現在帽子上。史載，劉邦喜歡一種以竹皮做成的帽子（冠），應劭說：「一名『長冠』。側竹皮裏以縱前，高七寸，廣三寸，如板。」蔡邕也云：「長冠，楚制也。高祖以竹皮為之，謂之『劉氏冠』。」司馬彪《輿服志》亦以「劉氏冠」為鵲尾冠也。

劉氏冠是劉邦的發明，後來他之所以要在儒生的帽子裡撒尿，可能是不喜歡儒生不戴「劉氏冠」所致。《史記正義》中說：「其後詔曰『爵非公乘以上不得冠劉氏冠』，即此也。」就是說劉邦做皇帝後，曾下令哪種人才有資格戴「劉氏冠」。

其實，劉邦並非不喜歡讀書人，張良、蕭何、韓信、陳平都是讀了點書的人，雖然他們讀的不是後來被儒家專有的「六經」。劉邦還懂樂，《史記．高祖本紀》中載「高祖所教歌兒百二十人，皆令為吹樂」，就是說劉邦曾培養過一個一百二十人組成的樂隊。

劉邦是典型的性情中人，酈食其去見劉邦，劉邦正在洗腳，酈擺儒生架子，被劉邦脫口罵作「豎儒」，但見酈生有識見，便立即拜為廣野君；另一個例子是叔孫通。「叔孫通儒服，漢王憎之；乃變其服，服短衣，楚制，漢王喜」，可見，劉邦並非對儒者有成見，他不喜歡儒生繁飾重文，他喜歡「短衣便事」。人言叔孫通是儒者敗類，好迎上意。其實不然。叔孫通原在秦始皇時做博士，見始皇無道，設計出逃，投劉邦，是識時務之舉；他對儒者的弊端與作用認識也很透徹清醒：「夫儒者難與進取，可與守成。」他為劉邦設計朝儀，到家鄉魯國搬請一些儒生，有人就以「今天下初定，死者未葬，傷者未起，又欲起禮樂」為由，不肯相從，被叔孫通一頓痛斥：「若真鄙儒也，不知時變。」叔孫通建議劉邦正禮樂，說：「五帝異樂，三王不同禮。禮者，因時世人情為之節文者也。故夏、殷、周之禮所因損益可知者，謂不相復也。臣願頗采古禮與秦儀雜就之。」這段話裡看得出叔孫通深得孔子的禮樂真諦。等到劉邦見識了他設計的朝儀，由衷地嘆道：「吾乃今日知為皇帝之貴也。」叔孫通由此獲得了儒生的佩服：「叔孫生誠聖人也，知當世之要務。」

第三件事是竇太后打發儒生去刺野豬。這件事載於《史記．儒林列傳》，事出有因。

竇太后好《老子》書，召轅固生問《老子》書。固曰：「此是家人言耳。」太后怒曰：「安得司空城旦書乎？」乃使固入圈刺豕。景帝知太后怒而固直言無罪，乃假固利兵，下圈刺豕，正中其心，一刺，豕應手而倒。

原來喜好黃老之學的竇太后有一天召大儒轅固，也就是那個傳「齊詩」的轅固。好黃老的去「請教」一個好儒的，這顯然是問道於盲。此時的儒地位很微妙，民間對這個儒好感倍增，而政府裡也出現了不少學儒出身的博士，轅固就是景帝時的博士，但關鍵是景帝說了不算，得竇太后說了算，而這個太后牢牢地把握著意識形態的主導權。而頗不識時務的儒生轅固說了一句大不敬的話：「這是婦道人家的見識罷了。」就是說老子的書只有像太后您這樣的婦道人家才喜歡啊！女人們都討厭男人這樣說，竇太后聽了哪有不生氣的道理？於是就派他一個差使，要他去跟野豬搏鬥。要不是景帝援手相救，轅固自己恐怕倒會栽在「婦道人家」手裡了（事實上，轅固對老子的態度，就與孔子「和而不同」的精神大相違背）。

上述三件事，應該說既偶然又有必然性，但通通都事出有因。從這三件事可以看出儒地位的尷尬。在後世儒家的眼裡，這三件事被無限放大，被視為儒學命運的一大關節，是漢武帝獨尊儒家的一個重大歷史背景。

其實，上述三件事只不過是儒生與權力碰撞的際會，從學理上根本看不出儒學的奧妙。這在後世好大言的儒生看來，顯然不足以鞏固儒家好不容易取得的地位和權力。於是，他們只好在獨尊儒術上大做文章。

那麼漢武帝又是出於一種什麼心態來「獨尊儒術」呢？儒術獨尊的真實面貌又怎樣呢？先得來認識一下這位漢武帝。《史記．孝武本紀》載：

孝武皇帝者，孝景中子也。母曰王太后。孝景四年，以皇子為膠東王。孝景七年，栗太子廢為臨江王，以膠東王為太子。孝景十六年崩，太子即位，為孝武皇帝。

按漢初的制度，身為膠東王的劉徹沒有資格做皇帝，他之成為漢武帝，純粹是無心插柳。漢武帝之母王夫人只是皇帝身邊眾多妃子中的一個，但這位王夫人頗有政治眼光。據《漢書》載，竇太后之長女、長公主劉嫖有一女，想要嫁給當時的太子，但太子之母栗姬不答應，這一下惹惱了這位長公主。而聰明的王夫人很開通地容納了這樁親事，聰明的劉徹還留下了「金屋藏嬌」的故事。後來薄皇后遭廢，而長公主仗著母親竇太后的寵愛，多次數說栗姬的不是，誇獎王夫人及自己的女婿劉徹。這樣，久而久之，栗太子劉榮被立為太子四年後，終於被廢為臨江王，後又因巫蠱事而被下獄自殺，劉徹得立為太子。當然事情並非這麼簡單，西漢初期自呂后開始便有了母后干政的傳統，宮廷政治多圍繞母子、祖孫、帝后后妃之間產生明爭暗鬥，政治漩渦接連不斷。漢景帝之母、漢武帝之祖母竇太后便是又一個重要角色。

從《史記》和《漢書》的記載中可以看出，這位能力頗大的竇太后年輕時只是一位宮人，靠逢迎得到文帝及其母薄太后的歡心，積累了豐富的宮廷政治經驗。西漢初年盛行以孝治國，即便是皇帝也不能違逆母后的旨意。而這位喜好黃老之術的竇太后，卻幾次想要立景帝之弟、自己的少子梁孝王為太子。因而，廢栗太子，這位竇太后不一定使了什麼力，但至少不會阻攔；但立劉徹為太子，卻沒那麼簡單，一則文帝曾有言「千秋萬歲後傳於王」，二則梁孝王在平定七國叛亂之中立有大功，這更使得劉徹的得皇位之路頗不平坦。若不是袁盎等大臣從中關說，加上後來梁孝王陰使人刺殺大臣而事發，劉徹之前途不可知也。

故司馬遷說：「孝武皇帝初即位，尤敬鬼神之祀。」武帝即位後，他那位雙目失明多年的祖母仍然監視並控制著朝政，建元初年，在皇帝名義下進行的制禮改制，是武帝試圖親政的舉動，最後也在他祖母的粗暴干預之下通通取消。這位胸有雄才抱負的皇帝無用武之地，一度心灰意冷。六年後，已經二十一歲的新皇帝終於等到了出頭的一天，掌控漢家天下二十二年之久的竇太后駕崩。漢武帝立即對目無天子權威的祖母實行報復，罷黜所有被祖母安排的丞相、御史大夫等大臣，換上一班自己的人馬。但是一兩次人事變動並不怎麼重要，徹底扭轉國家的統治思想，在漢武帝看來才是最重要的事情。

竇太后在世時，始終堅持以黃老之術治國，這從《史記》中反覆強調的竇太后好黃老術可以看出，景武之際許多大事都是在「黃老之術」的名義下進行的。故而，原本敬鬼神的武帝，在即位之後開始「鄉儒術」，在心底埋下了罷黜黃老術的種子。如果說建元初的制禮改制，只是一次不知深淺的嘗試，那麼武帝親政後的一切舉動，則是對黃老術（或者乾脆說是對祖母竇太后）的徹底反動，或曰報復。朱維錚說，罷黜百家其實是罷黜黃老，在我看來，罷黜黃老其實是罷黜祖母，黃老只不過是祖母的影子，這就是漢武帝獨尊儒術的真實用意。

另外，由於先秦文獻典籍在傳播過程中受到諸多因素的影響，而形成多種版本和多種不同的理解，如同樣作為《五經》，孔子及其弟子所引用的五經文本，顯然與墨子及其弟子所引用的文本有差異，這主要是由於當時傳播手段單一，無論是口頭傳播還是文字傳播都明顯地受到地域限制。六國古文的差異，導致了文本在理解上的差異，而不同地域的方言，也同樣影響到文本在口頭傳播中的變化。秦始皇之所以統一六國古文，其背景也就是出於文字上的統一。到漢代這樣一個大一統的王朝，文化統一進一步深化，這種深化主要表現在對先秦諸子思想主張的統一。先秦數百年間先後繼起的諸子學說，在漢朝人看來，確實是一種百家爭鳴的氣象，百家不一，對於一個統一王朝的思想意識觀念顯然是不合適的，確有有必要對這些歧見紛呈的諸子思想主張進行一次大統一。

當然，除了上面所述之外，獨尊儒術也與漢武帝好大喜功的個性有關。年輕氣盛的少年皇帝哪裡甘心垂拱而治、南面無為！此外，罷黜百家還與朝廷中的權力爭鬥的推波助瀾分不開。或者換句話說還是與有著深厚的宮廷背景的權力鬥爭有關。當時勢力最大的兩大集團，一為竇氏（嬰），一為田氏（蚡）。竇嬰是竇太后的侄兒，當年為支持皇帝反對自己的姑母，本來喜好俠的栗太子傅竇嬰，還轉而好儒術；但沒想到，皇帝大了重用的卻是王太后的弟弟田蚡，竇嬰受到田蚡的排擠。故朱維錚指出，這一事實，再次表明那時的儒學和黃老的理論紛爭，不過是實際政治過程在意識形態上的反射和回聲。

那麼，我們再來看漢武帝和田蚡之流到底是怎樣好儒尊儒的。罷黜黃老之後，漢武帝延引招納的固然本應多為儒者，但其實不然。《史記》所載，建元元年及元光元年中，多次招納的人才不是儒者，而稱「賢良」，如「而上鄉儒術，招賢良，趙綰、王臧等以文學為公卿」（〈孝武本紀〉）、「建元中，上招賢良」（〈袁盎晁錯列傳〉）、「武帝立，求賢良，舉馮唐」（〈張釋之馮唐列傳〉）、「及今上即位……招方正賢良文學之士」（〈儒林列傳〉）。而在元光中所招的不過改稱「文學」罷了。〈儒林列傳〉云：「延文學儒者數百人，而公孫弘以春秋白衣為天子三公。」

其實「賢良」就包括「文學」。

何謂「賢良」?《史記》所述不清楚,但「賢良」、「文學」顯然不單指儒者,武士出身的丞相衛綰就出面指責:「所舉賢良,或治申、商、韓非、蘇秦、張儀之言,亂國政,請皆罷。」元光年間,汲黯也當面批評漢武帝:「天子方招文學儒者,上曰吾欲云云,黯對曰:陛下內多欲而外施仁義,奈何欲效唐虞之治乎!上默然,怒,變色而罷朝。公卿皆為黯懼。上退,謂左右曰:甚矣,汲黯之戇也!」

《史記》中還有一段記載,更能說明武帝好儒的實情:

「弘為人恢奇多聞,常稱以為人主病不廣大,人臣病不儉節。弘為布被,食不重肉。後母死,服喪三年。每朝會議,開陳其端,令人主自擇,不肯面折庭爭。於是天子察其行敦厚,辯論有餘,習文法吏事,而又緣飾以儒術,上大說之。二歲中,至左內史。弘奏事,有不可,不庭辯之。嘗與主爵都尉汲黯請間,汲黯先發之,弘推其後,天子常說,所言皆聽,以此日益親貴。嘗與公卿約議,至上前,皆倍其約以順上旨。汲黯庭詰弘曰:『齊人多詐而無情實,始與臣等建此議,今皆倍之,不忠。』上問弘。弘謝曰:『夫知臣者以臣為忠,不知臣者以臣為不忠。』上然弘言。左右幸臣每毀弘,上益厚遇之。」

正如朱維錚所指出:「在漢武帝時代,統治集團中間仍然有各家各派人物在活動。充當田蚡副手的韓安國,便兼學韓非和雜家說。受到漢武帝敬禮的汲黯,『學黃老之言』。為漢武帝出主意打擊諸侯王的主父偃，『學長短縱橫之術，晚及學《易》、《春秋》、百家言』。他和趙人徐樂、齊人莊安，同為典型的雜家，同樣上書言事，同時受到漢武帝召見並嘆為相見恨晚，而主父偃還贏得同時任何儒者都夢想不及的恩寵，一年內四次升官。還有張湯、趙禹、杜周那些著名的『酷吏』，『以深刻為九卿』就是說靠刑名術得到漢武帝重用。這些例證都出現於元光元年之後。」這就是漢武帝罷黜百家、獨尊儒術的真實情況。

然而，這樣一個真實情況，兩千年來都被這八個字所遮蔽了。至於漢宣帝所說的「漢家自有制度，本以霸王道雜之，奈何純任德教，用周政乎？且俗儒不達時宜，好是古非今，使人眩於名實，不知所守，何足委任」，更不大引人注意了。

總之，儒術獨尊，並非歷史的必然。有時候，決定歷史命運的恰恰就在於它的偶然性，或者只在於某些人的一念之差。

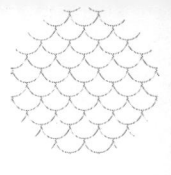

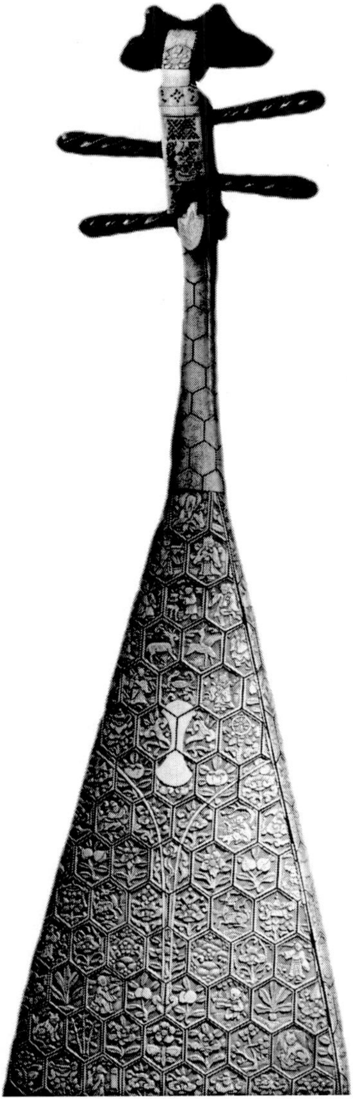

第二輯

西漢開國腐敗的制度成因

按理說，西漢的建立來之不易，先是「天下苦秦久矣」，起義者費了九牛二虎之力才得以滅掉暴秦，繼而又經過楚漢相爭，才有新的基業。開國功臣們應當吸取教訓，對官員腐敗嚴防死守，這才是正道。可是，西漢開國，高官顯貴們不僅沒有自覺防範腐敗，反而帶頭腐敗。

丞相蕭何自不必說了，西漢腐敗正是起於蕭何。史上說，蕭何腐敗是故意的，目的是以自汙來打消劉邦對他的顧忌。如果這樣做合理，那麼，其他人的腐敗是不是也可以這樣解釋？

叔孫通，原本是秦王朝的博士，在秦行將滅亡之際，趕巧帶領追隨他的百餘儒生集體投奔了劉邦，投奔的動機很明確，就是為了榮華富貴。

建國初期，叔孫通站在並非儒學的立場，為劉邦設計了三叩九拜的朝儀制度，讓曾經目睹秦始皇出行的威儀時發出「大丈夫當如此」之感嘆的劉邦，感受到了當年始皇帝的尊貴，從而獲得了高官厚祿，當年追隨叔孫通的所有儒生都在他的推薦下做了高官。一個以叔孫通為首的利益小集團，在開國之初即已形成，叔孫通因此被儒生們稱為西漢的第一個「儒宗」，其實是腐敗之宗。

叔孫通無視國家和百姓權利，靠鑽營投機牟取利益的所作所為，連他的兩個追隨者都看不慣了，他們指責叔孫通說：「公所事者且十主，皆面諛以得親貴。今天下初定，死者未葬，傷者未起，又欲起禮樂。禮樂所由起，積德百年而後可興也。吾不忍為公所為。公所為不合古，吾不行。」（《史記．劉敬叔孫通列傳》）這等於撕破了這位儒宗披在其醜惡靈魂之上的華麗外衣，並且公開宣布與儒宗叔孫通脫離關係，叔孫通氣急敗壞地指責他們說：「若真鄙儒也，不知時變。」（《史記．劉敬叔孫通列傳》）

儒學所謂的與時俱進，到了叔孫通的嘴裡，竟然成了他腐敗的理由！

西漢重要開國功臣之一張蒼，是王朝的陰陽律和法律的制定者，曾位居丞相。但是張蒼的腐敗奢靡更讓人看傻了眼，史書記載這樣一個立法者，不僅專門供養乳母為自己提供人奶喝，而且妻妾竟然達百餘人之多，甚至連自己有多少個孩子都不知道。

陳平，西漢王朝的另一開國功臣，也曾任丞相。在位期間，他結黨營私，腐敗昭然。一次他給太尉周勃送禮，出手嚇人，史書記載說：陳平「乃以五百金為絳侯壽，厚縣樂飲太尉，太尉亦報如之。兩人深相結，呂氏謀益壞。陳平乃以奴婢百人，車馬五十乘，錢五百萬，遺賈為食飲費」。（《漢書．陸賈傳》）

曾經勸諫劉邦馬上得天下、馬上治不了天下，治理天下得依靠儒術的陸賈，也是開國功臣，他不僅參與陳平結黨營私，而且陳平贈送周勃厚禮，也是他的主意，並且陸賈本人親自跑腿。

陸賈這個史書上有名的謙謙君子，號稱大儒，但個人生活同樣極其奢靡。史書記載說：陸賈「以好時田地善，往家焉。有五男，乃出所使越橐中裝，賣千金，分其子，子二百金，令為生產。賈常乘安車駟馬，從歌鼓瑟侍者十人，寶劍直百金」。（《漢書．陸賈傳》）陸賈光是出使南越，就收禮上千金，秦時首富商人呂不韋當年就憑這個數額拿下了秦國。

是人總有愛好，愛劍愛美女，倒也不好非議，但是他換寶劍和女人到了「十日而更」的程度，就不可思議了。

這些高官顯貴，有的是法律規範的制定者，有的是聲名顯赫的博士，如叔孫通還是漢惠帝的老師，是王朝的最高朝儀制度的制定者，他們都是西漢開國初期口碑甚好的高官，尚且如此腐敗奢靡，不難想像，其他武將和中下層官吏，又能夠清廉到哪裡去呢？

事實上，正是由於這種上梁不正，西漢開國之初，王朝的中下層官吏就已經開始濫用權力而腐敗了。史書記載，劉邦在洛陽時，曾下令解放天下奴隸和廢除酷刑，讓士兵轉業回家各事產業，也為了褒獎同他打天下的將士，讓大家有個好的歸宿，就給解甲歸田的兵士發放安家費，然而，連這種天子賞賜的安家費，各級官吏都敢貪汙，惹得劉邦雷霆震怒，他指責小吏們背公立私，守尉長吏教訓不善，從上到下都是貪汙成風。

文帝初，賈誼公開指責漢朝承襲了秦朝的敗俗，廢棄禮義，提出應該移風易俗，使天下回心而向道。他建議制定新的典章制度，興禮樂，改正朔，易服色。在著名的〈論積貯疏〉中，指出當時社會上出現「背本趨末」、「淫侈之風，日日以長」的現象。對這個有才有識之人，絳侯周勃、潁陰侯灌嬰、東陽侯張相如、御史大夫馮敬等齊心攻擊排擠。相反，一個毫無本事，只不過應了漢文帝夢境的小人鄧通，竟能大得文帝歡心，位居上大夫。

漢朝開國不久，即發生很多叛亂，與這種腐敗風氣關係緊密，而賈誼在文帝初，即看出了不管是異姓還是同姓諸侯王，皆有謀反之心。

景帝即位後，就已經洞察到了腐敗之風到了可怕的程度，因而他在詔令中一再抨擊朋黨現象：「吏或不奉法令，以貨賂為市，朋黨比周，以苛為察，以刻為明，令亡罪者失職，朕甚憐之。有罪者不伏罪，奸法為暴，甚亡謂也。」（《漢書．景帝紀》）

但是景帝沒有能消除腐敗，在兒子劉徹登基後，腐敗更為嚴重了。為了轉移國內矛盾，漢武帝對外加強了軍事擴張，對內實行了軍政專制，如鹽鐵酒專賣制度，這種官商合一，給腐敗者提供了肆無忌憚盤剝百姓的機會：「……貪暴之吏，刑戮妄加，民愁亡聊，亡逃山林，轉為盜賊，赭衣半道，斷獄歲以千萬數。」

《漢書．食貨志》記載了董仲舒對鹽鐵專賣、官吏腐敗及其高稅賦的軍政統治，為老百姓帶來痛苦的言論。這種局面漢武帝本人也意識到了：「仲舒死後，功費愈甚，天下虛耗，人復相食。武帝末年，悔征伐之事，乃封丞相為富民侯。」

然而，揚湯止沸並不能解決問題，《漢書》記載了武帝時一隻「大老虎」王溫舒，作為廷尉和中尉，相當於國家最高司法長官和國家軍事司令，不僅經常濫殺無辜，還非常貪婪，「溫舒死，家累千金」、「是時，郡守尉、諸侯相、二千石欲為治者，大抵盡效王溫舒等，而吏民益輕犯法，盜賊滋起」。（《漢書．王溫舒傳》）終漢武帝一朝，腐敗高官不可勝數。

總之，西漢開國即走上腐敗之路，這幾乎也是歷代都無法逃避的宿命。原因何在呢？

第一，家天下的體制設計，是開國即腐敗的根源。歷史上各個王朝的更替，沒有任何的信仰，一如劉邦、項羽他們在見了秦始皇后所表達的意願那樣「彼可取而代之」。即便是一些開國皇帝深知腐敗對於統治的危害，如唐太宗李世民、明太祖朱元璋，他們對腐敗採取了各種控制措施，其目標只是保住自己的王權，至於民眾的生死禍福，那只不過是他們眼中維繫王權的一個理由。

第二，開國即腐敗產生的另一根源，是舊王朝下的貴族勢力並沒有得到清除，他們往往以另一種面貌出現在新王朝的官僚體制中，他們同樣沒有所謂的信仰，有的只是對榮華富貴的追求。

第三，開國王朝的國家機器的運行，並不是靠制度來維繫，或者說，儘管有一定的制度，但依然極大地受制於權力；相反，權力卻得不到制約，即使是至高無上的帝王，很多時候也不得不屈從於從屬於他的集團，正是這種勢力造就了改革的艱難。

開國便是一場趕考，但和別的考試不一樣，這場考試不是知識和能力的較量，而是信仰和信念的較量，是新舊制度的較量，是新舊文化的較量。其主考官是永遠中立的歷史，或者書寫歷史的人們。與其說，開國即腐敗是一個歷史規律，倒不如說，是一成不變的腐敗文化追求榮華富貴的產物。

西漢政壇上的不安全感

自漢高祖劉邦於西元前二〇六年建立漢王國肇始，一直到漢武帝去世，一共一百一十九年時間，期間不少劉姓子孫死於殘酷的造反與反造反之中。

漢文帝時，劉姓子孫有兩次造反。西元前一七七年，濟北王劉興居叛亂，首開劉姓子孫武裝造反的先例，劉興居被俘後自殺；西元前一七四年，淮南王劉長謀反被廢；西元前一五四年發生了七國之亂，景帝派遣太尉周亞夫和大將軍竇嬰鎮壓，最後「諸將破七國，斬首十餘萬級。追斬吳王濞於丹徒」，七王皆自殺。

元狩元年（西元前一二二年），漢武帝鎮壓淮南王劉安和衡山王劉賜的造反，同時誅殺兩王的同黨數萬人；元狩二年，江都王劉建祝詛武帝，聞淮南、衡山陰謀，亦作兵器，刻玉璽，為反具，事發自殺。

昭帝時（西元前七五年），齊孝王孫劉澤謀反，欲殺青州刺史雋不疑，發覺，皆伏誅。不久，鄂邑長公主、燕王劉旦與左將軍上官桀、兒子驃騎將軍上官安、御史大夫桑弘羊皆謀反，伏誅。

宣帝時（西元前六九年），楚王劉延壽謀反，自殺。

整個西漢王朝，劉姓子孫在造反事業上都怕輸在起跑線上，前赴後繼，竟有十多次，這在中國歷史上是罕見的。過去史家很少思考這是為什麼，其實，導致這種奇葩局面的原因，是瀰漫在西漢政壇的不安全感。

這種不安全感首先源於帝王，從劉邦稱帝始，這種不安全感就存在。劉邦、呂后時期，王朝主要的精力用在了削平異姓王上。楚漢相爭結束，在開國初，劉邦不得不把一部分國土封給一些聯盟性質的功臣，但封疆伊始，他就將這些王國視為王朝最危險的潛在威脅，以各種非常手段，先後將這些異姓王滅掉，用的藉口都是反叛，其實大多沒有反叛之實。

排除異姓王的威脅後，文景時，同姓王國成了帝王的心腹之患，賈誼的「眾建諸侯少其力」的策略，深得帝心。景帝時晁錯的削藩之策，武帝時的推恩令、附益法，將王國所有的權力都收回中央，但同時將帝王的不安全感轉嫁到了劉姓子孫身上。

如劉興居，文帝劉恆是他四叔，他謀反原因是四叔給的地盤太小，又沒當上梁王；再如劉長，是劉邦的少子，劉恆是其異母弟，他謀反毫無理由，七國之亂完全是被逼反的；劉安則是劉長之子。這些「造反派」明知自己力量不逮，仍然挺身一搏，是出於內心裡的恐懼。

不僅如此，連太子都沒有安全感，西元前一四八年的廢太子劉榮自殺案同樣令人唏噓。太子被廢為臨江王後，卻因侵占宗廟地修建宮室犯禁，被酷吏郅都逼死；而最奇葩的是征和二年（西元前九一年）的「太子造反案」。

但是，如此下來，皇帝有了安全感嗎？答案是沒有。武帝因為衛太子手中執有節信，就把節信上的旄改成黃色，使衛太子手中執有的節信失效；劉恆對登上帝位的感覺是「會呂氏之亂，功臣宗室共不羞恥，誤居正位，常戰戰慄慄，恐事之不終」。周勃為丞相，朝罷趨出，意得甚，「上禮之恭，常自送之」；昭帝即位，「帝年八歲，政事一決於光」。劉賀為帝僅僅二十七天不敢離開隨從，畏懼霍光之故；宣帝劉詢深知霍光家族在朝中的勢力尊盛日久，「內不能善，內嚴憚之，若有芒刺在背」；成帝時，宗室劉向六次上書勸諫，成帝想用劉向為九卿，未果，想拜劉向之子劉歆為中常侍，左右竟然提醒他「未曉大將軍」；哀帝在位時碰上為人剛暴的傅太后，同樣束手無策。

除此之外，西漢時做宰相同樣沒有安全感。如武帝在位五十四年，任用丞相多達十四位。依次是衛綰、竇嬰、許昌、田蚡、韓安國、薛澤、公孫弘、李蔡、莊青翟、趙周、石慶、公孫賀、劉屈氂、田千秋。

前期所用之丞相，結局還算好，其中衛綰在景帝時做了三年丞相，到了武帝即位不久，因官府中多有無辜受冤的囚犯，身為丞相未能負責申冤，被免去相職。他官居顯要，既無拾遺補闕之功，也無興利除弊之績，守道而已。

竇嬰為相僅八個月即被免，後以偽造聖旨罪被斬首。

許昌為相只有四年多，他是竇太后任命的，漢武帝借太后死後他辦事不力免其職。

田蚡是景帝王皇后之弟，竇嬰掌權時，他待之如長輩，為相後獨斷滋驕奢靡。漢武帝甚至這樣說：「你要任命的官吏已經任命完了沒？朕也想任命幾個官呢。」為相五年後驚懼而死。

韓安國為相不到一個月，從車上墮下病免。

薛澤為相七年，無所作為，司馬遷稱其「備員而已」。

公孫弘以平民至丞相，為相六年，留下了諸如「齊人多詐」等典故。公孫弘常常與眾公卿事先約定好上奏的事情及觀點，但到了武帝面前，卻違背之前的約定，順從武帝的意思。

公孫弘死後，李蔡為相三年，因坐盜孝景園堧地，事發自殺，這開啟了後期丞相下場不好的兆頭。

莊青翟接任為相，因張湯與御史中丞李文不和，湯之下屬魯謁居陰使人誣告李文，事發，張湯下獄。趙王怨張湯，告其與吏摩足（幫人按摩腳底），有大奸。張湯下獄。丞相長史朱買臣、王朝、邊通皆怨張湯，欲其死，祕與莊青翟謀。張湯自殺，家產不過五百金，武帝知悉，誅殺三長史，莊青翟下獄自殺。

趙周接任，為相三年，在列侯貢金助祭案中，明知列侯所獻酎金過輕，不行糾舉，武帝遷怒於丞相，將其下獄，自殺。

接下來的丞相石慶，堪稱史上最「認真」的人。一次，他為武帝駕車，武帝問他總共有幾匹馬拉車。石慶用馬鞭逐個數完以後，舉起手說：「六匹。」由此可見其作為，史稱「事不關決於丞相，石慶醇謹而已」。

石慶的謹慎不是沒有理由的，不信請看接任的丞相公孫賀就可知。石慶死後，公孫賀被拜為丞相，他竟然不敢接受丞相印，「頓首涕泣不肯起。上乃起去，賀不得已，出曰：我從是殆矣」。做丞相竟然發出「從此就完蛋了」的慨嘆，這丞相成了高風險職業。史載，時朝廷多事，督責大臣，自公孫弘後，丞相接連因事受牽連而受死。石慶雖以謹得終，然多次被譴責。果不其然，後來因公孫賀之子與陽石公主私通，並涉巫蠱事，父子雙雙死於獄中，家被滅族。

接下來劉屈氂為左相，僅一年，因貳師將軍李廣利與丞相議立昌邑王為太子，昌邑王是李夫人之子，李廣利和丞相是親家。有人告丞相夫人祝詛武帝並共謀立昌邑王。事發，丞相腰斬於市，妻子梟首。

那麼，這種深深的不安全感究竟來自何處？

一個重要因素，就是功臣集團的存在。劉邦懲罰的只是那些有封國有兵的功臣，但對周勃等功臣沒有在意。《史記》把周勃稱為「安劉誅呂」的功臣，其實他恰恰是呂后等人畏懼的功臣集團之首。呂氏作亂是一大冤案，也是周勃等功臣集團強加給他們的罪名。呂后殺三趙王劉如意、劉友、劉恢，本意是為了保護漢惠帝；呂氏封王得到了大臣的首肯，但事後被作為一大罪狀；諸呂把持宮廷，恰恰是怕功臣集團的誅殺，這在呂后遺言中有明示。「呂氏欲發兵關中」，更是誣辭，誅呂成功完全是由朱虛侯劉章主謀，齊王帶兵首義。

周勃等人立劉恆為帝，就是看他沒有強大的勢力，有利於功臣集團。然而劉恆並不相信他們，穩住帝位後，首先解決功臣集團的威脅，周勃「自畏恐誅，常被甲，令家人持兵以見之」。武帝後，以霍光為首的功臣集團又出現了，霍光賞罰由心，不講規矩。昭帝在位十二年，霍光執政，他將五歲的外孫女送進宮做皇后，為了防止她受到冷落，避免昭帝與其他宮女生子，霍光限制昭帝接觸其他宮女，讓漢昭帝到死都沒有留下子嗣。劉賀被迎立為帝，他的隨從便勸劉賀什麼事都不要管，政事一律聽霍光的，但劉賀不聽，導致被廢。

霍光欲廢劉賀，首先使田延年通報給霍光故吏、丞相楊敞，楊敞聽了，大為惶懼，汗流浹背，不知所言。楊敞的夫人有決斷，乘楊敞上廁所的時候，告訴他：「這是國家大事，大將軍計議已定，使九卿來通報你，你不趕緊答應，猶豫不決的話，就要先被誅殺了。」到了公開商議時，霍光說：「昌邑王行昏亂，恐危社稷，如何？」群臣皆驚愕失色，莫敢發言，但唯唯而已。

諸如此類，整個西漢政壇，上上下下都蒙上了一層深深的不安全感。

另一個更深層的原因，是整個西漢王朝沒有制度建設。劉邦馬上得天下，在陸賈建議下，弄了一套彰顯皇帝威儀的儒家禮儀，但再沒有在制度上下過功夫。宣帝教育太子，「漢家自有制度，本以霸王道雜之」。宣帝是西漢真正的明主，可他所謂的漢家制度其實就是個大雜燴，換言之就是沒有制度。從漢初的黃老術，到武帝的獨尊儒術，宣帝「所用多文法吏，以刑名繩下」，再到元帝崇儒，漢家制度多變。武帝尊儒術只是個幌子，相比之下，他更喜歡求仙和刑法。皇甫謐解釋道：「或以威服，或以德致，或以義成，或以權斷，逆順不常，霸王之道雜焉。」封德彝認為「秦任法律，漢雜霸道，皆欲治不能，非能治不欲」。沒有制度的保障，任是帝王、后妃、王子、丞相、功臣都沒有安全感。

漢武帝的仙界社交圈

求仙，是中國古代綿延不息的文化現象。從戰國的齊威、宣王、燕昭王，到秦始皇乃至漢武帝，都是這一活動的追捧者。秦朝徐福、韓眾、侯公、石生、盧生等人活躍於宮廷，漢武帝時神仙家李少君、謬忌、少翁、欒大、公孫卿等深受寵信。現在看來，這些所謂的神仙家無一例外都是「氣功大師」王林式的江湖騙子。問題是如秦皇漢武何等人物，為何會深陷其中？這些帝王的求仙活動又是如何收場的呢？

所謂仙，本作「僊」，意思是人爬到高處取鳥巢，加上「人」旁，表示人升高成仙。隸書作「仙」，表示仙人多住在高處。《說文》：「僊，長生遷去也。」古籍中指神話和宗教中修煉得道長生不死的人，或指能達到至高境界的人物。

《史記．封禪書》指出：「自齊威、宣之時，騶子之徒論著終始五德之運，及秦帝而齊人奏之，故始皇採用之。而宋毋忌、正伯僑、充尚、羨門高最後皆燕人，為方仙道，形解銷化，依於鬼神之事。騶衍以陰陽主運顯於諸侯，而燕齊海上之方士傳其術不能通，然則怪迂阿諛苟合之徒自此興，不可勝數也。」

「五德終始說」出於齊人。這就是秦漢方士多出於山東的原因所在。雖然秦國的方士在騙術失敗後，曾遭到秦始皇的無情打擊而元氣大傷，但到漢武帝時，求仙之風又興盛起來，其規模與聲勢遠超其上。

漢武帝的仙界朋友奇葩

漢武帝寵信的第一個方士叫李少君，此人見諸史載最大的本事是慧眼識「文物」而得到皇帝信任。

《史記．封禪書》中載，漢武帝久聞方士李少君大名，見面後，武帝拿出一個舊銅器考問他，李少君回答：這是齊桓公十年時的舊物。漢武帝查看銅器上的銘刻，果然不假。滿座驚駭，「以少君為神，數百歲人也」。就這樣，憑藉著認出舊銅器的出身，方士李少君被漢武帝斷定為仙人。

考證李少君其人，無疑是一個江湖騙子。首先他隱瞞了自己的年齡、籍貫、生平經歷，但從他識齊桓公銅器應可斷定是山東人；其次，他敢於吹牛也會吹牛。他只說自己有七十歲，但在田蚡的宴會上他和一位九十多歲的老人談話時，能說出老人祖父遊射過的地方，他說見過秦時燕齊方士安期生、去過蓬萊島；再次，他向武帝獻煉丹成金方以益壽而見仙。這三者都讓人覺得可以一試，一者李少君說安期生「合則見人，不合則隱」，漢武帝想看看自己合與不合；二者即使不見仙人，也能益壽；三者即使不能益壽，也能出黃金，總之寧可信其有。

此人的騙術之所以沒有被識破，主要是他病死得早。武帝還以為他「化去不死，而使黃錘史寬舒受其方」，其結果是「求蓬萊安期生莫能得，而海上燕齊怪迂之方士多更來言神事矣」。

第二個大騙子叫謬忌，此人似乎沒有什麼特異本事，只是告訴漢武帝祭祀神的方法，結局仙人沒有見到，倒招來山東一帶無數「怪迂之方士」。

第一個被識破的騙子是少翁。李少君死後兩年，「齊人少翁以鬼神方見上」。當時武帝寵信的王夫人死了，這個少翁不知用了一個什麼方法，讓武帝在帷帳中可以看到王夫人，於是漢武帝封其為文成將軍。但是一年後，他的方術越來越不靈驗了，便讓牛吃了寫了字的帛書，然後告訴武帝，說此牛腹中有奇異。武帝殺牛後果得書。但此人作假術太低級，漢武帝認得這是他的筆跡，於是少翁成了第一個被殺的方士。

過了大約五年，樂成侯向武帝推薦了一個叫欒大的方士。這個欒大也是膠東人，和少翁是同學。在這個騙局中，欒大是被動的，是樂成侯的姐姐康後想自媚於上而推薦的。欒大「為人長美」，正當武帝後悔把少翁殺得太早，未能盡得其方之時，欒大的出現讓武帝十分高興。此人比李少君更敢吹、更會吹：「臣嘗往來海中，見安期、羨門之屬……臣之師曰：『黃金可成，而河決可塞，不死之藥可得，仙人可致也。』」、「然臣恐效文成（少翁），則方士皆掩口，惡敢言方哉。」

意思是，他見神仙就好比見自己家裡人一樣隨便，但他又怕成為第二個少翁。為了安撫欒大，武帝故意騙他，說少翁是吃馬肝中毒死的。欒大使出方士們欲擒故縱之計，對武帝說：「臣師非有求於人，人者求之。陛下必欲致之，則貴其使者，今有親屬，以客禮待之，勿卑，使各佩其信印，乃可使通言於神人。神人尚肯耶否耶，致尊其使，然後可致也。」

意思是他的老師從不求人，皇帝要招來他，當「貴其使者」，這個使者當然就是欒大本人，這是典型的排場，並且略現小技，於是武帝當即拜他為五利將軍；一個月後，又把天士將軍、地士將軍、大通將軍、天道將軍四顆金印送給他，賜其為樂通侯、二千戶，還將衛成公主許配給欒大，齎金萬斤，不僅親臨其府第，還不斷派出慰問、送禮物的使者。又自稱「天道將軍」，許欒大不臣。「於是五利常夜祠其家，欲以下神。神未至而百鬼集矣，然頗能使之。其後裝治行，東入海，求其師云。大見數月，佩六印，貴震天下，而海上燕齊之間，莫不搤捥而自言有禁方，能神仙矣。」

四十四歲的漢武帝為了見仙人如此手筆闊綽，也索性任性了。然而儘管欒大夜夜施法，結果卻是神未至而百鬼來。欒大知道騙術遲早露餡，便治裝東行，藉口親自入海求見師傅去了。欒大一夜富貴，天下震動，惹得燕齊一帶的人都說自己有禁方，能通神仙了。

欒大去後，另一個大騙子公孫卿又出現在武帝身邊。藉著這一年汾陰掘出古鼎，公孫卿向武帝講了一則黃帝成仙登天的故事：「黃帝採首山銅，鑄鼎於荊山下。鼎既成，有龍垂鬍髯下迎黃帝。黃帝上騎，群臣後宮從上者七十餘人，龍乃上去。餘小臣不得上，乃悉持龍鬚，龍鬚拔，墮，墮黃帝之弓。百姓仰望黃帝既上天，乃抱其弓與鬍髯號，故後世因名其處曰鼎湖，其弓曰烏號。」

雖然屢次上當，但漢武帝對公孫卿所言依然深信不疑，他說：「我如能像黃帝那樣成仙，我視離開妻兒如脫鞋耳。」於是他拜公孫卿為郎，讓他去太室山為自己候仙，自己則著手封禪的準備。不得不說，漢武帝在這方面的智商大有問題。

公孫卿這個「大騙子」膽子比誰都大，陷漢武帝於其中的時間最長、聲勢最大。這年冬天，公孫卿聲稱自己在河南的緱氏城上發現了仙人的蹤跡，武帝興沖沖地趕到那裡欲一見「仙人跡」，卻是一場空歡喜，失望之餘，恨恨不休，欲問罪公孫卿，誰知公孫卿不慌不忙地回答：「仙人對人主沒什麼求的，是人主有求於他。若非寬以時日，仙人不會來。」這種與欒大如出一轍的解釋竟然令武帝心悅誠服，下令郡國修路，各名山修造宮觀，隨時準備迎接神仙降臨。這種傾國式的求仙運動在公孫卿的蠱惑下，一時蔚為大觀。

武帝四十六歲那年冬天，先是到橋山黃帝塚祭祀黃帝。第二年三月登太室山，據說從官在山下聽到有叫「萬歲」的，而且很詭異：「問上，上不言；問下，下不言。」下山後直奔東海，山東百姓也都如痴如狂，「上疏言神怪奇方者以萬數」。儘管「無驗者」，武帝還是不斷增加船隻，命令自稱見到過海上神山的幾千人，出海去求蓬萊仙人。公孫卿則拿著皇帝的符節，帶領大批隨從。他走到東萊的時候，又聲稱「夜見大人，長數丈，就之則不見，見其跡甚大，類禽獸雲」。武帝又興沖沖地趕到東萊，親自觀看那巨大的足跡。不知是巧合還是迎合，他手下的大臣們也說：他們見到一老人牽著一條狗，說了聲「吾欲見巨公」就不見了人影。武帝斷定此人即是仙人，就在那裡住下，同時讓方士們乘皇家傳車四處去找。

見不到神仙，漢武帝只好去封禪泰山。在方士們的慫恿下，他「欣然庶幾遇之，乃復東至海上望，冀遇蓬萊焉」。一場荒誕無稽的求仙運動就這樣一本正經地進行著。

元封二年，漢武帝五十四歲了，公孫卿又提出了新的結論：「仙人好樓居。」好端端的海上仙人如何改變了生活方式？武帝來不及問究竟，便在長安、甘泉山一帶大造高樓，如「蜚廉桂觀」、「益延壽觀」、「通天臺」，隨時等待仙人的降臨。

漢武帝還命人擴建建章宮，「度為千門萬戶」。建章宮比阿房宮有過之而無不及，不僅四面皆建有宮觀樓臺，還有虎圈、大池，大池名太液池，池中建有「蓬萊、方丈、瀛洲」等神山，建章宮的「神明臺」、「井干樓」高五十餘丈，與其他樓觀皆車道相屬。

在大興土木的同時，武帝又三次親赴萬里之外的東海邊，但都毫無結果。《史記·封禪書》云：「方士之候祠神人，入海求蓬萊，終無有驗。而公孫卿之候神者，猶以大人跡為解，無其效。天子益怠厭方士之怪迂語矣，然終羈縻弗絕，冀遇其真。自此之後，方士言祠神者彌眾，然其效可睹矣。」

漢武帝求仙之禍

儘管武帝對這種長途奔波和方士的怪迂之談有點厭倦了，但他還是心存希望；明明「其效可睹」，還是「冀遇其真」。武帝信方士求神仙所導致的社會後果也開始顯現：言祠神者彌眾。整個社會風氣都是談神說仙，至於正常的生產活動如何，可想而知。據不完全統計，向漢武帝上書兜售成仙祕方的就有上萬人。漢武帝屢上其當，但上當成了習慣，倒也不在乎了。

司馬遷囿於當朝天子的面子，未對武帝求仙之舉做任何褒貶，卻大讚漢文帝：「漢興，至孝文四十有餘載，德至盛也。」意思是漢興之德到孝文帝已達最高，其意不言而喻。而《漢書》則完全沒有顧忌地指出，武帝為求神仙長生，導致「竭民財力，奢泰無度」、「天下虛耗，百姓流離，物故（死去）者半」的後果。

在這種堂皇的求仙活動的背後，一股巫蠱之風則在宮廷內部及周圍悄然颳起。如果說漢武帝的求仙活動是一場私慾膨脹的公開鬧劇，那麼，漢初的巫蠱之風則更是一場場刀光劍影的血腥活劇，二者互為表裡。漢代流行的巫蠱，是將桐木削製成仇人的形象，然後在桐木人上插刺鐵針，埋入地下，用惡語詛咒，使對方罹禍。相傳，被施巫蠱術的人會產生感應性傷害。漢武帝自己公開求仙，卻嚴厲打擊地下巫蠱之風，將軍公孫敖就在太始元年「坐妻為巫蠱」被腰斬。此後從元光五年（西元前一三〇年）陳皇后阿嬌被廢，至征和三年（西元前九〇年）丞相劉屈氂被殺，前後持續長達四十年之久，坐巫蠱案被殺者十萬餘人。其中重大案件就有公孫賀父子案、皇太子巫蠱冤案等。特別是征和二年皇太子一案，有數萬人被殺，受株連者包括皇后、公主、丞相、將軍等皇親國戚和達官貴人。

潛伏地下的巫蠱之風，與漢武帝畢生所從事的兩件大事關係甚大，一是向西用兵征伐匈奴，二是向東求仙海上。這樣一面兵連不解，一面尋求虛無，大肆折騰，導致社會矛盾日益尖銳，進而為了加強對百官的控制，不惜採取殘暴手段。終漢武帝一世，共有丞相十三人，被逼自殺、獄死、腰斬者就有六人，其他人也大都沒能壽終正寢，甚至公孫賀被任命為第十一任丞相時，都不敢接受丞相印，無奈之中他竟然發出「我從此性命難保矣」之嘆。

漢宣帝本始元年五月，群臣商議為武帝立廟樂，長信少府夏侯勝堅決反對：「武帝雖有攘四夷、廣土境之功，然多殺士眾，竭民財力，奢泰無度，天下虛耗，百姓流離，物故者半，蝗蟲大起，赤地數千里，或人民相食，畜積至今未復；無德澤於民，不宜為立廟樂。」要知道，此時離武帝之死不過數年，如果不是事實，夏侯勝豈敢在大庭廣眾如此公開指責先帝？而且面對這一批評，群臣無有一言辯駁。

漢武帝為何深陷於求仙

那麼，漢武帝為何深陷其中而不能自拔呢？這就要歸諸漢初的思想文化。漢興，受秦二世而亡的刺激，統治者採信黃老之術。所謂黃老之術，即指混合了道家與陰陽方士學說的一種雜學。黃帝在秦漢方士那裡就是一位合上帝與神仙為一體的神靈，方士言「封禪七十二王，唯黃帝得上泰山封」。不僅漢初統治者，就連司馬談、司馬相如、東方朔等人都相信封禪之說，或許他們鑒於秦亡之速，大有憂死嘆壽之警，冀望透過神仙方術來獲得長生。正是這樣一種潛在的心理影響到整個社會。因此，表面上統治者奉行清靜無為，其實都沒少在鬼神仙界上下功夫，這根源是找不到出路的精神苦悶與糾結。

值得指出的是，無論是秦皇還是漢武所崇拜的這些江湖術士，本身都沒有機會直通天聽，大都是由皇帝身邊的權臣向其推薦的。一來，這些「大師」們在江湖的傳說十分久遠；二來，這些薦主大都抱著討好帝王之心。他們有著一種共生關係，支撐他們心理的只有兩點，一是思想混亂，二是貪婪權勢。

前有「不問蒼生問鬼神」的漢文帝，後有一生只做兩件事的漢武帝，都是這種思想文化的產物。武帝雖然獨尊儒術，其實他受黃老思想薰陶得更深。他所尊的儒，大多和秦始皇所坑的儒都是一類，那就是齊燕方士，整個西漢，那些真正學貫五經的儒者沒有市場。而黃老所謂的自然、清淨無為不過是海上仙人的生活想像，正如顧頡剛所言「仙人的生活是逍遙出世，只求自己的不死，不願（或不能）分惠與世間人」。因此武帝獨鍾情於黃老的奇幻。他十七歲登基，「尤敬鬼神之祀」。如果說秦始皇所求的仙藥是海上仙人原生態的，而漢武帝所求的不死之藥，則完全是人造的。漢代人的思想主幹是陰陽五行，在宗教上、政治上、學術上，都沒有不用這套。

征和四年，漢武帝受「吏民以巫蠱相告言者，案驗多不實」以及太子冤案的刺激，終於醒悟：「向時愚惑，為方士所欺。天下豈有仙人，盡妖妄耳！節食服藥，差可少病而已。」只可惜為時已晚。

楊修之死

楊修之死是《三國演義》第七十二回中的一段小故事。這篇故事由於被選入了國中教材而廣為人知。楊修是個什麼人？他是怎麼死的呢？他的死跟我們又有什麼關係？他真的死了嗎？

先來看《三國演義》裡是怎麼說的：

（曹）操收兵於斜谷界口紮住。操屯兵日久，欲要進兵，又被馬超拒守；欲收兵回，又恐被蜀兵恥笑，心中猶豫不決。適庖官進雞湯。操見碗中有雞肋，因而有感於懷。正沉吟間，夏侯惇入帳，稟請夜間口號。操隨口曰：「雞肋！雞肋！」惇傳令眾官，都稱「雞肋」。行軍主簿楊修，見傳「雞肋」二字，便教隨行軍士，各收拾行裝，準備歸程。有人報知夏侯惇。惇大驚，遂請楊修至帳中問曰：「公何收拾行裝？」修曰：「以今夜號令，便知魏王不日將退兵歸也：雞肋者，食之無肉，棄之有味。今進不能勝，退恐人笑，在此無益，不如早歸：來日魏王必班師矣。故先收拾行裝，免得臨行慌亂。」夏侯惇曰：「公真知魏王肺腑也！」遂亦收拾行裝。於是寨中諸將，無不准備歸計。當夜曹操心亂，不能穩睡，遂手提鋼斧，繞寨私行。只見夏侯惇寨內軍士，各準備行裝。操大驚，急回帳召惇問其故。惇曰：「主簿楊德祖先知大王欲歸之意。」操喚楊修問之，修以雞肋之意對。操大怒曰：「汝怎敢造言，亂我軍心！」喝刀斧手推出斬之，將首級號令於轅門外。

這裡交代了楊修是曹操軍中的一個行軍主簿。

行軍主簿是做什麼的呢？大概就是掌管軍中文書、規章的。在《三國演義》另一回裡，寫到曹操剛剛頒下軍令，禁止人馬踐踏麥田，不想不一會兒，曹操自己的馬受驚之後在麥田裡一頓狂奔。等到勒住驚馬，曹操隨即喚來了行軍主簿，問該當何罪。

書中沒有說這個行軍主簿是不是就是楊修，但楊修的工作應該和他是一樣的。楊修之死，起因就是曹操的一根雞肋，罪名是「造言惑眾，擾亂軍心」。可是，人們始終不相信楊修之死僅僅是因為「雞肋」這件小事。相反，曹操為什麼要殺楊修，楊修之死的真正原因是什麼，引起了人們的廣泛猜測。

綜合起來，大家的說法集中在以下幾個方面：

死因之一是楊修恃才傲物、鋒芒畢露。

《三國演義》在說完曹操殺楊修，並號令全軍外，接著以插敘的方式追敘了楊修多年來的行事（參見下表）。並認為，曹操之殺楊修，主要還是因為楊修「為人恃才放曠，數犯曹操之忌」，曹操忍無可忍才下手的。

從上表中的一系列事件的進展情況可以看出，曹操對楊修的態度是陰一套陽一套，實則對楊修的感情變化是「忌—惡—愈惡—愈惡—大怒—有殺脩之心」，直到「雞肋事件」達到高潮。這樣，一方面是楊修逞才使能，另一方面是曹操生性多疑，而且好面子，兩方面相結合，就導致了楊修之死。

死因之二是曹操忌才。《三國志》和《後漢書》都認為是由於楊修鋒芒畢露，遭曹操所忌。《後漢書》稱楊修「好學，有俊才」，而且他是名門之後，出身弘農楊氏，其曾祖楊震，在《後漢書》中單獨列傳，家族中「四世太尉」，極其顯赫。然楊修恃才傲物，不把任何人放在眼裡，

「雞肋」事件只不過是曹操的一個藉口。對此，《後漢書》中有明確的記載：

「脩字德祖，好學，有俊才，為丞相主簿，用事曹氏。及操自平漢中，欲因討劉備而不得進，欲守之又難為功，護軍不知進止何依。操於是出教，唯曰『雞肋』而已。外曹莫能曉，脩獨曰『夫雞肋，食之則無所得，棄之則可惜，公歸計決矣』。乃令外白稍嚴，操於此回師。脩之幾決，多有此類……如是者三，操怪其速，使廉之，知狀，於此忌脩。且以袁術之甥，慮為後患，遂因事殺之。」

《三國演義》中有一首詩評價楊修之死是「因才誤」：

聰明楊德祖，世代繫簪纓。

筆下走龍蛇，胸中錦繡成。

開談驚四座，捷對冠群英。

身死因才誤，非關欲退兵。

馮夢龍在《智囊全集》中也評述道：「德祖聰穎太露，為操所忌，其能免乎？」

他們都一致認為，楊修之死是因為曹操嫉妒他的聰明。由此他們還得出一個結論：中國歷史上有一個潛規則，就是臣子絕對不能比君王聰明，不能比君王更有才華，不能比君王更富有……歷史上太聰明的人是不吃香的。能夠飛黃騰達的，多是那些「外若痴直，內實狡黠」之輩。

死因之三，是曹楊宿怨。所謂曹楊宿怨，是指楊修之父楊彪曾任漢獻帝太尉，被曹操誣陷入獄，後經孔融申辯，方才放出，回家閒居，可見曹楊兩家早有芥蒂。而且，楊修還是袁術的外甥，而袁術則是曹操的死對頭，曹操生性多疑，恐其為後患。故曹操之殺楊修，差不多跟「雞肋事件」沒有多大關係。

上述解釋看似合情合理，實則不然。

第一，恃才傲物、鋒芒畢露固然為主所忌，但並不能成為必殺的理由。曹操身邊能人異士很多，如荀彧、荀攸、賈詡等人的聰明才智絕不亞於楊修，甚至不亞於曹操，為什麼他們都沒事呢？就連那孔融、禰衡，還不是個個恃才傲物，鋒芒畢露？孔融多次為難、譏諷曹操，禰衡更是與曹操採取不合作姿態，曹操並沒有把他們都一一殺掉。他殺孔融，更主要的原因不是孔融有才，而是孔融有自己的勢力。

楊修固然有才，史載楊修生於西元一七五年，卒於西元二一九年，終年四十四歲。楊氏家族為漢名門，祖先楊喜，漢高祖時有功，封赤泉侯。曾祖楊震、高祖楊秉、祖父楊賜、父楊彪四世任司空、司徒、太尉三公之位。《後漢書》云：「自震至彪，四世太尉，德業相繼，與袁氏俱為東京名族。」然而，楊修畢竟不如袁氏兄弟，楊修身處亂世，父輩都已退隱，無可恃之資，只好投身於曹操。武不能征伐沙場，而文呢？又不能安邦。在那個時代，和楊修一樣有著錦繡才華的青年才俊多得很，而且比起來，楊修還遠不是他們的對手，「建安七子」之中就沒有楊修的一席之地。楊修雖有才名，卻不能為曹操參一謀，出一計，所以終其一生也不過是一介主簿。《三國志》說是掌庫主簿，大約後來曹操出征，這個掌庫主簿就轉為行軍主簿了。

主簿是典型的文官，典領文書，辦理事務，大概相當於現在的祕書長，司空、丞相府及刺史的佐官中都設有主簿。三國最著名的主簿是陳琳和路粹。漢代始置這一官職，是郡府屬吏，依次是功曹、五官掾、督郵和主簿。主簿的職位不高不低，但又是在太守左右執掌文書及迎送賓客等親近職事；史書常以郡中綱紀為功曹和主簿的代稱。

可見，主簿既不是武將，史書上也沒有記載楊修是個謀士，無論從哪方面來講，楊修在曹操身邊雖說是個近臣，卻遠不如其他謀士武將重要，這種人對曹操來說根本沒有一點威脅。

第二，曹操忌才說，大約是受了《三國演義》的影響。歷史上的曹操雖然多疑，但也有心胸豁達的一面。如他對待謀士荀攸，就是一例。楊修雖「博學能言，智識過人」，但充其量不過是一介手無縛雞之力、只有「舌辯之士」之稱的儒生。既然曹操為了網羅人才大搞招賢納士，甚至都可以招降納叛，為什麼卻偏偏容不得一個小小的楊修？古之成大事者，無不深知自己能力再大，本領再強，畢竟不是全能之才，他需要各種某一方面比自己強的人替他打天下，他怎麼可能在天下未平之時先殺了他們呢？在一個成大事的人看來，只要才為我所用，至少不為敵人所用就行了，不必計較是不是比我強。因此，在當時，曹操更看重的是忠於自己的才。

第三，曹楊舊怨也不成立。熟悉歷史的人都知道，三國時期，海內紛爭，中原逐鹿，朝秦暮楚之人和事太多太多，幾乎是稀鬆平常，因為各為其主，而累積起來的舊怨新仇簡直無法計較得過來。曹操和袁紹之爭，就有許多曹操舊人爭先與袁紹暗中通好，曹操知道了，一笑了之。而袁術，曹操根本沒把他放在心上，區區楊修能幫他成什麼大事呢？倘若曹操真有忌憚，就根本不會把他的侄兒安放在身邊做一主簿，這等於提供給了袁術一個機要臥底啊，曹操能不清楚？最關鍵的一點就是，楊修死於建安二十四年，而袁術早就於建安四年（西元一九九年）死了，莫非曹操還擔心楊修替乃叔報仇？

依我看，曹操之殺楊修，根本沒有後來人們所想像得那麼複雜，這只是一個很簡單很自然的事，楊修之死的根本原因就在於他缺乏應有的職業道德。

如果按照《三國演義》裡面的說法，楊修之死就是因為他在「雞肋事件」中違背了一個軍旅中人應有的職業道德，自作聰明，妄猜主意，擅自散布謠言，動搖軍心。這樣的事在當時就是一件大事，罪當斬。曹操出「雞肋」的營中口令，就事論事來說，根本無關退兵不退兵，不就是一個口令嗎？作為一個統帥，他頒布的口令既可以隨口而出，又可做到讓敵人摸不著規律，輪不到一個下級來說三道四。而自作聰明的楊修卻節外生枝，從口令去猜測一個統帥的心思，然後斷定曹操不久就會退兵。高明確實高明，然而用錯了地方。

而且，「雞肋事件」還說明了一個問題。既然你楊修揣測到主上的心思，你所要做的不是消極怠工，預先收拾準備打道回府，而應該積極幫助主上化解當前困境，幫助主上去爭取戰爭的勝利，而楊修沒有。這樣的人，不僅不思如何報效老闆，反而在老闆陷入困境之中時幫倒忙，才有何用？

再說，一個行軍主簿，既不是統帥的高參，又不是征伐的武將，你的工作職責就是做好你的分內事，而不是一心揣測老闆的意圖。往小裡說，這是職業道德出了問題；往大了說，任何一個老闆，都無法容忍下屬隨意揣測自己。試想，當你的身邊出現一個無時無刻不在揣測你意圖的人，你不覺得有些恐懼嗎？他這樣做要做什麼呢？與其提防著他，不如乾脆殺了他。

楊修死後，曹操寫了一封信給其父楊彪：「操自與足下同海內大義，足下不遺，以賢子見輔……今軍征事大，百姓騷擾。吾制鐘鼓之音，主簿宜守，而足下賢子，恃豪父之勢，每不與我同懷。即欲直繩，顧頗恨恨。謂其能改，遂轉寬舒。復即宥貸，將延足下尊門大累，便令刑之。」

由此信可知，雖然曹操沒有言明楊修是死於「雞肋事件」，而是其對曹操欽定的「鐘鼓之音」不但不遵守，而且「每不與我同懷」，但「雞肋事件」同樣表明了楊修與曹操並不同心。而且曹操雖然「謂其能改」，多次予以寬恕，但楊修卻屢教不改、不可救藥，那麼就只好「令刑之」了。

由此可見，問題就出在楊修的職業道德上面。楊修本身就是一根雞肋，成了曹操心目中的雞肋。此前他不殺楊修，正出於其愛才之心，年輕人犯點錯誤可以原諒，「謂其能改」，還是寄希望他能有所改正。

說起來，曹操愛楊修之才與恨楊修之不成器，是一枚硬幣的兩面，園門內題「活」字，楊修猜中，曹操「美之」，應該是出於真心，說明楊修機智；點心上題字，被楊修等人分吃，曹操「喜笑」，應該也是真意。由曹操的這些舉動來看，曹操也不是個刻板之人，可能也愛幽默，故而對楊修也有一種善意。而曹操之「惡」楊修，同樣是真心。為什麼？曹操何許人也？一個有澄清海內之志，而且敢作敢為之人，他的行事風格絕不允許那種沒有十分把握的「猜測」，猜得不好，不僅斷送大好局勢，弄得不好，一不小心就把自己的老命搭進去了。而楊修，偏偏用功不在腳踏實地上，偏偏愛好「猜謎」，看來，楊修適合去做賭徒。

楊修不顧「疏不間親」的古訓，摻和二曹世子之爭，顯然也是出於賭徒心態。《左傳》說「疏間親」乃是「六逆」之一，楊修不可能不知道。

楊修還不顧上下級關係，擅自泄露曹操的核心機密。曹操夢中好殺人，有一次在夢中殺了身邊一近侍。楊修這個時候說了一句犯大忌的話：「丞相不在夢中，君乃在夢中耳。」這種話等於揭穿了曹操虛偽的真相，但問題是你楊修有何證據？這個時候的曹操完全可以殺了楊修。這等於是你誣陷我在先啊。

所以說，在曹操看來，楊修就是一根雞肋，殺之可惜，不殺則無可救藥。他最不能容忍的是，任楊修這樣一種一意揣測老闆的風氣在自己的軍中蔓延，後果不堪設想。而歷史上的曹操既不喜歡奉承吹捧之輩，又是一個賞罰分明的人。

前面講到，曹操坐騎受驚，馬踏麥田，可他還是叫來行軍主簿，擬議自己踐麥之罪。主簿曰：「丞相豈可議罪？」曹操道：「我自己制定的法規，如果我自己去觸犯，何以服眾？」在眾人勸說下，才以割髮代首，象徵性地處罰了自己。對待楊修這樣一根雞肋，曹操可不能再象徵地懲罰一下了之。曹操之殺楊修，完全是有法可依的；楊修之死，則完完全全是因為他的職業道德出了問題。

楊修死了，但他留給我們的思考和教訓卻是深刻的。

作為一個主簿，楊修不會知法犯法；作為一個聰明才俊，他也不會去碰觸法律這根紅線。但是，他最終還是死在法律上面。不管是因「雞肋事件」而死，還是因為拒絕執行曹操的鐘鼓之音而死，楊修之死一點也不冤枉。

世上類似楊修的聰明人太多，而類似楊修這種死法的也大有人在。而生活中，這種人往往還在自鳴得意，我大錯不犯，小錯不斷，你奈我何？我一不犯法，二不求升官發財，其奈我何？

俗話說，心態決定一切。楊修正是出於一種賭徒心態，才在遵守職業道德方面犯下了致命的錯誤。

那麼，楊修的賭徒心態又是如何形成的呢？

應該說，楊修的賭徒心態與他的出身有關。在今天的社會，我們本不當以出身論人，然而，家庭出身對於一個人的人生又實在關係重大。楊修出身於四世四公，比起河北四世三公的袁紹來說，家族背景更好。正因為這樣，楊修才養成了「挾豪父之勢」（曹操語），不遵訓令，恣意而為的習性。

歷史上雖然沒有說楊修有多大的志向，然而，從他不顧祖訓，摻和二曹世子之爭這一事來看，楊修顯然是希望透過助曹植奪得世子之位，從而為自己謀得更高的政治地位。在二曹之中，必有一個成為未來的魏王，那麼選誰做賭注呢？楊修沒得選擇，曹丕其人，顯然是不屑於楊修的。楊修也不大可能與他合得來，或許是從內心裡還瞧不起曹丕。而曹植不僅與之性情相投，而且忠厚善良，最關鍵的一條是，楊修憑自己多年在曹操身邊的工作經驗，「猜中」了曹操更愛曹植的心思。

然而，賭徒的心態是注定了他只盯著眼前，而忽視了此一時彼一時，局勢是隨時在發生變化的。

在這之前，楊修就學會了「猜謎」的本事，並且他猜的本事很高，十猜九中，這加劇了他的賭徒心理。此後，終其一生，楊修留給我們的印象就是善猜。最成功的傑作便是給曹植的答教十條，他竟然能把曹操會問的問題都猜得那麼準確、清楚，可以想見，他在這方面所花的精力之多和功夫之深，這種功夫可能前無古人後無來者。

這就是一種典型的投機心理、賭徒心態。

這種心態，在二曹世子之爭中，以曹植的失敗而發生質變。曹植最後未能勝出，這無疑對楊修是一個致命的打擊。但他僥倖逃過了株連，仍然做著原來的官。而在內心裡，這位賭徒也許就此灰心了。人生中最大的一次賭博失敗了，楊修也深知此生也就差不多了。因此死前，楊修說了這樣一句話：「我固自以死之晚也。」（《三國志》裴松之注）這表明，楊修早知自己會有這麼一天的。在此之前他就做好了打算。什麼打算？就是任其自然，我行我素。

有人把這歸諸楊修的性格缺陷，我不認同。這恰恰是一個賭徒失敗後的通常反應。正是這種賭徒心態扭曲了一個青年才俊的正常心理。到了建安二十四年，也就是曹操死之前的一百多天，楊修走完了他短暫的一生。

賭徒心理歸根到底也是一種職業心理，什麼樣的職業心態塑造什麼樣的職業形象。心理學上有一個有名的皮格馬利翁效應：皮格馬利翁是古希臘神話中的賽普勒斯國王，他性情孤僻，但擅長雕刻。他用象牙雕刻了一座美女像，並天天與雕像相伴，雕像為其感動，從架子上走下來，變成了真人。後來，心理學家把這種精誠所至、金石為開的做法，稱之為皮格馬利翁效應。

一個人要養成積極的職業道德，就應該表達一種積極的期望，它能促使人們向好的方向發展；反之，消極的期望則使人向壞的方向發展。

什麼是道德？道內在於心，德外化於行，這就是對道德的最好解釋。

楊修缺乏的正是這樣一種積極的職業期望，換句話說，作為一個職場中人，他不是想透過自己的努力，腳踏實地地做事，把自己的聰明才智用在正當途徑上，從而達到事業的高峰；而楊修卻是想透過一種投機的手段，試圖尋找到一條別人找不到的終南捷徑，最後聰明反被聰明誤，害了卿卿性命。

他所犯的錯誤都集中體現在他的職業道德方面，具體說來就是：不懂得保護職業祕密；自作聰明，而又不考慮團體利益；目中無人，對抗上司；胸襟狹隘，只著眼於利益，缺乏更高的事業心；有才而不知慎使，愛耍小聰明。

蜀漢滅亡後吳國為何變成紙牌屋

三國歷史上，最精彩的部分往往在魏與蜀漢，而讀者記得的東吳，大多止於赤壁之戰和關羽之亡。因此，各種版本的電視劇《三國演義》也往往止於蜀漢滅亡。問題是，蜀漢滅亡十七年，東吳才最終滅亡，這讓後來的史家頗費思量。

這十七年裡，東吳都做了些什麼？或者說，蜀漢滅亡後，東吳有什麼樣的反應？

三國鼎立中，吳蜀本為盟國，唇齒相依。但是，當魏伐蜀的消息傳到江東之後，孫吳的反應很奇葩。《資治通鑒》中記載，「吳聞蜀敗，遣將軍盛憲西上，外托救援，內欲襲憲」，憲即蜀漢巴東太守羅憲。

東吳在盟國兵敗之時，想到的並不是相助，而是想趁火打劫，「有兼蜀之志」，幸得羅憲保城繕甲，厲以節義，憤激兵士，憑二千人固守巴東，吳兵不得西過，被羅憲大敗。吳主孫休怒派大將陸抗率兵三萬，加強攻勢，羅憲被攻六月，救援不至，正準備與城共存亡之際，晉王派兵救憲，吳師乃退。

魏滅蜀，出動了十六萬大軍，其中鍾會領十萬，鄧艾領三萬，諸葛緒領三萬（《資治通鑒》卷七十八）；而蜀國全國兵力只有十萬兩千人（《資治通鑒》卷七十八），其中一半兵力在各地駐防，集中到漢中前線防禦的只有五萬人。

晉滅吳，出動了大軍二十餘萬人，由王浚、杜預、王渾等人率領（《資治通鑒》卷八十一）；而吳國全國兵力只有二十三萬人（《三國志》卷四十八〈孫皓傳〉注引《晉陽秋》），其中一半以上在各地駐防，集中在荊州、江淮前線防禦的不足十萬人。

孫吳滅亡時有「州四，郡四十三，縣三百一十三，戶五十二萬三千，吏三萬二千，兵二十三萬，男女口二百三十萬」。從軍事裝備上來看，即便到吳亡時，仍有米穀二百八十萬斛、舟船五千餘艘。

對於吳國滅亡的原因，吳人丹楊太守沈瑩有過解釋：吳國「上流諸軍，素無戒備，名將皆死，幼少當任」。幼少當任，並非國家滅亡的必備條件，歷史上有過很多幼主。名將皆死，更非充分條件，雖然孫吳名將如施績死於二七〇年，丁奉死於二七一年，陸抗死於二七四年，幾年之間確實名將喪盡，但關鍵原因不在這裡，而在於後繼乏人。

蜀漢滅亡時，魏國之所以沒有乘勢攻打吳國，原因有三：

一是蜀漢滅亡之快，出乎魏國的意料，若不是鄧艾行險，魏能否滅蜀尚不可知，說到底，魏國上下都沒有做好心理準備。

二是匆促滅蜀後，魏國內部出現危機。且不說晉代魏之初，各種矛盾交織，單單剛剛被征服的蜀中，就因其固有的社會矛盾，需要北方花很大精力來穩固。所謂魏軍「大舉之後，將士疲勞，不可便用」，只是一種表象。

況且，從泰始六年開始，禿髮樹機能在西北邊疆起兵，很快就出現了「六月戊午，秦州刺史胡烈擊叛虜於萬斛堆，力戰死之」的糟糕情況，此後長達十年的時間裡，由於樹機能軍隊的勇猛，加之晉軍戰鬥力的低下，晉軍「比年屢敗」，樹機能之亂日益成為晉武帝的心腹大患，「每慮斯難，忘寢與食」，而晉武帝更是明確表示其威脅「雖復吳蜀之寇，未嘗至此」。

北部邊境還有匈奴與鮮卑的動亂。數處連年的動亂，對於晉廷的打擊極大，使得晉武帝甚至不得不任用賈充、衛瓘這樣的近臣、寵臣去出鎮邊疆，期間竟有三位刺史先後戰死。

三是東吳的實力不容小覷。吳永安六年（二六三年）五月，由於吳交州刺史孫諝的貪暴，郡吏呂興殺之投降司馬氏，從這時起，晉吳就交州，主要是交趾地區的歸屬問題上展開了長達八年的爭奪。期間，晉軍從南中派兵，曾一度獲勝，占據優勢，但最終為吳將陶璜等人所敗，吳軍「禽殺晉所置守將，九真、日南皆還屬」。二七二年九月，吳西陵督步闡據城降晉，圍繞著救闡與攻闡之間，晉吳雙方交鋒激烈。晉軍以羊祜、楊肇、徐胤分別從江陵、西陵、建平三個方向援救步闡，從地理位置來看，陸抗至少面臨著西、北兩個方向的壓力，腹背受敵，陸抗在安排留慮、朱琬抵禦徐胤的同時，親率大軍對抗楊肇，就在兩軍對壘時，吳將朱喬、俞贊還投降了楊肇。即便是面對這樣有利的局面，晉軍仍舊未能擊敗吳軍，救回步闡，反而被陸抗殺得「大破敗」，「傷死者相屬」，最終步闡城破身亡，羊祜等將領被晉武帝貶官處理。步闡所處的西陵，可以說是長江三峽的東峽口，地理位置極其重要，若晉軍得了此地，則可作為順流東下進攻吳國的跳板和基地，防止出現軍隊被扼在三峽之內，不得施展的局面，甚至可以就勢東下，對吳國形成致命打擊。這一地區，對於晉吳雙方來說都極為關鍵。可以說，雙方都是全力相搏，而晉敗吳勝的結果，充分體現了晉軍在此時此地，並沒有明顯優勢，只是與吳軍形成對峙的均勢局面。

有人或以為三國變成兩國後，東吳便無法與中原對抗，顯然不合事實，甚至多年後，晉帝打算伐吳時，以賈充、荀勖、馮紞為首，對於羊祜、張華、王濬等人的伐吳主張百般阻撓。

但是，從二六三年魏滅蜀，到二八〇年東吳最終還是為晉所滅。這裡有長達十七年的時間，東吳既未能以時間換空間，也未能以空間換時間，相反形成「上流諸軍，素無戒備」的態勢，步了蜀漢後塵。

原因就在於蜀漢滅亡前，東吳尚能振作精神；蜀漢滅亡後，東吳變成了一個紙牌屋。

孫權當政時期，東吳先後有周瑜、魯肅、呂蒙、陸遜等人輔佐。這四人雄才大略，人稱「東吳四英才」。孫權及此四人亡後，吳國先後由諸葛恪、孫峻、孫綝相繼專權，這三人爭權奪利，殺戮異己，致使朝政混亂。

元興元年（二六四年），孫休病死。此時蜀漢剛亡，交趾也叛吳降魏，東吳群臣欲立一年長的君主。在左典軍萬彧的建議下，丞相濮陽興、左將軍張布推薦孫和的長子孫皓即位。

孫皓即位之初，一度行仁政，恤國民，開倉振貧，減省宮女，放生宮內珍禽異獸，被譽為令主。

但奇怪的是，在國家剛剛有起色的情況下，孫皓卻變得橫徵暴斂，窮奢極欲，殘暴不仁，任奸虐賢，導致政治敗壞，民怨不絕，臣民有朝不保夕之感，國家有險象環生之嘆。

當晉國大舉進攻時，吳國竟無一個善戰之將，將士也不願拚命禦敵。江東自古多才俊，是什麼原因導致東吳後繼無人，諸軍素無戒備？原因只有一個，那就是東吳丞相張悌所言的「吳之將亡，賢愚皆知，非今日也」。

其實一點也不奇怪，吳主孫皓的轉變，丞相張悌所嘆，其實道出了東吳舉國上下潛伏已久的一個宿命般的預感：這個國家沒有多長時間了，僅靠長江天險是沒有用的。換言之，就在蜀漢滅亡的那一刻，東吳上下都知道自己行將不保，吳國雖然暫時保有國土，但吳國上下的心志早隨著蜀漢的滅亡而消亡殆盡。東吳君臣大多變成了行屍走肉，東吳政權變成了一座紙牌屋。可以說，人人都在等待那一天的到來，只爭時間長與短罷了。

瞎忙是一個國家滅亡的徵兆。以吳主孫皓為例，泰始元年，殺五官中郎將徐紹、景皇后及其二子；遷都武昌，次年又遷回建業；二年，無故殺散騎常侍王蕃，將其頭當作球踢；信巫覡，充二千石大臣女子入後宮千數；三年，作昭明宮，令二千石以下百官入山伐木，窮極伎巧；信用小人何定、岑昏等人，痛恨直臣陸凱、樓玄；七年，信巫覡之言大舉出兵，載後宮數千人相隨，兵士凍死者多，發出「若遇敵，便倒戈」的恨言；吳主每宴群臣，咸令沉醉，並安排黃門郎十人擔任司過，奏其闕失，大者加刑戮，小者錄為罪，或剝人面，或鑿人眼。

輿論黑白顛倒，朝中大臣並非沒有忠直之臣，如樓玄奉法切直，被大臣誣陷而被誅殺；吳主忌勝己者，侍中張尚因辯才好而被誅殺。咸寧二年（二七六年），會稽太守車浚公清有政績，卻因旱饑求賑貸而被視為「收私恩」，遭梟首；尚書熊睦「微有所諫」，被刀鐶撞殺之，體無完膚。

民間亦然，如羊祜所言，蜀漢滅亡之時，天下都認為「吳當並亡」，吳國上下深知「存亡自有大數」，吳俗竟尚奢侈。晉大軍一動，吳人望旗而降。

如此種種，皆不過是一個政權垂死的瘋狂。更令人驚嘆的是，吳主孫皓投降後毫不愧怍。晉武帝、賈充和孫皓有過一段對話：

司馬炎說：朕設此座以待卿久矣。

孫皓對答：臣於南方，亦設此座以待陛下。

賈充說：聞君在南方鑿人目，剝人面皮，此何等刑也？

孫皓答：人臣有弒其君及奸回不忠者，則加此刑耳。

此段對話，後人常引之與劉禪相比，以為孫皓勝於劉禪，卻不知孫皓之無恥遠勝劉禪。

三國史的一種解釋：從月旦評到九品官人法

三國鼎立數十年，最終結果是以曹魏勝出收官，對於這個結果歷史學家有過許多研究，其中不乏正懇之高論。然而，有一個關鍵因素卻常常被忽視，那就是人才因素。眾所周知，蜀漢從諸葛亮去世後，人才陷於困境，所謂「蜀中無大將，廖化作先鋒」；東吳的情況也差不多。唯獨曹魏人才不斷，或許有人說，這是因為曹魏位居中原，優勢明顯，人心所向。人才真的傾向於地理因素嗎？我想結論不言自明。

說到魏晉人才優勢，關鍵原因並不在中原地理優勢，而是與魏晉的人才政策關係重大。簡單地說，就是三國歸晉，是因為魏晉經歷了一場從月旦評到九品官人法的變革。

國家的盛衰取決於人才，東漢選拔官員的方式主要是徵辟和察舉。徵辟是由皇帝、中央內閣和各級官府發現和委任人才，是自上而下的方式；察舉則是地方州郡透過對人才的考察評議，自下而上地舉薦人才。東漢盛行的孝廉、茂才、賢良方正等都是察舉考評的主要科目。察舉又稱「鄉舉里選」，士人依賴鄉里社會的輿論評價得以被選舉做官。東漢能傳近二百年，有賴於這兩種方式並用。到了東漢中後期，外戚和宦官輪流專政，內憂外患交並。鄉閭評議被他們視若無物，「貿易選舉」、任人唯親，庸俗無才之輩充斥朝堂。士人不甘心向上流動的途徑被堵塞，便挺身而出，發動輿論抗爭，他們臧否人物，抨擊朝政，逐漸形成一種「群體性自覺」。其中一支以在朝的李膺、陳蕃等名士官僚為領袖，太學生為骨幹，「品核公卿，裁量執政」；一支在野的以許氏兄弟為代表，他們評論人物才幹和德行風貌，「激揚名聲，互相題拂」。這些名士逐漸成為輿論的代言人。原本被權宦鄙棄的察舉反而被這些人的輿論所代替，他們的品鑒評論可以左右朝廷和地方政府選官，「所稱如龍之升，所貶如墜於淵」。

潁川陳寔就是這樣的名士兼人才品鑒家，時人云「寧為刑罰所加，不為陳君所短」。李膺被公認為天下道德楷模，士人如果被他接見，猶如「登龍門」；范滂曾任掌管人事的功曹，敢於抵制其上司太守的人事安排；太原介休的郭泰，出身寒微，「天子不得臣，諸侯不得友」，為當時最優秀的人物品鑒家。但在黨錮之禍中，李膺、陳寔、范滂皆下獄受刑，陳蕃被免官，郭泰哀痛而死。

郭泰之後，汝南郡的許靖和許劭兩兄弟每月初一品評人物，褒貶時政，史稱「月旦評」，成為最具影響的人物品評現象。許劭品評人物毫不留情，冷峻客觀。如他評當時的士人領袖陳寔和陳蕃：「太丘道廣，廣則難周；仲舉性峻，峻則少通。」寥寥數語便抓住了兩人的性格特點，直陳其局限，轟動一時，為士人所推崇，「月旦評」風靡全國。

曹操年輕時出身不好、品行不佳，「不治行業，好飛鷹走狗，遊蕩無度」。想入仕途的曹操，極力扭轉負面形象。他起初借助太尉橋玄，橋玄對他的評語是：「天下將亂，非命世之才不能濟也，能安之者，其在君乎？」橋玄認為自己名望不夠，建議曹操請託許邵在主持「月旦評」時能為他美言。

然而，儘管曹操多次「卑辭厚禮」、「求為己目」，但許劭卻鄙視曹操，不欲應對，在曹操威脅之下，不得已給出了著名的十字評價：「清平之奸賊，亂世之英雄。」曹操大喜而去，不久他便被舉為「孝廉」，入首都洛陽做官。

這其實也為曹操後來用人改革「唯才是舉」埋下了伏筆。

三國分立之後，有一統天下之志的曹操能夠奠定最終使曹魏代漢自立的基石，其關鍵就在於人才，這背後有三個方面的原因：

「月旦評」的局限所在

許劭品鑒人物的特色主要是「善善惡惡」，意在懲惡揚善、清濁兩分。一如諸葛亮所說「許劭長於明臧否，不可以養人物」，許劭的特點是褒貶分明，缺點是不會育人。

東漢末年雖是亂世，卻是一個重忠義名節、講道德風化的社會。宋代名臣司馬光這樣評價道：「自三代既亡，風化之美，未有若東漢之盛者也。及孝和以降，貴戚擅權，嬖倖用事，賞罰無章，賄賂公行，賢愚渾肴，是非顛倒，可謂亂矣。然猶綿綿不至於亡者，上則有公卿、大夫袁安、楊震、李固、杜喬、陳蕃、李膺之徒面引廷爭，用公義以扶其危，下則有布衣之士符融、郭泰、范滂、許劭之流，立私論以救其敗。是以政治雖濁而風俗不衰，至有觸冒斧鉞，僵僕於前，而忠義奮發，繼起於後，隨踵就戮，視死如歸。」

許劭月旦評對這股風氣無疑有著重要的促進作用。同郡袁紹，公族豪俠，四世三公，很強吧？他辭去濮陽令回鄉，隨行的奔馳寶馬和從者一大幫，然而，當他將要進入汝南郡界時，便對這些隨從賓客說：我這麼一個陣勢怎麼可以讓許劭看見呢？於是將他們都打發走後，「單車歸家」。

然而，物極必反，這也導致東漢至三國時以「名」取士的風氣，社會上過度崇尚名節，士人脫離正常的價值規範，有的甚至故作偏激、矯飾之舉，如陳蕃就曾揭發青州人趙宣的父母死後，他在墓道裡守喪二十多年，以此聞名天下，然而趙宣卻在墓道裡生了五個兒女。董昭也上表要求嚴厲制裁青年浮華之徒。魏明帝嚴辦「浮華」案，將何晏、夏侯玄和鄧颺等十五人免官。魏明帝死後，曹爽輔政，太和浮華案中被免職的名士幾乎全部復職升官，司馬懿韜光養晦，發動高平陵政變，一舉消滅曹爽勢力，何晏、鄧颺、夏侯玄等人先後被夷滅三族。

曹操的不甘心

梅陶指出：「月旦，私法也。」然而，「私法」何以能左右公廷？其原因就在於許劭背後的家族勢力。許氏家族也屬於名門公族。曹操兩次招募許靖，但他秉持漢室正統，一再拒絕。二〇一年前後，許靖被益州牧劉璋徵召入蜀，繼續「愛樂人物，清談不倦，誘納後進」。

曹操一方面自身也依賴於一些家族勢力而崛起，另一方面也擔心受制於這些家族勢力。

在當時「匹夫抗憤，處士橫議」的時期，不少名士都很瞧不起曹操，他們所憑的無非是家族或名望。戰亂中，曹操政權必須依靠地方名士，但同時曹氏政權也有意識壓抑以清議名士為代表的地方豪族勢力，如曹操殺孔融就是一例。

孔融是名士，背後又是孔門這座大靠山。曹操挾天子以令諸侯後，孔融結交賓客朋黨，任意褒貶時政，性格張揚，譏諷曹操，擁護漢室，反對曹氏篡權，引起曹操不滿。平定冀州，權力穩固之後，曹操下令「整齊風俗」，破除朋黨、懲治「浮華交會」之徒，加強對言論結社的控制，主要就是針對孔融這類人。二〇八年曹操以其「招合徒眾」、「欲圖不軌」、「謗訕朝廷」、「不遵朝儀」等罪名將其殺掉。許劭也是在這種大背景下避禍廣陵而居豫章，並死於斯。

曹操整齊風俗、破除浮華的做法，延續到曹丕代漢之後，特別是九品中正制，其實質就是用中正官取代「私法」控制輿論。九品中正制仍是延續了「月旦評」這種少數人掌握人才品鑒之權威的發展趨勢，只不過是變私議為公法，重新樹立起中央權威，令政府掌握輿論和人才識拔的主動權。以「九品官人法」取代「月旦評」，收一箭三雕之效。

人才對統一天下的重要性

三國歸一，核心在人才歸向。曹操深諳這一點。如果說上述兩個原因，是曹操統一進程中最擔心的問題，那麼，曹操於二一〇年、二一四年和二一七年三次頒發「求賢令」，則是他追求大一統目標的大舉措。與此前用人導向不同之處，曹操強調只要有才，不仁不孝的人也可舉薦。而且，他對此有著清醒的認識，提出「治平尚德行，有事賞功能」，清平治世用有德之人，亂世要解決問題需用有才能之人。這樣就打破了唯名取才的傳統。如荀彧推薦給曹操的頂尖謀士郭嘉，就是一個不拘小節、行為不檢的人。

相比之下，蜀漢的劉備對人才的識拔與重視卻遠不及曹操。

劉備的人才庫核心人物自始至終只有關、張、趙等少數幾個人，在徐州時，好幾個當世之才就和他擦肩而過，如陳群、田豫、臧霸、陳登等等。劉備對陳登的評價極高，而陳登又是最積極建議劉備接管徐州的人，但劉備卻沒有將他招致自己麾下。陳群後來成為曹丕重臣。田豫初從劉備，劉備對其說「恨不與君共成大事也」，但田豫後來卻成為曹操手下威震北疆、大敗孫權的將領；臧霸成為曹操手下名震江左的將領；再如，在荊州時，鳳雛龐統，在劉備手下剛開始只做了一個縣令。

不僅如此，曹操用人時不計前嫌，不論門第，不論資歷，只論才幹，封侯拜爵者大有人在，連投降過來的人都能得到重用，相反，劉備輕易不肯給部下封侯拜爵。如糜竺糜芳兄弟，先輩世代經商，家中僕役上萬，財產豐厚，在徐州時不僅拿出錢財資助劉備，還把妹妹嫁給他，送給他兩千家丁，劉備方才東山再起。入主蜀中後，糜竺擔任安漢將軍，位置雖在諸葛亮之前，卻並沒什麼權力。至於糜芳，對劉備忠心耿耿，劉備被呂布擊敗投靠曹操時，糜芳曾被曹操上表薦為彭城相，但他最終沒有接受，而是繼續隨劉備奔波。然而，劉備的結義兄弟關羽根本看不起他，迫使他降了東吳。其實，那時的爵位不過是一個名譽而已。劉備恐怕並非捨不得，而是不懂得人才的好處。

諸葛亮勸劉備稱帝時引用過耿純的一句話：「天下英雄喁喁，冀有所望。」但劉備並沒有重視。因此，自始至終，蜀漢政權對人才沒有什麼吸引力，就連後來的諸葛亮也招攬不到人才，唯一的一個姜維還是從曹營中施詭計得來。

東吳也好不到哪裡去，其人才也基本上局限在東南一隅，到後期還紛紛投降魏晉。

二二〇年曹丕以魏代漢，陳群提出創立「九品中正制」（又稱九品官人法）。然而，陳群卻是潁川世族之後，早年就多次批評行為失德的郭嘉。因此，九品中正制創立之初，評議人物的標準是家世、道德、才能三者並重，是對曹操唯才是舉的糾正，雖然並非回歸老路，但也為後來司馬炎代晉後官員的選拔又被世家大族所壟斷，進入「上品無寒門，下品無士族」的門閥時代奠定了基礎。歷史似乎打了個轉又回到原初，值得深思。

酷吏產生的「歷史週期律」

歷史上官場自有官場的規則，一般來說，八面玲瓏是許多人信奉的為官之道。然而，歷史上卻經常一反常態地出現一些另類官員：酷吏。

酷吏進入歷史視野首見於《史記．酷吏列傳》。而後，《後漢書》、《魏書》、《北齊書》、《隋書》、《舊唐書》、《新唐書》都專列酷吏傳，對這些酷吏，時人後人談之色變。他們中間既有公正廉潔、執法不避權貴之輩，也有嗜殺成性、草菅人命之流。透過對這些酷吏的分析，能夠發現一個歷史週期律，那就是往往每隔一段時間就會出現酷吏政治，循環往復，而且還給人以「盛世」出酷吏的感覺。史書上記載的那些「道不拾遺」、「犬不夜吠」、「夜不閉戶」的故事，其背後往往都有一個法令嚴酷的官員。否則很難理解這些不可思議的現象，因為任何時代總有人會控制不住人性的自私貪慾。

西漢酷吏最盛是在武帝時期。武帝在位五十四年，寧成、周陽由、趙禹、張湯、義縱、王溫舒、尹齊、楊僕、減宣、杜周，這十大酷吏，縱橫朝野，殺戮無數，權傾一時。張湯甚至還發明了「腹誹」罪；東漢時酷吏最盛期是在光武帝至明帝章帝時期，《後漢書》所記載的七個酷吏如董宣、樊曄、李章、黃昌、陽球、王吉等大部分是這一時期的人；《魏書》記載北魏的酷吏於洛侯、胡泥、李洪之、高遵、張赦提、羊祉、崔暹、酈道元、谷楷等有六個是孝文帝時期人物；《北齊書》中的邸珍、宋遊道、盧斐、畢義雲四個酷吏也多是開國初期人；唐朝的酷吏主要產生於武周時期。

那麼，「盛世」為何產酷吏？宋朝慕容修在《新唐書．酷吏傳序》中一針見血地指出：「非吏敢酷，時誘之為酷。」那麼，是什麼樣的「時」誘使成酷？

盛世常出強主，強主好用能臣

官場上，強勢之主好用能臣，幾乎是用人的一條鐵律。酷吏首先是能臣，敢想敢做；其次是忠臣，敢於忠實地執行皇帝的旨意；再次，他們的產生與存在必須得到皇帝的支持，此時的皇帝一定是強勢皇帝，否則僅憑一二酷吏不可能敵得過強大的利益集團。

一個有作為的皇帝，往往是「政治GDP」的追求者，自然希望治下政績顯赫，推行其政令暢通，早見功效。在官員任用上，是重德還是重才，天平無疑傾向於後者。比如清朝康乾時期，帝王還不希望出現名臣，因為名臣不一定是能臣。

酷吏以重典治政，以酷刑治人，自然見效快。盛世以求治為主，衰世以去蔽為主，酷吏正好充當了「鷹犬之任」。酷吏的治理效果見諸史載，如西漢的義縱、王溫舒、嚴延年，東漢的樊曄，和隋代的庫狄士文、燕榮、趙仲卿等酷吏所任職之所盜賊屏跡、道不拾遺。不僅帝王賞識，就是百姓也稱頌。

司馬遷在〈酷吏列傳序〉裡寫道：「昔天下之網嘗密矣，然奸偽萌起，其極也，上下相遁，至於不振。當是之時，吏治若救火揚沸，非武健嚴酷，惡能勝其任而愉快乎？言道德者，溺其職矣。」他明確表示非酷吏無以勝任的觀點。

西漢末年，著名的酷吏尹賞病重彌留之際，遺言告誡兒子：「丈夫為吏，正坐殘賊免，追思其功效，則復進用矣。一坐軟弱不勝任免，終身廢棄無有赦時，其羞辱甚於貪汙坐贓。慎毋然！」這是他作為一介酷吏的生存之道，也是他一生官場經驗的總結：為官作吏，嚴刑峻法，即使一朝坐罪免官，其後皇上也會追思你的政績或功效，完全可能重新起用你；相反，如果因為你軟弱不能勝任而遭免官，那麼就等於終身廢錮，永無出頭之日。這簡直是看透了帝王心思，點破了用人規律。

有學者將酷吏歸為法家思想的影響，或者說是儒法融合的產物，其實酷吏既不屬於儒家，也不屬於法家，那只是後世的歸類罷了。董仲舒所謂「天道之大者，在陰陽，陽為德，陰為刑」，這種「明教化」、「嚴明分」的德治和法家嚴刑賞的法治融為一體的理論，出現在酷吏產生之後，不能解釋酷吏產生的原因。事實上歷代王朝也從來沒有一個穩定的主義，漢代無論「以孝治國」還是「獨尊儒術」都只是一個幌子，否則不會出現皇室子孫造反不斷的現象，以及漢宣帝的直言不諱：「漢家自有制度，本以霸、王、道雜之，奈何純德教，用周政乎？」

「盛世」隱藏的統治基礎性危機

盛世危機在漢武帝時表現得特別明顯，經歷了多年戰亂之後的西漢開國君臣，以休養生息的方式贏得了經濟發展和國力強盛。但是一方面，制度因素導致社會財富嚴重分配不均，大工商業主、高利貸者人數之眾，財產之多，可以左右一方經濟生活，控制生產，囤積居奇，上侵下奪，不僅損害民生，而且危害國本；另一方面人口劇增，窘逼土地資源，失業者眾，導致盜賊蜂起。如果說這二者還只是盛世掩蓋下的國內矛盾，那麼，邊疆頻遭匈奴騷擾則是西漢的心病。雖談不上內外交困，但如果邊疆不穩，則直接影響民心。

不過，這也恰好為雄心勃勃的漢武帝提供了解決危機的契機，一面打擊豪強勢力，增加政府財富；另一面打擊盜賊，解決兵力，為對外用兵奠定基石，達到一石三鳥之效。

在這樣的背景下，酷吏呼之即出。史書上記載西漢酷吏打擊的對象主要包括：一類是豪強，說他們勾結權貴，朋比為奸，干擾吏治，「令七千石莫能制」；二類是權貴，《鹽鐵論》中說「貴人之家雲行於塗，轂擊於道，攘公法，申私利，跨山澤，擅官市」，三令五申無濟於事；三類是猾民，《後漢書》云「漢承戰國餘烈，多豪猾之民，故臨民之治，專事威斷，族滅奸宄，先行後聞」；四類是盜賊，漢代幾乎每個酷吏都有過緝捕盜賊的經歷；五類是謀反者，如武帝時張湯懲處過淮南王、衡山王和江都王的謀反案，減宣處置過主父偃的謀反案。

這一切都充分說明當時吏治已經腐敗，有司或優於文辭，無所作為，或自身捲入其中，不敢作為，否則怎麼「七千石不能制」的對象，一酷吏足以制之呢？正如司馬遷所說，「民倍本多巧，奸宄弄法，善人不能化，唯一切嚴削為能齊之」。

東漢酷吏面對的，同樣是賴以生存的基礎性威脅，一是豪強，二是宗室；到了隋代，酷吏的懲治對象不再是豪猾、貴戚、盜賊或謀反者，大都是奸吏和犯法百姓；而唐代酷吏最盛時為武則天臨朝時期，武則天所面對的是一個人心不服的局勢，因而，酷吏打壓的主要是政治對手。索元禮、侯思止、周興、王弘義、來俊臣等酷吏適時而出。

酷吏何處尋

酷吏大都出身底層，不屬於既得利益群體。他們缺乏穩定的上升空間，只能憑能力獲得上層賞識重用。又因為他們的手段不得人心，難以形成政治勢力，不會對政體構成威脅。

郅都最開始只是漢文帝侍從；寧成也是從小吏做起的；趙禹有一點文才，以佐史的身分出任京都官府吏員；義縱年少時做過強盜，因其姐醫術受太后賞識，經推薦才從中郎至侍從再升縣令；王溫舒是盜墓賊出身成為小吏；減宣初時為河東佐史，衛青買馬河東見之召為大廄丞；田延年因才幹被霍光招納幕府；有「屠伯」之稱的嚴延年，其父親擔任丞相屬官，學習過一些法律而已，是從底層一級一級做出來的；尹齊初為刀筆吏；尹賞最初也是郡中小吏出身。《漢書》所列時十四個酷吏幾乎都是如此。

漢武帝時的酷吏也不例外，如張湯因其父是長安丞，父死襲職，後幫助待罪長安的周陽侯田勝而獲出頭之機；杜周初為小吏，義縱任南陽太守時以他為爪牙；東漢酷吏董宣一生做過最大的官也不過是洛陽縣令；樊曄初任市吏，送了一箱乾糧給落難中的劉秀，而獲都尉一職；陽球世代望族，因為糾集少年殺了侮辱其母親的官員及其全家而出名，獲得舉孝廉。

隋代酷吏庫狄士文、燕榮、崔弘度、田式、趙仲卿等恰恰都是因軍功上位；唐時酷吏索元禮是「外國友人」，經薛懷義推薦入宮；來俊臣只是一個不事生產的流氓，因告密而獲武則天賞識；周興學習過律法，當過縣令，但因不是科舉出身，長期不獲提升。

這樣的人一旦做官，與那些飽讀詩書的士大夫或者因戰功晉爵的功臣名將相比，沒有任何的優勢，酷刑則是展示他們能力的最好、也是唯一的手段，即所謂以小事立威，以嚴酷求效。

一如酷吏來俊臣的「理論著作」《羅織經》中所說，「事不至大，無以驚人。案不及眾，功之匪顯。上以求安，下以邀寵，其冤固有，未可免也」。這些出身於底層的人對權貴豪強有一種天然的敵意，而社會上這類人實在俯拾皆是，為酷吏的產生提供了豐富的土壤。

酷吏每隔一段時期就會出現，它總伴隨著權力運行異常化，如唐代武則天之後，中宗復位，韋后擅權；玄宗天寶年間李林甫擅權，酷吏就應運而生，而一旦權力運行正常，酷吏就消失。包括司馬遷在內的許多史學家，都對酷吏表達了半是欣賞半是批判的態度，認為有些酷吏只針對權貴豪強，而且執法嚴明，廉潔奉公。然而必須明白的是，酷吏的產生與存在無疑都是人治社會的產物，而且是強人政治的寄生物，政治的大一統必然要求思想的大一統，人治經驗表明，經濟發展遇到的問題，不是從經濟上解決，卻往往從思想上來解決，或從政治上解決，因此，酷吏的產生也就成為一種歷史週期律。

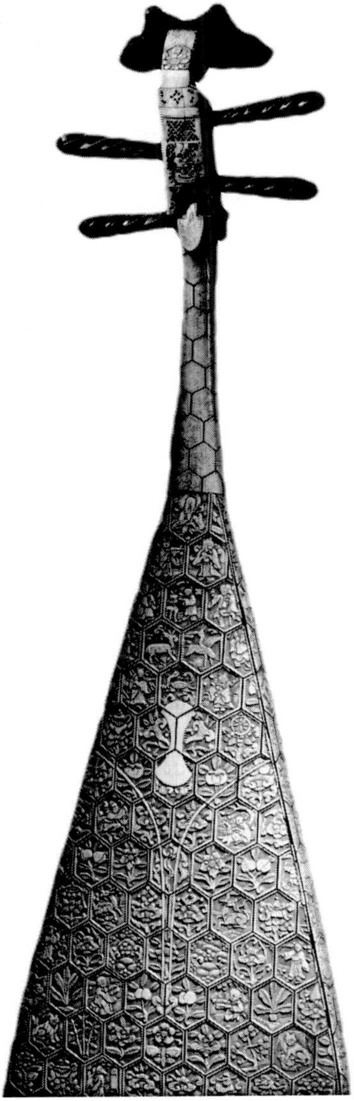

第三輯

宋真宗眼裡的寇準

丁謂之所以能登上佞臣榜，是因為一個人，他就是名垂青史的寇準寇大人。而其間的因緣際會，可能僅僅是因為一件小事，那就是我們非常熟悉的「溜鬚」事件。

關於溜鬚事件，史書上是這麼記載的：天禧三年（一〇一九年），三起三落之後的寇準再度出山，取代王欽若成為宰相。也就在寇準拜相的同一天，丁謂也再次升官進入中書省成為參知政事（副宰相）。二人成為同事，關係也非常親密。寇準曾多次向擔任丞相的進士同年李沆推薦丁謂，但被李拒絕。寇準問其原因，李回答說：「看他這個人啊，能使他位居人上嗎？」寇準說：「像丁謂這樣的人，相公能始終壓抑他屈居人下嗎？」然而，有一天，中央召開最高國務會議，會後，身為內閣成員的寇、丁二人都參加了宴會。宴會間，寇準的鬍鬚上沾有一些飯粒湯水，身旁的丁謂見了，起身上前替他徐徐拂去。這一舉動在同事兼好友間，自是常理也合常情。可是寇準不以為謝，反而板起了臉，冷笑著說了一句讓丁謂下不了臺的話：「參政，國之大臣，乃為官長拂鬚耶？」

這就是典故「溜鬚拍馬」中「溜鬚」的出處。

現在想來，寇大人說這句話，無非有兩種解釋：一是寇大人認為丁謂身為參政，卻為他人拂鬚，不成體統；一是寇大人裝大，在地位略低於自己的同事面前充上級，意在公共場合擺架子。前者是傳統的解釋，我以為，結合寇大人的為人，後一種解釋更切合當時的情境。假如真是不成體統的話，作為朋友，寇大人理應更低調處理，不必小題大做。

其實，說起來，丁謂也不是那種喜歡溜鬚拍馬之輩。

丁謂聽了「好友」寇準這話，頓時備感尷尬，從此記恨上了寇準。在後來的權力鬥爭中，最終將寇準擊敗，把他趕到雷州。

那麼，為什麼丁謂會上佞臣榜，而寇準卻上了忠臣榜呢？

先來看丁謂這個人吧。

丁謂的遺憾也許就是現代人的遺憾，現代人的遺憾也就是寇準的遺憾。

丁謂，字謂之，後改為公言。蘇州長洲（今江蘇蘇州）人。生於九六六年，正牌的科舉進士。丁謂年少的時候就以才出名，當時著名文學家王禹偁看到丁謂寄來的作品後大驚，以為自唐韓愈、柳宗元後，二百年來才有如此之作。可見他仕途起點之高，也就不足為怪了。淳化三年（九九二年），也就是初登進士甲科之時，丁謂就擔任了大理評事、饒州通判，只過了一年，就調回了中央，以直史館、太子中允的身分到福建路（北宋廢「道」為「路」，初為徵收賦稅、轉運漕糧而設，後逐漸帶有行政區劃和軍區的性質）去採訪。回來之後，他就當地的茶鹽等重要問題寫了篇調查報告，引起了皇帝的重視，當上了轉運使，相當於節度使，並且還兼職三司戶部判官。不過，由於宋代派系鬥爭的傳統，丁謂的仕途後來也有起伏。

丁謂的才幹，其實遠在寇準之上。

宋人沈括在《夢溪筆談》中記載了一個「一舉而三役濟」的故事，說的就是丁謂。大中祥符年間，禁宮失火，樓榭亭臺付之一炬。宋真宗命晉國公丁謂擔負起災後重建的重任，修葺宮廷。丁謂採取了「挖溝取土，解決土源；引水入溝，運輸建材；廢土建溝，處理垃圾」的重建方案，命人將街衢挖成壕溝以取土，再把水引入壕溝，以便將城外的建材透過水路運進城中，等房屋建好後，那些壕溝又成了廢墟垃圾的回填場所，不僅「省費以億萬計」，還大大縮短了工期。這樣精巧的規劃、縝密的思維，即使是現代都市的規劃師也未必想得到。

再看他另一件大事。丁謂官拜副相之後，四川一帶發生了以王均為首的少數民族叛亂，中央先後徵調大批兵馬前往平亂，都被叛軍打得落花流水。丁謂受命於危難之際，深入蠻地，竟然以兵不血刃之勢，安撫了叛亂。

接下來看看寇準。

寇準，字平仲，華州下邽（今陝西渭南）人。比丁謂大五歲，宋太宗太平興國五年（九八〇年）進士，淳化五年為參知政事。寇準之所以能流芳百世，其實也只因一件事，那就是國中課本裡講的「澶淵之盟」。宋景德元年（一〇〇四年），遼軍大舉侵宋，寇準力主抵抗，並促使宋真宗渡河親征，與遼訂立「澶淵之盟」，暫時穩定了局勢。《宋史》上提到寇準最多的就是兩個字「正直」。不過，說他「直」，沒話講；說他「正」，就值得重新考量了。

澶淵之盟後，有人對皇帝說：「陛下聞博乎？博者輸錢欲盡，乃罄所有出之，謂之孤注。陛下，寇準之孤注也。斯亦危矣。」皇上聽說過賭博嗎？賭博就是傾其所有孤注一擲，寇準就是把您當作他的「孤注」啊。這個比方應該說是恰如其分的，當時的中央並沒有實力和遼國抗衡，會盟前，寇準曾經威脅和談代表，說要是超過了某某數，就要砍他的頭。想來皇帝聽了這話，心上一定會隱隱作痛吧。

寇準一生為官遠不止「三起三落」，但都是因其不「正」而導致的。仗著澶淵之盟有功，寇準的權力慾達到頂峰。「契丹既和，朝廷無事，寇準頗矜其功，雖上亦以此待準極厚」，因而，寇準得以毫無顧忌地大權獨攬，實行宰相專政，常常居高臨下咄咄逼人地左右皇帝。特別是在人事任免上，包括本來依制度不應由宰相插手的御史任用上，寇準都大權在握。史載：「準在中書，喜用寒峻，每御史闕，輒取敢言之士。」寇準以「進賢退不肖」為己任，而不願遵守規定，「嘗除官，同列屢目吏持簿以進。準曰：『宰相所以器百官，若用例，非所謂進賢退不肖也。』因卻而不視」。當時中央流行著一種偏見，瞧不起南方人，寇準也終生瞧不起南方人，一直排斥南方人。景德二年，十四歲的晏殊以神童召試，時任宰相的寇準因為他屬江左人，就想壓制他。正是因為寇準瞧不起南方人，所以後來丁謂偏要把他貶到南方之南的雷州，讓他病死在那裡。

寇準第一次為相後不久，即被他所瞧不起的南方人王欽若排擠罷相。罷相後出知陝州（今河南陜縣），寇大人基本上不理政事，沿襲多年官場的舊習，終日宴遊。「舊相出鎮者，多不以吏事為意。寇準雖有重名，所至終日宴遊。所愛伶人，或付與富室，輒厚有所得，然人皆樂之，不以為非也。」（《涑水紀聞》司馬光），還有記載說寇準在知天雄軍任上，與知雄州的李允則相互設宴，競比奢華之事。大概因為政治失意，寇準終日與酒相伴，還曾寫〈醉題〉一詩：「榴花滿甕撥寒醅，痛飲能令百恨開。大抵天真有高趣，騰騰須入醉鄉來。」

有記載說，在一次過生日時，寇準大擺筵席，廣邀賓客，當所有人到場之後，他突然穿出了一件新衣服，那是一種黃色且繡龍的皇帝袞服，道道地地的龍袍！這消息立即傳進了京城。皇帝把宰相王旦叫來，問：「寇準乃反耶？」王旦聽到大驚，立即表示去信喝斥，竟把大事化小了。（《自警篇》趙善境）

宋大中祥符七年（一〇一四年）六月，在王旦的力薦下，寇準重回權力之巔，任西府樞密正使。兩個人本來應該同心合力，但寇準似乎不大瞧得起這個晚於他為相的同年。因此，他不是以合作的態度與王旦共事，而是不時地給他找些麻煩。史載：「（寇）準為樞密使，中書有事送樞密院，礙詔格，準即以聞。上謂（王）旦曰：『中書行事，如此施之，四方奚所取則？』旦拜謝曰：『此實臣等過也。』中書吏既坐罰，樞密院吏惶恐告準曰：『中書、樞密院日有相干，舊例只令諸房改易，不期奏白，而使宰相謝罪。』」（《續資治通鑒長編》李燾）就是說，寇準對東府送來的文件，總是要千方百計地找差錯，找到了，並不與東府商量，直接呈報給皇帝，借皇帝來責罰王旦，有意出東府的醜。

一報還一報，後來，東府的人也有樣學樣，凡西府送去的文件，他們也找漏洞，以報復寇準。但王旦卻沒有以其人之道還治其人之身，而是直接把文書退給了樞密院，沒有報告給宋真宗。當樞密院吏把這件事匯報給寇準時，寇準感到非常慚愧，第二天，見到王旦便對王旦說：「王同年大度如此耶！」

王旦的行為雖然讓寇準感動不已，但寇準還是一有機會就不放過攻擊王旦。他的行為與後來王旦處處保他相比較，真是讓人「夫復何言」。

當寇準得知將要被罷免樞密使時，便託人求王旦要更高一點的官（使相）。對於寇準這種跑官要官的做法，王旦感到很吃驚，說使相怎麼可以自己要求呢，並表示他不私下接受別人的請託。王旦這種態度使寇準又羞又惱，「深恨之」。但當宋真宗問起王旦，寇準罷樞密使後應當給他個什麼官時，王旦卻說：「準未三十已蒙先帝擢置二府，且有才望，若與使相，令處方面，其風采亦足為朝廷之光也。」在寇準為使相的任命頒出後，「準入見，泣涕曰：『非陛下知臣，何以至是！』上具道旦所以薦準者。準始愧嘆，出語人曰：『王同年器識，非準所可測也。』」（《續資治通鑑長編》李燾）

王旦為相十二年，病重之際，宋真宗讓人把王旦抬進宮中，問以後事：「卿萬一有不諱，使朕以天下事付之誰乎？」王旦開始並不直接回答宋真宗的提問，僅說：「知臣莫若君。」宋真宗沒辦法，只好一一點名來問，王旦都不表態。最後，真宗只好請王旦直說：「試以卿意言之。」王旦這才說：「以臣之愚，莫若寇準。」但宋真宗對寇準的性格不滿意，說：「準性剛褊，卿更思其次。」這時，王旦固執地堅持：「他人，臣所不知也。」（《續資治通鑒長編》李燾）

在皇帝眼裡，寇準心胸狹隘，又過於偏執，與其他大臣也屢有衝突，無論君子、小人，都不喜歡他，宋真宗因此也不願碰這只燙手山芋；但是，畢竟有王旦臨死前的推薦，寇準終於得到了機會。天禧三年（一〇一九年），永興軍內有個叫朱能的巡檢，勾結內侍周懷政偽造了天書。寇準為了迎合熱衷此道的宋真宗，上奏云「天書降於乾佑山中」。果然此計奏效。十來天後，寇大人就被召赴京。到這年六月，王欽若因事下臺，寇準為相。

然而，這一次，寇大人一上來就碰上了丁謂這樣一個才氣和才幹都比他高的對手。寇準在和丁謂的爭鬥中，因為看不起劉皇后而得罪了她。擔心自己的處境，寇大人決意發動政變。然而，機事不密，一次酒後失言，自己走漏消息，被丁謂的親信覺察到了，很快寇大人就走上不歸路，曾被寇準壓制過的馮拯等多人紛紛出了口惡氣。半年後，真宗還念念不忘：「寇準之居相位，多致人言。」換句話，君子與小人多不喜歡他。

莫名其妙的是，「多致人言」的寇大人竟然也能名垂青史！唉，說到這裡，不得不嘆，有些事情，原本就不該這樣。

古代官員的考績法為何中看不中用

古代對官員的考察有過許多制度，然而，不管哪一種制度都難以取得實效。三國時景初年間曾經發生一起圍繞考績法而進行的爭論，即可見一斑。

景初元年（二三七年），魏明帝曹叡下詔給吏部尚書盧毓：「選拔舉薦人才時，不要唯名是取，名聲如同地上的畫餅，只能看不能吃。」

盧毓回對道：「憑名聲確實不足以得到奇異的人才，但可以得到一般的人才；一般的人敬畏教化，仰慕善行，然後才會出名，不應當痛惡這樣的人。我既不能夠識別奇異的人才，而主事官吏的責任又是根據名次按常規任命官職，只有從以後的實際中檢驗了。古代透過上奏陳事考察大臣的言談，憑實際工作考察大臣的能力。如今考績法已經廢弛，只是憑藉譽毀的輿論決定晉升和罷免，所以真假混雜，虛實難辨。」

魏帝聽後，命散騎常侍劉邵作考課法。

劉邵作《都官考課法》七十二條。

魏明帝將一部績效考核法交給百官審議，沒想到，遭到了一致反對。

司隸校尉（祕密監察官）崔林表示反對：「《周官》中績效考試之法，條例已十分完備了。從周康王以後，就逐漸廢弛，這就說明績效考核法能否實行完全在人。到漢代末年，失誤豈止在於佐吏的職責不詳密！如今軍隊或聚或散，減增無常，本來就很難統一標準。況且萬目不張，則舉其綱；裘毛不整，則要振其領。皋陶在虞舜的手下做事，伊尹在商王朝供職，邪惡的人自動遠離。如果大臣們能盡到他的職責，成為百官效法的榜樣，那麼誰敢不恭恭敬敬地盡職盡責，要什麼績效考核？」

黃門侍郎杜恕也堅決反對：「公開考核官員的能力，三年一次考績，確實是帝王最完善的制度。然而經歷六代，考績辦法沒有明著於世，歷經七位聖人，考核條例也沒能流傳下來，我認為這是由於績效考核的原則可以作為粗略的依據，詳細的規定很難一一列舉的緣故（其法可粗依，其詳難備舉）。俗語說：『世上只有惡人，沒有惡法。』如果法制是萬能的，那麼唐堯、虞舜不需要后稷、子契的輔佐，商朝、周朝也不會以伊尹、呂尚的輔助為可貴了。而今主張績效考核的人，陳述了周朝、漢朝的所說所為，綴敘了漢代京房考功課吏的本義，可以說是使考課的要旨更加顯明了。盼望用這種辦法來推崇謙恭推讓的世風，振興美好的治績，我認為不是最好的辦法。假如讓州、郡舉行選拔考試，必須經由四科，都有實際成效，然後保舉，經官府考試徵用，擔任地方官吏，根據功績補升為郡守，或者增加祿秩，賜予爵位，這是考察官吏的當務之急。

「我認為應當顯貴官員的身分，採用他們的建議，命他們分別制定州郡官吏考核辦法，切實施行，確立可信的必賞制度、可行的必罰制度。至於三公九卿及內職大臣，也應當就他們的職務進行考核。古代的三公，坐而論道；內職大臣，納言補闕，無善不記，無過不舉。且天下如此之大，大事如此之多，絕非一盞明燈就能照亮每個角落，所以君王好比是頭腦，大臣好比是四肢，必須明白同屬一體、互相依賴才能成事的道理。所以古人說廊廟之材，非一木之枝，帝王之業，非一士之略。由此看來，怎麼可能只靠大臣守職盡責辦理績效考核，就可以使天下太平和樂呢？如果容身保位沒有被放逐罷官之罪，而為國盡節，也處在被懷疑的形勢中，公道沒有樹立，私下議論卻成為風氣，這樣即使是孔子來主持考核，恐怕也無法發揮一點點才能，何況世俗的普通人呢？」

黃門侍郎身分特殊，是皇帝身邊的近臣，他說的要旨有三：一是從理論上講，績效考核是一個好制度；二是從實際操作來講，其法可粗依，其詳難備舉，只能作為一種原則；三是績效考核的關鍵在於人。

司空掾傅嘏也表示不同意見：「設置官吏分擔職責，管理百姓，是治國的根本。依照官職考察官員的實際工作，依照規章進行督促檢查，是治國之末節。大綱不舉而抓細小之事，不重視國家大政方針，而以制定績效考核之法為先，恐怕不足以區分賢能和愚昧，顯示出明暗之理。」

鑒於反對聲浪太大，這一次績效考核的討論久議不決，最終無法施行。

司馬光針對這一件事，在《資治通鑒》中罕見地用很長篇幅發表了自己的看法：

為治之要，莫先於用人；而知人之道，連聖賢也感為難。因此只好求助於輿論的毀譽，這樣一來，個人的愛憎就會爭相摻雜進來，善良和邪惡混淆；用績效來考核，就巧詐橫生，真假相冒。總之，治理之根本在於至公至明而已。居上位的人至公至明，那麼屬下有能無能就會清清楚楚地呈現出來，無所遁形。如果不公不明，那麼績效考核，恰好成為徇私、欺騙的憑藉。

司馬光的意思很明白，再好的制度都離不開人。人心不公不明，制度也可被扭曲。

為什麼這樣說呢？所謂至公至明，是出自內心，所謂績效，只是外在表現。內心都不能理正，而要去考察別人的績效，不亦難乎？做領導的，如果真能做到不以親疏貴賤改變心思，不因喜怒好惡改變意志，那麼，想要了解誰擅長經學，只要看他博學強記，講解精闢通達，那他就是飽學之士了；想要了解誰是執法人才，只要看他斷案窮盡真相，不使人含冤受屈，那他就是善於執法了；想要了解誰是理財人才，只要看他的倉庫盈實，百姓富裕，那他就是善於理財了；想要了解治軍的將領，只要看他戰必勝，攻必取，能使敵人畏服，那他就是善於治軍了。至於文武百官，莫不如此。雖然可以聽取別人的意見，但決斷在於自己；雖然績效考核要看實際表現，但審察卻在自己內心。探討實情而斟酌是否適宜，最為精密最為細微，不可以口述，也不可以筆錄，怎麼可以預先定出法規而全部委派給有關部門辦理呢？

現實就是如此，司馬光指出，有人因是皇親顯貴，雖然無能但仍然任官授職；有人因為關係疏遠出身卑賤，雖然有德有才但仍被排斥。當權者所喜歡的人即使失職也不被罷免，所厭惡的人即使有功也不被錄用。諮詢徵求意見，毀譽各半而不能決斷；考核事跡績效，文書具備內容空洞而不能覺察。即使制定了再好的考核辦法，增加考核條目，完備檔案文簿，又怎麼能得到真實情況呢？

當然有人會說：國家治理，大到天下，小到封國，裡裡外外的官吏成千上萬，要一一考察任免，怎麼能不委派給有關部門而獨自承擔呢？司馬光的回答是：當然不是這個意思。做領導的，不只是君王；太守居於一郡之上，三公居於百官之上，如果各級都用這個辦法考察任免自己的下屬，君王也用這個辦法考察任免三公、九卿、郡守，還會有什麼煩勞呢？

有人說：績效考績之法，是唐堯、虞舜所制定，京房、劉邵不過是加以陳述及修訂罷了，怎麼可以廢除呢？司馬光的回答是：唐堯、虞舜的官吏，任職時間長，所擔職責專，設立法規寬，完成期限遠。所以姒鯀治水，歷經九年尚未完成，然後才治他的罪；大禹治水，等到九州全部安定，四方土地都可以居住，然後才嘉獎他的功勞；不像京房、劉邵的辦法，考核官吏瑣瑣碎碎的功績，檢查他們一朝一夕的成效。事情本來就有名同而實異者，不可不明察。績效考核之法並不是只在唐堯、虞舜時才可能實行，而在漢、魏不可行，是由於京房、劉邵沒有弄清根本問題而只追求細枝末節的緣故。

不難看出，司馬光是旗幟鮮明地反對這種考績法，他所舉出的弊端可以說件件都直指現實，對於今天的政府治理仍然有著積極的借鑑意義。作為政治家的司馬光，意思很明顯，官員的考績本質上在於官員的任免，其本在用人，考績只是末枝，用人得當，則考績可行，用人不當，則考績無力。換言之，考核官員的目的是什麼？目的當然是考核其能力與業績勝任與否，避免用人失誤，而不是看其瑣碎的表現。要在考核中得到真實情況，不在文書條目，而在於官員實質性的業績與能力，而官員的能力與業績不是一時可以顯現出來的，同樣性質的工作，可能由於環境、條件不同，評價標準就應當有所不同，不能僵化地拿一個制度去套。因而，考察官員歸根到底在於領導的至公且明。所謂上梁不正下梁歪，領導公明，在下位的官員優劣便無所遁形。

古代官員考績之法看上去很美，實則發揮不了實效，其根源就在於司馬光的論斷：「考求於績，則文具實亡。」此後明清兩代的官員考察儘管有過多種反覆，都依然脫離不了這個樊籬，都有賴於帝王的公心與明斷。之所以如此，背後的深層原因恐怕也不是司馬光彼時能想到的，那就是古代官員的任免、考察大都源於帝王（或上司）的愛憎。

歷史上那些「任性」的改革者

據信，歷史上大凡倡言改革者都是有些脾氣的，而且大多數還有著一種執拗脾氣，用現代的話，就是任性。老百姓對這種「脾氣」大多持寬容理解甚至歡呼的態度。也許在常理看來，因為是改革，往往會遭遇來自方方面面的壓力阻力，沒有脾氣，往往推行起改革政策來就沒有魄力，就不會那麼順利，甚至有夭折的危險。

然而，細究起來，這種靠任性、強力意志推行起來的改革，往往容易使改革走向另一面，或者消極的因素隨之也容易滋生起來，歷史上，這樣的改革最終甚至是以悲劇收場，改革者個人的命運也慘不忍睹。從某種程度上，這種改革只是一種強人政治的產物，是不宜效法的。

王安石變法失敗，與王安石孤傲任性甚至有些偏執的性格不無關係。他看到了黎民百姓的苦難，儒家的道義傳統又使他多了一份擔當意識，因此，一開始就抱著「祖宗不足法，天命不足為，人言不足畏」的信念，拒一切在他看來有違他改革意旨的人於千里之外，不與之合作，強力推行他的改革。

王安石的脾氣天下人皆知，他有個外號叫「拗相公」，什麼意思呢？就是你說西他偏說東，你說東他偏說西。他生平第一個職務就創下了歷史之最：淮南簽判，做了二十五年。這是一個什麼職務呢，宋代各州幕職，協助長官處理政務及文書案牘，相當於一個辦公室主任，從八品。這個職務倒並不丟臉，蘇東坡也做過，問題是誰能像他做那麼長？後來他也不是沒有機會，歐陽脩、韓琦等人賞識他，多次邀他進京，當欽差來遞聖旨時，他竟然躲了起來，欽差把聖旨放到桌上走後，他又抓起聖旨狂追送還，從中可見他的「拗勁」。改革中，祖宗、天命、人言都不算什麼，天下只有他拗相公一人而已。這樣做的後果更任性，只害得老百姓累一番，進而影響到南宋以後的國家意識形態，要求高層士大夫必須做到「內聖外王」，大概是被王安石這類人折磨怕了。《京本通俗小說．拗相公》還虛構了這樣一個情節：（吾兒王雱）對我哭訴其苦，道：陰司以兒父久居高位，不思行善，專一任性執拗，行青苗等新法，蠹國害民，怨氣騰天。可見，改革任性不得，要改革，先得修練好自己的脾氣再說。

吳起在楚國的變法，雖然取得了一定的成效，「南平百越，北並陳蔡，卻三晉，西伐秦」，但結果卻是招致諸侯「患楚之強」，他走的不是和平崛起的路徑，導致原來倚賴於楚的諸侯都害怕起楚國的強大，視其為心腹大患，由盟友變成敵國。在楚國國內，楚之貴族盡欲害吳起。等到支持變法的楚悼王一死，宗室大臣作亂而攻吳起。吳起沒地方躲，只好跑到楚悼王的屍體邊伏地大哭。然而，那些大臣並沒有因為擔心射中悼王的屍體而住手，毫無顧忌，連射多箭，結果連吳起帶悼王的屍體都中了很多的箭。常理來說，吳起幫助楚國變法圖強，楚國宗族是受益最大者，然而，欲殺吳起者卻首推他們。箇中原因與吳起的脾氣也有著莫大的關係，史載吳起連母親死了都不回家，為了取得悼王的信任，連妻子都殺掉。改革者連自身的利益都不顧，脾氣大如天，其他人焉能不害怕？

商鞅變法，結局大家都知道了。儘管商鞅改革且持續執政十九年之久，成效也有目共睹，然而，也免不了被五馬分屍，下場之慘，無與倫比。商鞅也是一個有大脾氣的人，有一次太子，也就是下一任國君駕車，經過了一道只有現任國君才能行走的御道，一般人可能會理解太子的作為，但正要推行變法的商鞅脾氣很大，便決定懲罰太子，也借此樹威。然而，太子錯誤再大，商鞅脾氣再大，也奈何他不得，只能殺了太子的司機；過後，太子再一次犯錯，商鞅也只能處罰太子的導師。太子很生氣，後果當然很嚴重。商鞅只好外逃，結果逃到一個賓館投宿，因為逃時匆忙，沒有顧得帶上身分證，結果被賓館服務人員扭送報官，法官按照商鞅制定的法律（獎勵告奸，打擊遊民）處以車裂，也夠滑稽的了。

王莽變法，史稱王莽改制，他貴為皇帝，推行改革起來自然要容易得多了，而且更重要的是，當時輿論也是支持改革的。但王莽也是一個有脾氣的皇帝，一般人有脾氣就還算了，皇帝有脾氣，就不好辦了。當然有人說，王莽是個好脾氣的人，有詩為證：「周公恐懼流言日，王莽謙恭下士時。」但這只是做宰相時的王莽，當了皇帝的王莽脾氣如何？肯定不一般了。很多人一升官，學識能力不見長，而脾氣卻一下子長了不少。

其實，謙恭下士的王莽脾氣只不過是他的表象，是裝出來的。漢哀帝即位後，外戚得勢，王莽只得卸職隱居於他的封國新都，閉門不出。期間他的二兒子王獲殺死家奴，王莽嚴厲地責罰他，且逼王獲自殺，這一舉動立即得到世人好評。人們哪裡知道，這是王莽謹慎自保的策略。九歲的漢平帝即位後，王莽開始顯露出他的任性脾氣：排斥異己，先是逼迫王政君趕走自己的叔父王立，之後拔擢依附順從他的人，誅滅觸犯怨恨他的人。主動巴結當時著名的儒者大司徒孔光。孔光是三朝元老，深受王太后和朝野的敬重，但為人膽小怕事，過於謹慎。王莽於是一邊主動接近和拉攏他，引薦他的女婿甄邯擔任侍中兼奉車都尉，一邊以王太后的名義逼迫孔光為自己宣傳造勢，利用孔光上奏的影響力排斥異己。於是上奏彈劾何武與公孫祿，將他們免去官職。後又以各種罪名陸續罷免了中太僕史立、南郡太守毋將隆、泰山太守丁玄、河內太守趙昌等二千石以上的高官，剝奪了高昌侯董武、關內侯張由等人的爵位。與此同時，王莽逐漸培植了自己的黨羽，以其堂弟王舜、王邑為心腹，用自己的親信甄豐、甄邯主管糾察彈劾，平晏管理機事事務。王莽平時表情嚴肅一本正經，當想要獲取利益的時候，只需略微示意，他的黨羽就會按他的意思紛紛上奏，然後王莽就磕頭哭泣，堅決推辭，從而對上以迷惑太后，對下向天下人掩蓋自己的野心。

王莽擔心漢平帝的外戚衛氏家族會瓜分他的權力，於是將平帝的母親衛氏及其一族封到中山國，禁止他們回到京師。王莽長子王宇怕平帝日後會怨恨報復，因此極力反對此事，但王莽又不聽勸諫。王宇與其師吳章商議後，想用迷信的方法使王莽改變主意，於是命其妻舅呂寬持血灑灑於王莽的住宅大門，然後想以此為異象，勸說王莽將權力交給衛氏。但在實行過程中被發覺，王莽一怒之下，把兒子王宇逮捕入獄後將其毒殺。然後借此機會羅織罪名誅殺了外戚衛氏一族，牽連治罪地方上反對自己的豪強，逼殺了敬武公主、梁王劉立等朝中政敵。事件中被殺者數以百計，海內震動。王莽為了消除負面影響，又令人把此事宣傳為王莽「大義滅親，奉公忘私」的壯舉，甚至寫成讚頌文章分發各地，讓官吏百姓都能背誦這些文章，然後登記入官府檔案，把這些文章當作《孝經》一樣來教導世人。

王莽推行的改革，和他的脾氣一樣，一開始就是裝樣子，且朝令夕改，大多數只不過是復古求名，比如將奴隸必稱「私屬」，而且在推行時也不講方法和手段。

明朝的改革家張居正，脾氣也好不到哪裡去。一個例子即可說明：一位知府年初時就要寫好一份計畫，且計畫的內容不能太少，寫好後自己留一份，給張居正一份。如果計畫內容過少，張居正就要退回去讓他重寫。那麼，人家只好多寫，寫多了，年底完不成怎麼辦？辦法只有一個：降職！

他為官之初就效仿老師徐階「內抱不群，外欲渾跡」的做法。什麼意思呢？就是心底不同流合汙，但表面上還是和人打成一片。《明史》說他「沉深有城府，莫能測也」。就是有脾氣，但不外露。

等到大權在握以後，張居正的脾氣日日見長。話說一日年輕的萬曆皇帝在讀書，唸到「色勃如也」時，誤將「勃」讀成了「背」。突然聽見身邊一聲大吼：「這個字應該讀『勃』！」萬曆一聽，頓時「色勃如也」，嚇出一身冷汗。這一聲大吼，代表的就是張居正的脾氣，也為張居正日後的遭遇埋下了伏筆。

對待同僚下屬，張居正的脾氣更是發揮得淋漓盡致。史載，張居正以御史在外，往往凌撫臣，痛欲折之。一事小不合，詬責隨下，又敕其長加考察。他要求別人廉潔，甚至多次要求皇帝節省開支，儘量過清苦日子；自己卻出入坐三十二抬大橋，生活奢華。這些都是脾氣使然。

改革開始後，張居正十九年沒有見過父親。父親死了，按制要回家守孝。然而，自以為天下不可一日無張居正的宰相大人，藉口公務纏身，請假不回。張居正死後，萬曆急不可待地廢除了新政。清算他的人便以此為契機，大肆攻訐，成為他的一條主要罪狀。

嗚呼！歷史上的改革為何多以失敗告終？史學家對這些改革有過諸多的客觀理性分析，這些分析誠然有理，然而，我始終以為，根源敗於他們骨子裡的任性！改革必先改改革者的脾氣。一個改革者，如果連自己的脾氣都改不了，又何以改變天下？

改革確實是一件凶險未卜的志業，政治的波詭雲譎使得改革者自身往往沒有安全感，或者充滿焦慮感，在這種心態的驅使下，改革者的脾氣往往變得不可捉摸、多變難測，因而做出的決策往往難以思慮周全。正因為如此，改革者首先得努力獲得自己心靈上的安慰。

馬丁·路德開展宗教改革，其難度可能要遠遠大於任何政治改革，然而他成功了，不僅如此，還改變了世界歷史，名垂青史。

路德的宗教改革受到四面攻擊。路德被羅馬教會定罪，逐出教會。而後還被控告為異端，經受了長期的審判。然而，路德的好脾氣，使他獲得了改革事業上的好朋友——他的懺悔神父斯道皮茨將路德召回維滕貝格，並指定路德為神學博士和他的繼承人。雖然斯道皮茨只能減輕路德的心靈不安，無法消除它們，但好友的心靈安慰發揮了積極作用，直到一五二四年斯道皮茨逝世兩人始終是好朋友。路德的妻子凱薩琳在他困難和憂鬱時期也幫了他很大的忙，連薩克森選帝（公爵）侯腓特烈三世也非常支持路德。

天將降大任於斯人，必先苦其心志，勞其筋骨。唯其能夠在勞苦中修練一個好脾氣，才能擔當改革之大任。

另一個名叫馬丁．路德．金的民權社會改革家亦是如此。作為美國黑人民權運動的領袖，他一生受到無數次的恐嚇，曾十次被人以各種各樣的方式監禁，三次入獄，三次被行刺，前兩次，被精神病人捅了一刀，在教堂時被丟了炸彈。金的脾氣好不好，我不知道，但從那篇著名的演講《我有一個夢想》來看，這才是改革者需要的脾氣。他也始終懂得克制自己的激情，保持著一個良好的脾氣。他是用他的思想來影響人們，用他的正義來和這個國家對話。

兩千多年前中國的智者老子說得好，「以天下之至柔，馳騁天下之至堅」，這正是改革家所必須具有的智慧，只有這樣才能面對複雜的改革環境，做到「挫其銳，解其紛，和其光，同其塵」。老子還警告人們，「自見者不明，自是者不彰，自伐者無功，自矜者不長。」改革家尤其要做到摒棄「自見」，懂得自以為非。「自見」、「自是」、「自伐」、「自矜」正是滋長壞脾氣的心魔。

乾爹的江湖

乾爹古稱義父，義父義子現象存在於正史的時間很長，《詩經》中就有「螟蛉有子，蜾蠃負之」，以螟蛉作為養子的代稱。古代宗法制度下，養子也是兒子，父子之間要承擔儒家規定的撫養和贍養義務。義子、養子還有繼子，這三者民間往往混為一談，但其實養子和義子還是有區別的，養子一般要經過一套程序，法律上予以認可；繼子一般是指前夫或前妻的兒子。清代學者俞樾認為，「養子，非繼子也」。羅蘭娜．利維（Lorraine Lévy）導演的法國電影《我的意外家庭》（The Other Son）中，當約瑟夫準備加入以色列軍隊服兵役時，發現自己不是父母的親生兒子，在他出生時，他與約旦河西岸的一個巴勒斯坦家庭的小孩亞辛錯換了。因這一發現，兩個家庭的生活突然發生了翻天覆地的變化，這一發現迫使他們重新思考各自的身分、價值和信念。義子則是結拜式的，法律上不予認可，所以又稱為「假子」。

在官場，養子和義子在稱呼上的區別主要在年齡上，稱養子大概是因為年齡小，有收養的成分在；稱義子則是成年人，無需養育。以下所稱「養子」、「義子」不細加區分。

顧名思義，義父義子，以義相契，義字當頭。義父變成乾爹，大概是義字失落的緣故。

古代官場為什麼喜歡認義子

歷史上，乾爹有幾種，一是自己確實沒有兒子，認親戚或沒有血緣關係者的兒子作義子，如曹操的父親曹嵩就是宦官曹騰的養子，《三國志》還說他本姓夏侯；唐朝後期，宦官娶妻養子成為一種風氣。當時宦官經常被派到軍隊為監軍使，為了培植自己的勢力，往往挑選軍中健兒作養子，組成忠於自己的核心集團；還有一種是主動拜乾爹的，如明天啟年間宦官魏忠賢專權，很多黨羽相繼歸附，自稱義子，有「十孩兒」之稱，這些人都是進士出身。魏忠賢明白群體的力量，自然樂意；宦官楊復光本姓喬，內常侍楊玄價的養子，可不僅他自己有養子，養子楊守亮也有假子，分任禁軍將校。

此外拜社會上奇人異士為乾爹也是時尚，《洛陽伽藍記》載北魏「隱士趙逸來至京師，汝南王（元悅）拜為義父」。

二是確實喜歡某人，希望進一步加深感情而收義子的。如關羽特別喜愛的兒子關平就是義子。再如劉封，本是羅侯寇氏之子，叫寇封，長沙郡某劉姓的外甥。有一次攻打樊城的慶功宴上，隨軍廚役上菜時不慎，將一塊肉掉落在地，寇封隨手揀起，轉身吃了。事後劉備問他：「何以見肉落地，不去灰沙，不責下人，隨口吞食，是何意也？」他回答：「身為將吏，應時時垂憐百姓，粒米片肉來之不易，棄之可惜，士卒廚役，終日勞累，愛之有餘，偶有過失，安忍叱斥。」這一套說辭與劉備仁民的心意吻合，便決定收他為義子。為此，他還特意去諮詢諸葛亮。諸葛亮內心裡不贊成這樣做，但他便藉口「此乃家事，可問關羽」。據說，關羽雖然自己收了義子，卻不贊成劉備也收義子：「兄長既有子，何必用螟蛉？後必有亂也。」劉備回答：「吾待為子，彼必待我為父，有何亂也？」

第三種情況是權臣為了聚積力量，大肆認養義子以籠絡人心，謀取更大的權力。

如唐末很多節度使紛紛效仿宦官認義子的做法。據說安祿山選健兒養為家兵，有假子八千。唐僖宗、昭宗以後更多，關中鳳翔節度使李茂貞，便是大宦官田令孜的養子，一度改姓為田，做了節度使後自己也收養將帥為養子，如溫韜，改名李彥韜，任義勝軍節度使。楊崇本，改名李繼徽，任靖難節度使；李繼臻，任金州刺史。

五代時期，很多人據此積聚力量，建立政權。如王建，收養假子四十二人，建前蜀政權；徐溫的養子徐知誥，取代吳，建立南唐；晉王、河東節度使李克用，建「義兒軍」，養子李嗣源建後唐；後唐節度使石敬瑭勾結契丹，認契丹皇帝耶律德光為父，建立後晉；後梁朱全忠的養子有朱友文、朱友謙、朱友恭、朱漢賓。後唐末帝李從珂（李嗣源義子）、後周世宗柴榮（周太祖郭威養子），都是養子繼位。乃至於歐陽脩編《新五代史》專設〈義兒傳〉：「開平、顯德五十年間，天下五代實有八姓，其三出丐養。」

乾爹好當，義子難做

有人以為做乾爹、認乾爹一本萬利，真的如此嗎？其實不然，乾爹好當，義子難做。沒有堅強的本領是難以被乾爹看重寵愛的；本領太強功勞太大，又易被乾爹防範。多數時候，乾爹只需給以小恩小惠，或者給以榮華富貴，義子們就得付出身家性命供其驅馳。

劉備史稱仁人君子，其義子劉封的遭遇卻不妙。關羽兵敗麥城，向他求救時，有人把當年關羽不同意劉備收其為義子的情況告訴了劉封，於是劉封拒絕援救，導致關羽被殺。事後追究責任時，雖然劉封拒絕投降曹操，但還是被乾爹宰了。「諸葛亮慮封剛猛，易世之後終難制御，勸先主因此除之」。

碰到荒唐的乾爹，義子們只有倒楣的份。

史上最荒唐的乾爹莫過於五代時的朱溫，或者朱全忠，或朱晃，這其實是一個人，參加黃巢起義時叫朱溫，降唐後被賜名朱全忠，篡唐建梁後改叫朱晃，反正改來改去都改不了該死的德性。

朱溫該死，他追求美色，故意把幾個兒子派到外地駐守，他卻經常把兒媳們召進宮來，侍候自己床上淫亂。養子朱友文的妻子王氏貌美，朱溫對她尤為寵愛，還因此打算將朱友文立為太子。朱溫病重之際，讓王氏召朱友文回來託付後事。三子朱友珪的妻子張氏恰恰也在他身邊，立即密告丈夫，於是朱友珪密謀，殺了侍衛，衝進禁宮，抽刀直刺朱溫腹部，穿透身體，刀從後背露了出來，然後用一條破毛氈包住屍體，埋在寢殿，隨即即皇帝位，誘殺朱友文。

至於朱溫的親兒子乾兒子們對朱溫的亂倫，不僅毫無羞恥，反而利用妻子爭寵，博取歡心，爭奪儲位，真是曠古醜聞。

明朝朱元璋在打江山的過程中收養了不少義子，著名的有沐英、李文忠、平安、何文輝、朱文剛、朱文遜、徐司馬、真童、金剛奴等等。有的將領下面又有義子，甚至有好幾百個義子。後人評價元末起義領袖廣收義子，是「以為將帥之儲備，或為監軍，皆看中其忠誠度」。

沐英、何文輝成為朱元璋義子後改姓朱，大明建立後因勞苦功高，特賜恢復原姓，讓他光宗耀祖。沐英是眾多義子中下場最好的。他長期駐守邊疆，遠離宮廷，得以免禍。馬皇后一死，他傷心而嘔血，幾年後太子朱標又死，他又傷心大哭，因此得病去世。早年他在朱元璋帳下，乾爹要求嚴格，動不動就處罰義子，全靠慈祥的義母馬皇后和仁厚的大哥朱標說情。沐英深知朝廷裡沒有了依靠，而暴戾的乾爹朱元璋是靠不住的，義子們心中的恐懼難為外人所知。

李文忠在朱元璋的功臣中列第三，僅次於徐達、常遇春，又有義子加外甥這層關係，而且他非常低調，但死後，他的兒子李景隆還是捲入了朱家叔侄的皇權爭奪戰。先是帶領南軍，奉表哥孝文帝之命，北上討伐表叔。當表叔朱棣打到南京城時，又開門投降，反戈一擊。義子平安，因其父從朱元璋起兵而戰死，被朱元璋收為養子。平安在靖難之變中，率軍與燕王戰於白溝河，差點俘虜了朱棣，朱棣懷恨在心。永樂七年（一四〇九年）三月，朱棣巡北京，翻閱百官前來朝拜的奏章，看到平安的名字，對左右曰：「平保兒尚在耶？」平安聽到後，知道皇帝的心思，為了子孫考慮，自殺。

義子無義，乾爹倒楣

乾爹的風險一點不亞於義子，一旦選錯了人，後果可想而知。隋唐英雄傳裡，靠山王楊林也廣收義子，「十三太保」被傳得神乎其神。演義中楊林最後還是被其很賞識的義子羅成殺死。

當然最絕的還算三國呂布，先後認丁原、董卓作乾爹，但又接連背叛他們，因此，當後來他被曹操捉了，打算再一次降曹時，被劉備一句話給壞了好事，「三姓家奴」之名與呂布神勇之名並馳天下。羅貫中詩稱：「背恩誅董卓，忘義殺丁原。」

《水滸》中宋代權臣高俅，收了個義子，結果這義子橫行不法，逼反了林沖。

北齊時的權臣和士開，「富商大賈朝夕填門，朝士不知廉恥者多相附會，甚者為其假子」，其時不過四十歲，有一次和士開得了傷寒病，醫生說只有喝黃龍湯才能痊癒。黃龍湯實際上就是大小便，和士開自然不情願，猶豫不決。正在此時，一個來探望的義子說：「這種湯挺容易喝，您不用擔心，我先為您嘗嘗。」一口氣把一大碗糞水喝得干乾淨淨，可以想見這些義子都是些什麼人。

乾隆也有個養子，叫福康安，養尊處優慣了，讓他去平叛，他倒好，將軍權交給副手，自己整天花天酒地，西南一場小小的苗民起義因此硬是拖了多年。

歐陽脩發現一條規律：「世道衰，人倫壞，而親疏之理反其常，干戈起於骨肉，異類合為父子。」真父子無情，反倒寄情於假父子，這是世道亂、人心壞的表徵。

對於義子們來說，天下掉下一個乾爹，未必是件好事。

末世，就是乾爹們的江湖。一個義子，可以打下一座江山。

亂世，則是義子們的江湖。一個義子，可以顛覆一個政權。

一旦到了昇平世，乾爹們、義子們都開始不好過了。

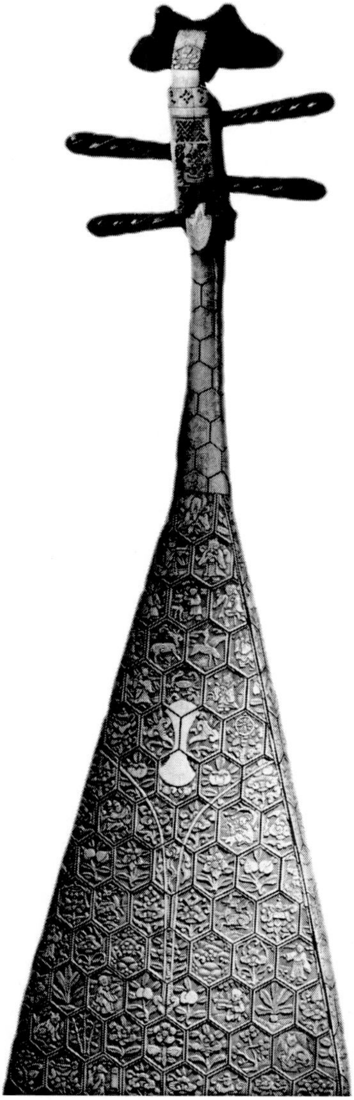

第四輯

明代官場逆淘汰中的孤臣

一

正德元年（一五〇六年）十月的一天，顧命大臣左柱國劉健、太子太傅謝遷正要離京回老家，柱國首輔李東陽聞訊趕來餞行：「我等三人，事同一體，而我獨留，何以自容？不知何以為處。」

李東陽說完戚然涕下。劉健很有些鄙視地說：「哭什麼？假如當天你能夠力爭，那麼今天就能和我輩一同離開了。」

李東陽聽到昨日的同事不肯原諒自己，只能默然。

李東陽無奈孤身回去了，就在前幾天，他與劉健、謝遷三人一起上疏乞求退休。但是武宗皇帝批准劉、謝二人離職，卻獨留李東陽。接下來，他要一個人面對宦官劉瑾。他並非沒有力爭，他前後打報告二十多次要求退休，無奈皇帝不批。

並非他留戀相位，與其始終處於矛盾和被人誤解之中，不如歸去，落個正直的好名。

原因很簡單，朝廷中宦官專權，武宗信任劉瑾等八個宦官，形成太監集團劉黨，他們分據要津，矯旨妄為，迫害忠臣，貪贓枉法，致使朝政日壞。劉健、謝遷二人辭職，就是前不久他們三人謀劃剷除閹黨失敗的結果。

作為「楚地三英」之一的李東陽，是湖南茶陵人，明代有名的神童，十八歲中進士，滿腹經綸，深得孝宗皇帝的信任，弘治年間進位大學士，與劉健、謝遷同氣相求，同聲相應，關係融洽，時人稱「李公謀，劉公斷，謝公尤侃侃」。孝宗死時，三人同受託孤之命，位居中樞。

劉、謝去後，劉瑾等人更加肆無忌憚，朝中正直之士都秉承正邪不兩立的態度，要麼選擇離開，要麼被劉瑾放逐。劉瑾的親信紛紛躋身高位，李東陽既要防範劉瑾等人隨時找事迫害，又要承受士林對他的輿論巨壓。

是的，別人可以離開，但李東陽不可以，一則因為他是「舊臣」，帝后都不願意讓他抽身離去；二則因為他是託孤之臣，既受先帝之恩，又有武帝信任，是眾望所歸，「海內名士，多出其門」，連劉瑾對他都有所忌憚。他當然明白，官場逆淘汰現象已存在千年歷史了，劣質淘汰優秀，小人淘汰君子，平庸淘汰傑出。但他早在讀《唐書》時讀到武后篡位，狄仁傑和褚遂良採取兩種截然不同的態度時寫道：「狄仁傑事高於褚遂良，死天下之事，不若成天下之事。」

既然逃避不了，乾脆以一身當之，與國家同休戚，共命運。李東陽一邊和劉瑾等人周旋，虛與委蛇，沉著應對，一邊力挽時弊，保護朝中部分沒有被驅逐的「良幣」，為國家保存一點元氣。

二

李東陽以孤臣之身與狼共舞長達四年，倘若沒有他，劉瑾一黨難保不像天啟年間魏忠賢那樣。魏氏得勢僅三年，為禍之烈甚於劉瑾十倍。這足以看到李東陽的作用。

一是忍辱負重，委曲求全。

李東陽作為士林領袖、文壇領袖，劉瑾他們必有借重他的時候。與狼共槽，李東陽也知道必須給他們一點好處。正德三年馬永成等「八虎」黨羽為了炫耀門庭，掀起了一股為祖先造大墳、搞盛祭之風，請李東陽寫祭文。劉瑾想利用宗教蠱惑人心，在京都朝陽門外創立了玄真觀，也請李東陽撰寫碑文。李東陽都答應了，在文字裡為他們歌功頌德，損害的只是個人聲譽，同時也稍稍緩和了與閹黨的敵意。

李東陽見劉瑾坐大，朝臣中又多其黨羽，為了增強自己的力量，先後引王鏊、楊廷和入閣參與機務。劉黨中有一個叫張彩的，深得劉瑾的心，李東陽為了緩和敵意，有一次特意和楊廷和屈尊至張府，邀他外出觀花。張彩居然不露面，很久後才派一僕人轉告：「你們請先行，我隨後就來。」李東陽無可奈何地對楊廷和說：「張彩把我們看作辦事官啊。」

同時，作為內閣首輔，劉瑾在內亂政，李東陽只好在外想辦法彌縫補救。劉黨中的焦芳入閣前任吏部尚書，入閣後想兼攝部事，劉瑾多次派人與李東陽商議。李東陽咬定「無此例」回絕。

四川鎮守太監羅籥要求便宜行事之權。李東陽明知這是劉瑾的意願，但他堅持不答應，說：太祖定官制，在外三司，都司管兵而不管錢糧，布政司管民而不管軍馬，按察司管糾劾刑名而不管軍馬錢糧，其權分而不專。他借太祖定的祖制來擋住劉瑾的要求，並稱「恐鎮守一人亦自擔當不起」。劉瑾聽後也沒有辦法。

劉瑾表面上尊重李東陽，但背地裡一直想找到他的岔子，好在李東陽辦事謹慎，處置機謀，沒有空子可鑽。

二是潛移默奪，保全善良。

正德二年閏正月，劉瑾將尚寶司卿崔璇、湖廣副使姚祥鎖於長安左右門外，將工部郎中張瑋銬在張家灣，計劃銬一個月。劉瑾用的大枷重一百五十斤，受刑者熬不了幾天。李東陽力爭，最終使他們得免於難。

正德三年六月，一天退朝時，不知是誰在御道上丟下一封匿名信，信中歷數劉瑾等人的罪狀。劉瑾獲知後，罰百官跪於奉天門下，到傍晚，將三百餘人送鎮撫司究問。又是李東陽力爭：「匿名文字出於一人，其陰謀詭計，正欲於稠人廣眾之中掩其形跡而遂其詐術也。各官倉卒拜起，豈能知見？況一人之外，皆無罪之人，今並置縲絏，互相驚疑。且天時炎熱，獄氣薰蒸，若拘攣數日，人將不自保矣。」要求先將眾官釋放，再來破案。劉瑾此時也聽說這封信可能是出自自己人之手，不好深究。

同年，總制三邊都御史楊一清奉旨修築邊牆，劉瑾恨楊一清不依附自己，便給他安了個「築邊糜費」的罪名而下獄。經李東陽等力救才得釋放。

正德四年二月，劉瑾對退休回鄉的劉健、謝遷等人並沒有放過，羅織罪名將他們抓捕，還是李東陽從中斡旋，才使他們避免了災難。閏九月，劉瑾欲置平江伯陳熊於死地，也多虧李東陽力爭。

這些不僅僅是救人一命那麼簡單，可以說既保全了朝廷的精英，又阻止了「劣幣驅逐良幣」這一逆淘汰現象的蔓延。哪怕只有一個正臣在，就保存了一線希望。

三是巧借人力，智除劉瑾。

正德五年，寧夏藩王朱寘鐇以誅劉瑾之名起兵叛亂，沒幾天就打到了陝西。武宗聞訊心急如焚，卻又毫無主張，只得與李東陽研究對策。李東陽趁機推薦啟用被貶的楊一清提督軍務，派張永為監軍。

楊一清也是湖南人，「楚地三傑」之一，李東陽於他有救命之恩。張永雖是閹黨，但早已跟劉瑾不和。於是李東陽與楊一清密議，勸他結交張永，與之合力同心，先平叛亂，再除閹黨。根據二人籌劃，平定叛亂之後，由張永回朝覆命，趁機向武宗面奏劉瑾閹黨妄圖篡位的不法「十七事」逆罪。武宗大悟，傳旨將劉瑾逮捕入獄，並從他家中抄出龍袍、玉璽等謀反罪證。

鐵證如山，理當伏誅。豈料武宗卻令其「謫居鳳陽」。李東陽聞訊甚急，擔心日後劉瑾被再次啟用，馬上讓科道官員揭發劉瑾罪惡，武宗才決定將劉瑾凌遲梟首，閹黨被一網打盡。事後楊一清送給李東陽一句話：「賓翁補天捧日無跡。」

三

劉瑾伏誅後，李東陽並不輕鬆。「文章身價斗山齊，伴食中書日又西。回首湘江春水綠，鷓鴣啼罷子規啼。」這是昔日那些「正人君子」譏諷他的詩句，「伴食宰相」、「不如歸去」等嘲諷和侮辱還沒有消去，言官又追究他與劉瑾的關係，甚至把他列為劉瑾黨人。李東陽生活在欲辯無辭的環境中，雖然朝廷肯定了他的功績，死後謚為「文正」，但時人報以非議，後來個別史官仍然給他負面評價。

這連著名的狂人李贄都看不下去了，他痛斥對李東陽的非議和攻擊「真是放臭屁也」。

李東陽立朝五十年，上救亂政，下援善良，清節不渝。官至尚書的張邦奇目睹李東陽昔日取中的一位士子做了外官，朝覲回京，讓僕從送來兩帕四扇。李東陽說，扇可留下作畫，帕多有什麼用？就留下扇，將帕還給人家。致仕後，楊一清備酒餚祝壽，李東陽看到酒器是金子鑄成的，吃驚地問：「楊公也有這種寶貝？」楊一清聽了非常慚愧，從此不敢再用。

李東陽退休後，求他詩文、書法篆印的人常常擠滿屋子，他就靠此來謀生。有一天，已感疲倦時，夫人又捧進來不少紙墨，他不想再寫，夫人一見，笑著說：「今天待客，可以沒有魚和菜嗎？」李東陽一聽，倦意頓消，欣然命筆。

李東陽死後，家徒四壁，兒子早亡，多虧門生故吏捐助，方能下葬。做了十八年內閣大臣，六年首輔，卻兩袖清風，靠賣字畫才能待客，在明代官僚中可謂翹楚。

崇禎之問

崇禎元年（一六二八年）十一月，戶科給事中韓一良向年輕的新皇帝上了一道〈勸廉懲貪疏〉。奏疏中這位新任官員說：當今，何處不是用錢之地，無官不是愛錢之人。買官要錢，升官要錢，官員交際聯誼要錢，考課打點上面要錢，「此金非從天降，非從地出」，來自哪裡，人皆心知。

韓一良還舉例說：自己只是七品芝麻官，平時不善交際，但兩個月來拒收的禮金也有五百兩。由此類推，位高權重的官員就可想而知了。再不推進反腐倡廉就來不及了，而且必須從「大老虎」反起。

一番話深深打動了崇禎，他倍感欣慰，讚賞其「大破情面，忠鯁可嘉，當破格擢用，可加右僉都御史、吏部尚書」。

韓一良並不是御史，怎麼推進反腐倡廉工作，他沒有提。這個難題交給了十八歲的崇禎。崇禎首先要知道的是，到底誰是腐敗分子？

這一問，問出千百年來朝野百姓共同的心聲，問出了帝王心聲。

但是，這一問，也問破了一個人的心，這個人便是韓一良。

這是一個令人寒心的「天問」，不僅韓一良覺得冤，連後來的進諫者都不得不因此閉嘴。這個問題韓一良無法回答，也不該由他來回答，他不是專業人員，也不掌握證據，怎敢亂說？

崇禎退而求其次：那你說一說，是哪些人給了你五百金。

這是比前一個更傻更天真的問題。

這一來，韓一良才明白，自己掉入了一個體制下的坑。說還是不說，真成了一個問題。不說，就無法實現自己的初心；說，倒楣的是一群小蒼蠅，於事無補。見皇帝把球踢了回來，細思恐極，這真話還說得下去嗎？

面對崇禎這一問，韓一良不得不選擇閉嘴。結果不僅沒有推進反腐倡廉工作，連自己的職務都被剝奪，回鄉耕讀。

韓一良的挫敗感深深地烙在後來者心裡。崇禎六次自我批評（〈罪己詔〉），數百次鼓勵大家建言，都無法改變大員們經常性的相顧無言，發言也是空話套話。

明朝末代首輔魏藻德，狀元出身，只用了四年時間就被火速提拔為首輔，危難之際，崇禎對他寄予厚望。北京城破前三天，崇禎問他有何對策，並說：你只要開口，我立刻下旨照辦。然而，魏藻德跪在地上，屁股撅得老高，一聲不吭。崇禎氣瘋了，一腳踢翻了龍椅，恨恨而去。

我們且不問大臣們原來的智商和情商到哪裡去了，我們只想問，一句話可以定奪的事，臣子為何始終一言不發？沒有退敵良策，餿主意好歹也可以出一個呀。不說幫你坐江山，至少皇帝與大臣都是有股份的，雖然你的股份多一點，大臣們股份少一點，畢竟大家都是在一條船上。

然而，沒有然後了，餿主意都沒人出了。大家徹底冷了心，不陪皇帝老子玩了。

崇禎接手國家十七年，任命了五十位內閣首輔，平均每人的任職時間不足三個月，而且個個不是被開除，就是被降職，無一善終。至於首輔以下官員，更換頻率如走馬燈，「日新月異」。在外征戰的將領，不是被處死，就是寧願主動戰死。

前任首輔陳演嘆息說：在崇禎面前，每句話都要思前想後，稍微一句說錯，嚇得後脊梁發涼。崇禎恨啊，二十多歲頭髮就已斑白，魚尾上眉梢。不光是罵盡群臣，更是恨。他所信任的只有那些善於揣摩他心意、曲意逢迎的大臣。十七年間，君臣上下挫敗感如影隨形，不能不說與崇禎之問關係甚緊。

有人說，崇禎是窮死的；也有人說，崇禎是被員工害死的。其實不然，他是被自己這一問弄死的。

崇禎也並非不知道天下官員貪者大有人在，但具體到誰是貪官，即便身為皇帝都未必知道。

一九四九年，蔣介石在「下野」後，曾經對宋希濂說：「許多中上級軍官利用抗戰勝利後到各大城市接收的機會，大發橫財，做生意，買房產，貪女色，驕奢淫逸，腐敗墮落，弄得上下離心，軍無鬥志。這是我們軍事上失敗的根本所在。」逃到臺灣之後，蔣介石在對高級官員的講話中說：「今天，我痛心地指出，從抗戰後期到現在，我們革命軍隊中表現出的貪汙腐敗，真是無奇不有，簡直難以想像。」

看看，蔣介石並非不知道官員腐敗，也並非不知道腐敗之害，但具體到誰是貪官，蔣介石和崇禎一樣未必知道。

因此，吳國楨回憶：「我經常到上海碼頭。那時我們的部隊都集中在東北，我看到一箱箱運往東北給部隊發餉的中央銀行鈔票；但一兩週後，當我再到碼頭時，同樣的箱子又從東北運回來了，顯然指揮官們並未給部隊發餉，而是將其運回以購買商品進行囤積，此後將其在黑市拋出，獲得巨利，只用所賺的一部分給部隊發餉。我將這一情況報告給蔣介石，但他未做任何處理。」（《吳國楨口述回憶》）

吳國楨和韓一良一樣，說的都是事實，但事實不等於證據，要指實某人是貪官，僅憑吳國楨或韓一良都不行，更不是崇禎或蔣介石的分內事。

崇禎之問也是崇禎之困，更準確地說是韓一良之困。為了免除韓一良式的結局，古人設計了一個「制度」，叫「風聞言事」。

《文獻通考》中的〈職官考七〉中有「御史臺」一條，云：「故御史為風霜之任，彈糾不法，百僚震恐，官之雄峻，莫之比焉。舊制，但聞風彈事，提綱而已。」注云：「舊例，御史臺不受訴訟，有通辭狀者，立於臺門候御史，御史竟往門外收採之，可彈者略其姓名，皆云：風聞訪知。」古代的御史官員可以憑風聞上奏，互相彈劾，查實屬實者嘉獎，不實者不罰，故稱「風聞言事」。簡單地說，「風聞」是為了保護檢舉者而隱瞞檢舉者姓名。並非純粹的道聽途說，捕風捉影，應該是有一定依據的。

韓一良的進諫顯然屬於「風聞言事」，但又不是他職責所在，也不是要彈劾某人某事，純是出於對政治腐敗的憂慮，提請皇帝採取措施開展廉政建設。

今人有建議採納「風聞言事」來加強反腐倡廉，甚至有人提出「風聞言事」是反腐敗最有力的手段，這實際上是誤讀了「風聞言事」的本意。

古代的「風聞言事」並非是反腐敗的制度設計，而是君王廣開言路的策略而已。康熙於三十六年明確提出「科道官以風聞題奏，即行察核督撫，賢者留之，不賢者去之。如此，則貪暴斂跡，循良競勸，於民大有裨益。嗣後各督、撫、將軍、提、鎮以下，教官、典吏、千把總以上，官吏賢否，若有關係民生者，許科道官以風聞入奏」。就是說，「風聞言事」是震懾官員的一種手段，對反貪當然有幫助，但更重要的是為了考察官員優劣。

如果將「風聞言事」作為廣開言路的措施，利大於弊；但如果將其作為反腐的手段，顯然弊大於利，最大的弊端是容易導致官員相互攻訐，破壞法制。

所謂「康熙盛世」絕不是「風聞言事」所成就的。「風聞言事」成就的是言路大開，因而官員自然會有所敬畏。

宋仁宗慶曆年間，諫官王素聽說武將王德用向皇帝進獻了兩個美女。王素在朝會上就此事批評仁宗耽於美色。仁宗責問他：「這是內宮之事，你從何得知？」王素說：「我是諫官，規諫乃職責所在，哪怕是對於風聞之事，也可知無不言。陛下有則改之，無則加勉，何必追問從何得知呢？」王素的回答就道出了「風聞言事」的真諦，廣開言路，鼓勵批評，有則改之無則加勉。宋仁宗無從挑剔，呵呵一笑說：「確有其事，二位美女在朕左右，頗為親近，暫且留下來如何？」王素回答說：「倘若疏遠，倒也無妨。我所擔心的正是怕陛下親近她們啊。」宋仁宗聽後醒悟，每人打發三百貫錢，將那兩個美女遣散出宮。

王素與韓一良的遭遇截然不同，並非王素如何高明，而是王素抓住了仁宗的具體事實，不涉及體制，所以能頂住仁宗的詰問；韓一良則不同，他提出的是一個制度問題。制度問題自古以來便是個天大的問題，韓一良沒有想好就傻傻地提了出來，崇禎自然也沒有想到，因此也傻傻地拋出了「誰是貪官」的天問。

崇禎之問至今仍然有著極強的現實意義，回答「誰是腐敗分子」這個問題在今天看來其實很簡單，那就是良好的制度設計，違背了制度、規矩、法律者便是腐敗分子。只要給官員劃定紅線、底線、高壓線，老百姓就很容易判斷、發現誰是腐敗分子。

明朝君王不早朝，為何國家不亂

早朝，是很多電視觀眾非常熟悉的一幕。在電視劇裡面，人們常常看到每天一大早上，大臣們都要與皇帝早朝，太監們那一聲「有事啟奏，無事退朝」，早已為婦孺皆知。這既是一種儀式，也是一種朝會，屬於例會。

但是，歷史上真的如此嗎？其實，歷史上這種早朝，並不是電視劇裡面所描寫的那樣。很多人好奇，明朝嘉靖二十年不早朝、萬曆皇帝三十年不早朝，為何國家不亂呢？

有人將其歸咎於權臣或宦官把持朝政，有人認為這是皇帝與朝臣消極對抗的方式，這些觀點都只是看到了歷史的表面。

早朝，又稱朝會，最早源於諸侯朝天子。《孟子》載：「諸侯朝天子曰述職，一不朝則貶其爵，二不朝則削其地，三不朝六師移之。」可見「朝會」是一項禮制，是最具儀式感的會議——「禮莫重於視朝」。

漢代自漢宣帝始實行五日一朝的常朝制度，三國時沿襲之。此後唐、宋、元、明、清歷代都有朝會制度，但都有區別。

「春宵苦短日高起，從此君王不早朝」，這是唐人白居易的一句名詩。其實，唐代的早朝分三種。一種是常參，《唐六典》記載，唐前期「凡京司文武職事九品以上，每朔、望朝參；五品以上及供奉官、員外郎、監察御史、太常博士，每日朝參」。也就是說，真正每日早朝的只有少數級別高的官員。時間也不是很早，通常為早上七點到八點左右，這個時間是唐代規定官員上班辦公的時間，《新唐書》云「學士入署，常視日影為候」；一種是朔望朝參。即每月的初一、十五。只到了每月這兩個日子，殿上才設黼扆、躡席、薰爐、香案，依時刻陳列儀仗，「御史大夫領屬官至殿西廡，從官朱衣傳呼，促百官就班」。在監察御史的帶領下，群官按品級於殿廷就位，皇帝始出就御座，群官在典儀唱贊下行再拜之禮；而最具儀式感的，是元日和冬至舉辦的大朝會，最隆重，「大陳設」，展宮懸鼓吹，陳車輅輿輦，到時間皇帝「服袞冕，御輿以出，曲直華蓋，警蹕侍衛如常儀」，殿上皆呼萬歲。王維詩「騎省直明光，雞鳴謁建章」，說的是天亮前一小時開始進宮。宋代承襲唐代此制，而清宮戲中所看到的每日朝會都呼萬歲的場面是與歷史不符的。

真正的百官每日早朝，是明代朱元璋的創制。據《大明會典》記載：明朝時期的早朝，「昧爽而朝」，大臣必須午夜起床，穿越半個京城前往午門；凌晨三點，大臣要準時到達午門外等候，當午門城樓上的鼓敲響時，大臣就要排好隊伍；到凌晨五點左右鐘聲響起時，宮門開啟。百官依次魚貫而入，過金水橋在廣場整隊。這個過程當中，官員中若有咳嗽、吐痰或步履不穩重的都會被負責糾察的御史記錄下來，聽候處理。電視劇裡經常看到文武朝臣在等待過程中揉著眼、打著呵欠，在黑暗與晨曦交納的陰暗裡，跺著腳，驅趕著寒冷，這種情況在實際中是不大可能出現的。通常，皇帝駕臨太和門或太和殿，此時百官行一跪三叩首禮。四品以上的官員有機會與皇上對話，向皇帝報告政務，皇帝則提出問題或者做出答覆。

朱元璋時期，早朝有著十分嚴格的禮節。

午門上「鼓三嚴」，即第三通鼓響，先開二門，放官軍旗校先入擺列，百官赴掖門前排隊，候鐘鳴開門入內，文武分兩班入朝，文由左掖門，武由右掖門。入內後，先於金水橋南依品級序立，等候鳴放鞭炮，大家各依次過橋，詣奉天門丹墀，文為左班（東班），武為右班（西班），在御道兩側相向立候，稱為「起居」。

奉天門上廊內正中設御座，謂之「金臺」。丹陛左右鐘鼓司設樂，殿陛門楯間列「大漢將軍」，皆著明鐵甲冑；御道左右及文武官班後各有校尉相向握刀布列，煞是威嚴。

當音樂奏起，皇帝御門，錦衣衛力士張五傘蓋、四團扇，聯翩自東西升立座後左右；內使二人，一執蓋立座上，一執「武備」、雜二扇立座後正中。天順後，執傘、扇力士移到金水橋南夾立，只留座上之傘及夾武備二扇；座上之傘，遇風勁時也撤去。

皇帝安座後，再鳴鞭，鴻臚寺「唱入班」，左右兩班齊進御道，再排班。此時文官北向西上，武官北向東上，行一拜三叩頭禮，是為「大班」。

行禮畢，鴻臚寺官對御座宣念謝恩、見官員數，這些人已於前日在寺具本報名，此時在庭下或午門外遙行五拜三叩頭禮。若邊方奏有捷音，大者宣露布，小者具奏本，俱於早朝未奏事之先宣布，所以張國威而昭武功也。

然後，進入早朝最重要的環節，即「奏事」。

各大官員奏事之先，皆預先咳一聲，文武兩班之中，不約而同，聲震如雷，俗私謂之「打掃」。然後從班列末尾行至御前跪奏，完畢即復位。奏事不用口語，而是大聲朗讀本章。

奏對之際，班列中有禮節失當者，御史、序班即予舉劾。若無失儀，御史、序班一躬而退，鴻臚寺官唱奏事畢，鳴鞭駕興，待聖駕退後，百官亦退，各回衙門莅事。

這種早朝，即便遇到惡劣天氣也不停止，如果遇雨雪，皇帝特許可以穿雨衣。

史載朱元璋「每日視朝，奏事畢，賜百官食」。賜食在奉天門，或在華蓋殿、武英殿，「公侯一品官侍坐於門內，二品至四品及翰林院等官坐於門外，其餘五品以下於丹墀內。文東武西，重行列位，贊禮讚拜叩頭，然後就座。光祿寺進膳案後，以次設饌。食罷，百官仍拜。叩頭而退」。後來因朝廷財力不支，不得不廢止了百官廊餐制度。

由於早朝所行皆循成規，空文太多，人數又多，禮體又極嚴，「大庭之上，體貌森嚴，勢分懸隔，上有懷而不得下問，下有見而不敢上陳」，君臣雙方都受制約，到最後，奉天門奏事，徒為觀聽之具。明朝多數皇帝不樂早朝，大臣也想方設法逃避早朝。

明初，朝鮮使臣即私下議論：「臣觀上國之事，不可則效者多矣。六部官吏羅立庭中，皇帝高拱如天。至於刑決，絕無擬議，一言決了，不知幾人無辜受戮。是不可取法也。」對這種早朝議事的制度表達不可效法的意見。

明朝的早朝到英宗後發生大變，英宗年幼，只逢三、六、九早朝；到嘉靖十三年（一五三四年）以後，皇帝凡三十餘年不視常朝，早朝完全廢止。自宣宗起，開始命大臣「條旨」，形成一個新的制度——票擬制度。

所謂票擬制度，即大臣的章疏由司禮監收進，經御覽後發內閣擬票（擬出處理意見），再經御筆或司禮太監按閣票硃筆批紅（批答）後發出施行。這種制度大大簡化了政事處理的工作量，使皇帝也從繁瑣的禮儀中解放出來，自由度大大增加，而且處理政務也比在早朝時當即做出處理決定要審慎許多，因此入清以後，票擬制度得以繼續實行。

很多人奇怪，明朝嘉靖萬曆二朝數十年不早朝，為何朝政不受影響？其原因在此。即便不早朝，但皇帝並沒有失去對朝政的控制，只不過由明改暗。正因為內有司禮監、外有內閣的輔政體制形成，故「有臣無君，朝廷得以不亂，朝參照常進行」。以明代萬曆年間為例，萬曆十五年以後與以前的朝政並沒有什麼區別。賑濟荒災、整頓吏治、平定叛亂、治理河道、發展經濟、對外交往等工作，一個也沒有少，絲毫也看不出皇帝怠政的樣子。

因此，從此君王不早朝，並不是什麼大不了的事情。本身就是形式重於內容，禮儀貴於虛文而已。

清朝承明制，但並沒有早朝站班議事的制度，而且每個皇帝的辦公地點都不盡相同，清朝中後期往往是軍機大臣才需要早朝。遇到難於決策的重大事件，皇帝可以隨時召見內閣成員，地點往往以就近為原則，清朝皇帝召集大臣會議並不在民間口裡所謂的「金鑾殿」（清朝稱太和殿），這只是舉行重大典禮而不是開會議事的地方。

「計贓論罪」的兩面性

洪武六年（一三七三年）十一月，明太祖朱元璋命刑部尚書劉唯謙等以《律令》為基礎，詳定大明律。次年二月修成，頒行天下。這部由他親自主持制定的明代根本大法《大明律》，特別將有關贓罪條文單獨列出，並且明確規定，官員受贓數目達到八十貫，就要處以絞刑。

所謂「贓罪」就是指貪汙受賄罪。朱元璋為什麼將贓罪處死的紅線劃定到八十貫這麼具體？

恫阻腐敗

據史載，明朝初期「洪武九年，天下稅糧，令民以銀、鈔、錢、絹代輸。銀一兩、錢千文、鈔一貫，皆折輸米一石，小麥則減直十之二」。也就是說一貫等於一兩銀子，相當於一石米。而明朝初年官員的俸祿是：「二十五年更定百官祿。正一品月俸米八十七石，從一品至正三品，遞減十三石至三十五石，從三品二十六石，正四品二十四石，從四品二十一石，正五品十六石，從五品十四石，正六品十石，從六品八石，正七品至從九品遞減五斗，至五石而止。自後為永制。」換言之，法律上明朝官員正一品官員的俸祿是每月八十七兩，至於最低的從九品只有五兩。這就是說，朱元璋劃定的贓罪死刑的紅線，相當於正一品官的月薪。

那麼，這麼一筆錢到底值多少呢？創作於明朝萬曆年間的《金瓶梅》中記載：「到了次日初二日，西門慶稱出四兩銀子，叫家人來興兒買了一口豬、一口羊、五六壇金華酒和香燭紙札、雞鴨案酒之物。」四兩銀子可買一豬一羊五罈酒等物。「西門慶旋用十六兩銀子買了一張黑漆歡門描金床，大紅羅圈金帳幔，寶象花揀妝，桌椅錦杌，擺設齊整。」十六兩銀子可以裝飾出一間高品質臥室了；而創作於明初的《水滸傳》中，武大買房花了僅十數兩銀子，且買的是縣門前樓全產權兩層樓房帶兩個小院落。可見，八十貫（兩）並非一筆小數目。到後來，朱元璋又詔令天下：「為惜民命，犯官吏貪贓滿六十兩者，一律處死，絕不寬貸。」將八十兩的底線下調到六十兩。

這當然並非朱元璋的發明，而是中國歷史上延續兩千年之久的「計贓論罪」。歷代帝王都高度重視「治國必治吏」，「計贓論罪」就是用以警示、防範和處理官員腐敗的傳統模式。它始於戰國時期，李悝在魏國變法，制定了第一部成文法典—《法經》，其中第五篇〈雜律〉中規定了「假借不廉」（即貪汙）和「淫侈」、「受金」等內容明晰的罪名和懲罰辦法「丞相受金，左右伏誅。犀首以下受金則誅。金自鎰以下罰不誅也」；商鞅在秦國變法，其中核心一條便是「計贓論罪」，以贓物的多少與價值的高低作為腐敗的定罪依據。

此後，漢承秦制，對於官吏索取賄賂更是加重了處罰。如《漢書．陳萬年傳》汪如淳引律規定「主守而盜直十金棄市」，對「枉法受賕」、「恐猲受賕」者，加重處刑，把行賄者納入懲罰的範疇；晉朝盛行注律，規範了貪汙罪的概念—「貨財之利，謂之贓」，「以罪名呵為受賕」，「受所監臨」是指監臨官不因公事而私自收受所轄範圍內官吏、百姓的財物，而「坐贓」則是指非監臨官因事接受他人的財物。

《唐律疏義．職制律》規定了具體的處罰規則：「諸監臨主司受財而枉法者，一尺杖一百，一匹加一等，十五匹絞；不枉法者，一尺杖九十，二匹加一等，三十匹加役流。」如果是事後受財則考察其是否枉法，分別對待：「事若枉，準枉法論；事不枉者，以受所監臨財物論」、

「諸監臨之官，受所監臨財物者，一尺笞四十，一匹加一等，八匹徒一年，八匹加一等，五十匹流二千里。與者，減五等，罪止杖一百。乞取者，加一等，強乞取者，準枉法論」，《唐律》還對賄賂罪實行「計贓論罪」。

宋初，「凡罪罰惡從輕減，獨於贓吏最嚴」；元朝規定「職官因事受財枉法者，除名不敘；不枉法者殿三年，再犯不敘，無祿者減一等。枉法一貫至十五貫者笞四十七，十貫以上至二十貫者笞五十七，二十貫以上至五十貫者杖七十七，一百貫以上杖一百零七；不枉法一貫至二十貫笞四十七，二十貫以上至五十貫笞五十七，五十貫至一百貫杖六十七，一百貫以上至一百五十貫杖七十七，二百貫以上至三百貫杖九十七，三百貫以上杖一百零七，除名不敘」；《大明律》還有規定：官吏有受財而枉法者，一貫以下杖七十，受財達八十貫者處以絞刑。監守盜「不分首從，併贓論罪」，一貫以下杖八十，四十貫處絞刑。

《大清律》規定「凡諸人有事，以財行求，得枉法者，計所與財，坐贓論。若有避難就易，所枉重者，從重論，其官吏刁蹬，用強生事，逼抑取受者，出錢人不坐」、「說事過錢者，有祿人減受錢人一等，無祿人減二等，罪止杖一百、徒二年。有贓者，計贓從重論」。凡私放錢債，每月取利不得過三分，年月雖多，不過一本一利，違者，笞四十，以餘利計贓，重者坐贓論，罪止杖一百。膽敢舞弊者，將「照侵盜錢糧律治罪」，或以「違旨計贓論罪」，或以「以違旨侵欺論罪」。

應該說，這些具體的規定，一方面落實了「計贓論罪」的標準，使之判罰有據，另一方面又有力地給大多數官員劃了一道警戒線，特別是對大貪造成了恫阻的心理作用。如順治提出「治國安民，首在嚴懲貪官。大貪官員，問罪至應死者，遇赦不宥」。有了計贓的依據，區別了大罪和輕罪，體現了寬嚴相濟的儒家法律文化。

陷入「一切之法」的樊籬

然而，傳統的「計贓論罪」，又陷入了「一切之法」的樊籬。

儘管朱元璋懲腐論罪的計贓標準一嚴再嚴，卻依然無法阻擋臣子們「朝殺而暮犯」。原因何在？除了體制上的因素外，恐怕還有一個因素就在「計贓論罪」本身就具有兩面性，是「一刀切」的做法。

帝制時代的「計贓論罪」，是將立法和司法混為一體，既然立法上規定了具體的計贓標準，那麼司法時必須以此為準，這就直接導致司法實踐中往往只注重數額而忽視情節、後果等根本性問題，如明朝初期，受贓超過八十貫之後，一百貫和十萬貫都是一樣的結果，致使量刑失衡問題嚴峻，也不合乎「立法定性，司法定量」的原則。這主要體現在三個方面：

計贓難，全在人為

實際執行過程中，「計贓論罪」又受到諸多客觀因素的制約，導致執行難，「同罪不同罰」現象普遍。其中關鍵之一就在於如何公平計贓。在唐玄宗開元十六年（七二八年）五月，御史中丞李林甫奏：「天下定贓估，互有高下，如山南絹賤，河南絹貴，賤處計贓，不至三百，即入死刑，貴處至七百以上，方至死刑，即輕重不侔，刑典安寄？」

李林甫所說屬實，天下贓物種類繁多，不同時期、不同地區物價的差別很大，給計贓定罪帶來困難。因此，執行時首先得統一計贓標準，公平計贓。唐律中確定以絹價平贓，宋朝亦承繼，另外加上了以錢代絹、計錢定罪的原則。而有學者指出，兩種計贓標準的出現，使計贓論罪更加複雜化。一方面市場絹價此升彼降，貨幣也有升貶的時候，直接影響了計贓的數量和定罪的輕重。甚至有時各地貨幣種類不一，不同幣值之間又有懸殊，造成計贓論罪的混亂。

唐律中規定：「罪人所取之贓，皆平其價直，準犯處當時上絹之價。」《宋會要輯稿》記載：「國朝之制，凡犯贓者，據犯處當時物價上估絹平贓。」計贓時以貪官所處地當時的物價來估算成絹數，但問題是，如果這個官員所受之贓物離京城千里之外，或者時間相去多年，或贓物的品質精粗，又如何來估算呢？因此，在具體的估計贓款時，「皆長吏、通判、本判官面勒行人估定實價」。「縱有賣買貴賤與估不同，亦依估為定」。這就全憑辦案者的能力與品行了，也就不可能不存在上下其手的空間。

容易忽視犯法情節

宋神宗時，大文學家曾鞏的弟弟曾布，曾經擔任過右僕射（宰相），他就對「計贓論罪」提出了異議：「盜情有重輕，贓有多少。今以贓論罪，則劫貧家情雖重而以贓少減免，劫富家情雖輕而以贓重論死。是盜之生死繫於主之貧富也。」（《宋史》卷一九九〈刑法一〉）這雖然談的是盜搶罪，但與贓罪同理。因此，他提出：以贓定罪，「皆從罪止之法」。

很顯然，搶劫情節有輕有重，所得贓物也有多有少，如計贓論罪，那麼搶劫貧窮人家，情節即使很嚴重，但因為所得贓物少而判輕罪；搶劫有錢人家，情節即使很輕微，因為所得贓物易多而要論處死罪。因此搶劫者的生與死，全在於被搶人家的貧與富。死生之別，僅僅是幸或不幸而已。因此，必須改變舊法，論罪必須考察其情節輕重。宋哲宗元符年間曾布為相，朝廷降詔從其議。《宋會要．刑法》縮小了贓在定罪中的比重。但不久，曾布罷相，詔如舊法。

容易忽視犯法後果

明末清初思想家王夫之總結政治教訓，在《噩夢》一書中特別討論了「計贓論罪」的問題，計贓論罪是「一切之法」（一刀切的法律），違背實事求是的原則。其理由有三：一是認為「受財不枉法」只涉及官員操守、官場風紀，不能定為罪名。就是說既然不枉法，就只是道德問題，枉法則是法律問題，這與今天我們所說的紀律和法律有區別是一個道理；二是認為，用一刀切的法律去威嚇官員，使得官吏幾乎人人都可能犯罪；接受下屬親友的禮品，就被認定違法，使得官員沒有廉恥感，只會想方設法來逃避隱瞞；上級也擔心因一些小的非法收入導致下級犯重罪，因而幫助下級開脫，結果法律越是嚴厲，官員越是隱瞞，「法與勢之必然也」；三是認為受賄的多少與造成的實際損害並沒有直接的關聯。他舉了兩個例子：

有個吏部官員受賄，將一個昏官派到重要職位，導致激變或喪師，給國家造成不可挽回的重大損失，可受賄的數額才五十貫，結果被判徒刑；另一個吏部官員因情面受賄達兩百貫，只不過將一個官員委派為倉庫管理員，或水利管理員，這個職位只要品行平平的人都可以勝任，但要計贓論處死刑。這顯然不公平。一個法官受賄五十貫，聽從誣告判處一個無辜的人死刑，這個法官只能被判流刑；另一個法官受賄二百貫，聽從誣告將一個無辜者判處杖刑，這個法官倒要判死刑。因此，王夫之認為枉法罪應按照造成的危害後果（所枉之重輕）進行定罪量刑。朝廷要儘量全士大夫名節。官員有了名節，就有了廉恥，不會主動去索賄。「唯寬也，乃能行其嚴，惡用此一切之法為！」

「計贓論罪」的致命難題

實際上，帝制時代，「計贓論罪」也常常遇到些致命難題。如《唐律》中將監臨之官「借奴婢」一事，以「受所監臨財物論罪」論處，這可算是我國歷史上最早的「性賄賂」的觀念。「性賄賂」並不涉及具體的贓物，無法計算成絹或錢，怎麼來「計贓論罪」？

同理，其他非財產性貪賄在古代早已存在，比如給官員子女參加科舉考試（高考、上學、晉職提級）提供便利，透過幫助官員子女親屬逃避法律處罰，諸如此類的腐敗，越是高壓反腐時越是成為主流，如何納入「計贓論罪」之法中？不將此等非財產性貪賄納入法律的範疇，又如何能有效地適應打擊貪腐的新形勢需要？

傳統的「計贓論罪」過分強調受贓的量（表象），忽視了核心事實，即瀆職侵權的情節與後果的嚴重性程度（內隱），換言之，歷代帝王立法「計贓論罪」的目標不在於根除此類犯罪，在那一制度中也不可能根除，如朱元璋只是試圖將貪腐控制在一個「合理」的心理範圍之內。說穿了，八十貫足夠一個高官生活無憂了，不允許官員無節制地貪賄，過度侵犯百姓的利益，影響到王朝的統治秩序和政權的穩定，因此「計贓論罪」其實就是以死刑相威脅。由此，千百年來，「計贓—追贓」成了反腐敗的主線，民眾的興奮點是貪官的錢數，追贓成了政府停損的手段，假如贓款能全數追回，還可減輕處罰。沒有人關心如何挽救受損的公權力。而公權力受到的侵害是無法用錢數來計量的，它直接與民心畫等號，這也是朱元璋等帝王反腐失敗的根本原因吧。

清修《明史》為何費時百餘年

明清易代，官方對修明史予以極高的重視，然而為何前後費時一百四十年，創下了歷史之最？要回答這個問題，首先要回答：明代末年，官員坐等出事，紛紛等待新主，可是為什麼清朝立國後，很長時間還消除不了人們對明朝的記憶？清朝帝王對詩文中出現「明」字一直特別敏感，明朝成為其心中抹不去的魔咒，這是何原因？

首先要問的是，懷念舊朝的都有哪些人呢？一是遺民；二是貳臣；三是底層文人。

清初明之遺民，特別懷念晚明的美好生活。陸應回憶萬曆年間百姓吃穿之外，喝酒聽戲是常事，「至今好不思慕」；生於萬曆四十六年的陳舜在《亂離見聞錄》中描述天啟年間的物價：一斗米賣二十錢，一斤肉只六七文錢，「窮者幸托安生」，「工賈九流熙熙自適，何樂如之」；康熙年間丁耀亢回憶，萬曆年間的山東農村，門少催科人晝眠，四十八載人如醉，家家戶戶健牛肥馬，一斗粟米只需十錢。回想起來，「如何過之心不哀」？（〈古井臼歌〉）

遺民李長祥在《天問閣集》之〈劉宮人傳〉中對萬曆皇帝有過高度評價，認為萬曆比起漢光武帝、唐太宗來，品德更在其上。「其能使海內家給人足，道不拾遺，夜不閉戶者四十八年，有以哉！」

《吳嘉紀詩箋校》中收錄〈一錢行贈林茂之〉一詩，反映了清初從文人到賣酒的普通市民對萬曆皇帝的深厚感情，甚至看見萬曆時期的錢，而至於潸然淚下，「杯深顏熱城市遠，卻展空囊碧水前；酒人一見皆垂淚，乃是先朝萬曆錢」；《漁陽感舊集小傳》載一個叫林古都的福建人「嘗紉一萬曆錢於衣帶間」；清朝定鼎二三十年後，有作者寫文章時，仍用「崇禎五年」年號。因為年號的問題還弄出很多文字獄來。

貳臣，清初特指背明降清之臣。乾隆敕修〈貳臣傳〉，分甲乙兩編，列貳臣一百二十三人，文武各半，如孔有德、吳六奇、祖可法等五十八個武人；馮銓、錢謙益、陳名夏等六十五個文人。但是順治康熙年間的史館，恰恰是貳臣會集之地，其中有史館任職經歷的多達十七人。

同時貳臣私修史書非常普遍。許多貳臣世代官宦之家，有的甚至為著名藏書家。如孫承澤有七萬餘卷的藏書樓玉鳧堂，時稱「退谷萬卷樓」；錢謙益先建有拂水山房，次建紅豆山莊，後建絳雲樓，藏書稱七十三櫝。透過修史，補充史料，寄託對明朝的懷念之情；孫承澤，一生三易其主，但對明朝始終懷有眷戀之情，晚年杜門山居，不問朝事，專心修史。此時官修明史更促成了私修明史的熱潮，最終還弄出「莊廷鑨明史案」。

順治二年（一六四五年）六月，多爾袞命撫按查明並贍養明代諸王的遺腹子，馮銓等趕忙叩頭謝恩，多爾袞說他們不忘舊主，馮銓答曰：「一心可以效忠兩位君主，但是對一位君主不能二心啊。」

順治三年（一六四六年）六月，錢謙益稱疾乞歸，返回南京，一年後突然被逮捕北上，關入刑部大獄。經柳如是全力奔走營救，才得以免禍。順治六年（一六四九年），錢謙益從蘇州返回常熟，表面上息影居家，暗中與西南和東南海上反清復明勢力聯絡。瞿式耜上奏桂王說：錢謙益「身在虜中，未嘗須臾不念本朝，而規劃形勢，瞭如指掌，綽有成算」。不顧年邁體弱，多次親赴金華策反總兵馬進寶反清。順治十七年（一六六〇年），鄭成功等再度北伐，連克數鎮，錢謙益欣喜若狂，慨然賦詩歌頌抗清之師，「殺盡羯奴才斂手」。另一貳臣陳名夏也說：「只須留頭髮，復衣冠，天下即太平矣！」

萬斯同是黃宗羲的得意門生，他將修《明史》看作繼承先世遺業、效力明朝的一種方式：「昔吾先世四代死王事，今此非王事乎？祖不難以身殉，為其玄曾乃不能盡心網羅以備殘略，死尚可以見吾先人地下乎？」他接受清廷邀請參加「明史」修撰，卻終生拒領薪俸。黃宗羲勸勉萬斯同說：「一代是非，能定自吾輩之手，勿使淆亂，白衣從事，亦所以報故國也。」後又同意弟子和兒子參與修史，「以任故國之史事報故國」，同時卻斷絕了朝廷徵召自己修史的念頭。

明清鼎革之際的貳臣們，為什麼入清後反而懷念舊朝？一方面是漢人面對的大變局超乎想像，他們被迫拋棄了漢服，剃掉了頭髮，穿上了馬褂，梳上了長辮，以臣服的代價換得倖存後有種黍離之悲；另一方面，清朝雖然建立，但希圖為明復仇者不乏其人，直至康熙時期民間反清勢力仍有相當影響，特別是鄭成功、吳三桂勢力不可小視，這些都給貳臣們以強大的心理刺激。此外還有一關鍵因素，就是清朝的皇權專制對漢族士大夫予以嚴格制約和打壓，漢族士子很難進入權力高層。晚清文人管同總結明清之差異，認為明代大臣專權，而清朝大學士、督撫不過是奉命行事；明代言官競相言事，清代御史可有可無；明代讀書人結社講學，清代則完全見不到；明代士大夫主持清議，清代則將敢於議論時政的人於科舉中淘汰。明代官橫而士驕，清代士大夫只知仰承上意，緘默畏葸，養成一種不負責任的風氣。兩相對照，不言而喻。

那麼，清初統治者是如何試圖消除漢族文士對故國的懷念情結，特別是潛藏在他們內心的民族情緒和民族矛盾，以維護其合法統治的？

馬克思說過，落後的民族征服先進的民族，從來都是歷史的倒退。為掩蓋這種歷史的倒退，修史是最好的選擇。

順治二年（一六四五年）四月，御史趙繼鼎奏請纂修《明史》，博選文行鴻儒充總裁、纂修等官。趙繼鼎也是貳臣，奏請修史不外兩種心理，一是服務大清不忘大明，二是對故國文獻的熱愛。作為一個飽讀儒家詩書的士子來說，畢竟王朝認同和民族認同、文化認同是繞不過的檻。

修前朝史，對於新的政權來說，一則可以借此宣告前朝已亡、本朝繼統，消解遺民的反抗之志；二則可以為前朝君臣正名，以示尊榮，借此安撫緩解內部矛盾。因此，雙方一拍即合。當即修明史正治統，消除漢人對明代的記憶，本著這一宗旨，順治很快就批准了趙氏的請求。當即啟用大量貳臣主持修史，或擔任副總裁、纂修官。這些人並不都是毫無氣節的東林黨舊人，也有一些有氣節的遺民。順治年間內三院大學士馮銓、洪承疇、李建泰、范文程、剛林、祁充格任總裁，詹霸、賴袞、伊圖、寧完我、蔣赫德、劉清泰、李若琳、胡世安、侍讀學士高（爾）儼、侍讀陳具慶、朱之俊充任副總裁官。康熙十八年（一六七九年），《明史》纂修進入正軌後，又有徐元文、徐乾學、湯斌、熊賜履、王鴻緒等先後任總裁官。康熙甚至多次促請遺民萬斯同主持修撰《明史》，並允許其在堅持不署銜、不受俸（這等於承認其遺民身分，需要很大的度量）之前提下前後修史十九年，並以之為定稿，其目的就是希望使之「心服」。

從一六四五年至一七八三年，耗時近一百四十年的《明史》纂修始告完成，時間之長，參修人員之多，令人驚嘆。

為什麼一部《明史》耗費時間如此之長呢？過去學界以為，主要是由於開國之初修史條件不具備，史料不全，蒐集資料耗時太久，如《崇禎實錄》不存，加上各地戰火不斷等。這些原因其實都不成立，司馬遷修《史記》尚且只歷時十四年，其條件比清初如何？不僅記時長度遠勝於明，而且中間還經歷宮刑意外。

筆者以為，《明史》修纂時間之長，是清朝統治者有意為之。署名張廷玉等纂修的殿本《明史》是在康熙十七年（一六七八年），才下旨全面啟動纂修的。這一年恰好是三藩之亂，吳三桂稱帝，難道恰好這個時候修史的條件才成熟？

與其說清初統治者是借修史籠絡漢族士子，還不如說借此羈縻士子，讓他們的心思都放在修史上。

一個明顯的證據就是，《明史》版本之多也是無前例的，既有萬斯同版《明史稿》第一版，又有王鴻緒版《明史稿》，還有張廷玉版《明史稿》，後者是在前兩版基礎上按照清朝皇帝的意思來修撰和刪定。一個中央政府要搞這麼多《明史》版本做什麼？何不集中人力編纂一個版本？

更明顯的是，《明史》對明朝歷代帝王的評價，經歷了一個由美化到貶抑的過程。前期的《明史》版本美化明朝歷代帝王，可謂是處處用心。如對朱元璋的評價是「治隆唐宋」，對朱棣的評價是「遠邁漢唐」。前期美化明朝帝王，是著意安撫貳臣遺民文人對故國之思與愧，民間反抗之志一日不消，修史則一日不止。

但是，乾隆四年（一七三九年），殿本《明史》刊刻面世，乾隆對其並不滿意，認為其中有許多犯諱處。在纂修《四庫全書》時，開始修改《明史》。從乾隆四十年（一七七五年），歷時七年多，改定，並錄入《四庫全書》。

修改後，原《明史本紀》中的「英宗贊」稱英宗「前後在位二十四年，無甚稗政」，改修後則成了：「前後在位二十四年，威福下移，刑賞僭濫，失亦多矣，或臚舉盛德，以為無甚稗政，豈為篤論哉？」原本評價明世宗為「中才之主」，而修改後則變為：「且倚任權奸，果戮直臣，以快其志，亦獨何哉！」只須拿武英殿本《明史》和「四庫」本《明史》對比校讀，就會發現，明朝十幾位皇帝中，特別是景帝、英宗、武宗、憲宗、孝宗、世宗、穆宗七位皇帝的本紀中，評語都由褒到貶。這樣，總體上就突出了「明朝多昏君」這一定位。

對帝王如此，對大臣也是如此。乾隆四十一年（一七七六年），乾隆帝下令集議謚明靖難殉節諸臣和表彰明末清初抗清人物。十二月，下令將清初降清人物如洪承疇、馮銓、錢謙益等編入國史《貳臣傳》。這些人多數在清初開國立下大功，有的還深得賞識，不想到了乾隆時卻落到這樣一個結局。

原因其實很簡單，到了乾隆年間，各地反抗力量已消滅殆盡，修史已不再具有最初消解前朝記憶的意義，《明史》被賦予了新的意義：維護對體制的忠誠，表彰氣節、貶抑貳臣就是這個用意。

和珅為何無法討嘉慶歡心

被打上「史上最貪大老虎」烙印的和珅，一生能大得乾隆之歡心，位極人臣，享盡富貴，順風順水，可就是這樣一位能臣為何卻得不到嘉慶之歡心呢？歷史上很多大臣都能做到歷事數朝，和珅為何做不到？

皇子不能結交大臣

很多論者簡單地提到，說嘉慶當親王時即恨透了和珅，可是沒有提出任何依據，這恨從何來？

我們要從大清禁忌談起。

古代帝制時期，為了皇位，父子反目、兄弟相殘的事件比比皆是。大清開國以來，宮廷內上演過多少驚心動魄的奪嫡之爭，想必人皆盡知，由此還發展出朋黨之爭。王公大臣各自擁戴一個王子，公開爭勢，矛盾激化到不可調和之狀，直接威脅皇權國本，在清朝初期和中期成為一大風景，皇帝為之頭痛不已，康熙甚至不得不兩廢太子，常常被弄得心力交瘁。

為了防範諸皇子之間，特別是太子與其他皇子之間的明爭暗鬥，歷代皇帝都想了不少辦法，但收效不大。

雍正元年（一七二三年）八月，深受「矯詔篡位」流言困擾的雍正，廢棄了公開建儲制，宣布實行祕密建儲。雍正帝在乾清宮西暖閣召見王公大臣，共議祕密建儲制，諸王大臣均無異議，雍正遂將密封的寫有繼位人姓名的錦匣收藏於「正大光明」匾後。祕密立儲就是讓皇子們相信自己都有繼位的可能，這雖然防範了太子之爭，但皇位之爭的隱患並未根除，既然大家都有可能，暗地裡還是想賭一賭。

因此，自祕密立儲實施後，清廷對皇子的約束愈加嚴格，時時防範其與大臣結交。尚書房課讀，便是其中之一，於平定三藩後形成制度。

「我朝家法，皇子、皇孫六歲，即就外傅讀書。」（《養吉齋叢錄》）清代皇子虛歲滿六歲便開始讀書，早晨五點到下午三點，共十小時。一年只能休息五天，即元旦、端午、中秋、皇帝生日、自己生日，此外連除夕都不能放假。清人趙翼在《檐曝雜記》中對此曾大發感慨：「本朝家法之嚴，即皇子讀書一事，已迥絕千古。」

上書房課讀，既是清朝嚴格的皇子教育制度，同時事實上也是將皇子束縛於此，令其不得參與外務，結交大臣。因此後人不難理解為何有的皇子年已三十、分府已久，仍需每日前來讀書。到晚清同樣如此，同治年間，詔罷奕訢職差，「仍在內廷行走、上書房讀書」，上書房讀書差不多形同一種處罰。

皇子讀書是有師傅的，老師由皇帝指定朝中學養深厚的大臣擔任，他們與皇子們結成師生關係，朝夕相處，往往感情深厚。但是為了避免結黨之嫌，師生間的往來是相當謹慎克制的。

和珅是寵臣，也是能臣。他並非不想結交皇子，大清高官他也差不多都做了一遍，但由於他不是科舉出身，連一個舉人的名分都沒有，因此唯獨沒有當過皇子們的師傅。而受制於清朝的禁忌，和珅沒有機會結交皇子顒琰，也就是後來的皇帝嘉慶。

嘉慶帝的性格

嘉慶本名愛新覺羅．顒琰，乾隆二十五年十月初六（一七六〇年）生，嘉慶元年（一七九六年）正月初一於太和殿繼位，時年三十六歲，在位二十五年。他是大清第七位、也是入關後第五位皇帝。

從史料來看，和珅聰明機敏、精明幹練，既會籠絡同僚，又會打擊異己；既能與乾隆和詩、摹仿其書法、修持密宗，又能逗乾隆開心、順乾隆心意。他不僅有才學，而且年輕、精力旺盛。他還是一個語言天才，精通滿文、漢文、蒙文和藏文。和珅辦事能力也強，乾隆四十五年（一七八〇年）時，三十一歲的和珅奉命去查辦大學士、雲貴總督李侍堯貪汙一案，先從其身邊管家下手，弄清楚事實真相，將李侍堯下獄查辦，前後總共不過花費了兩個月的時間，其精明幹練，當非徒有虛名。

乾隆五十八年（一七九三年）六月十八日，馬戛爾尼使團來到北京。事後，英國特使是這樣評論和珅的，說和珅在談判中「保持了他尊嚴的身分……態度和藹可親，對問題的認識尖銳深刻，不愧是一位成熟的政治家」。

可見，乾隆親信和珅、信賴和珅並非他一味順帝之須，只會吹牛拍馬屁，怎麼可能征服自大自滿、自稱「十全天子」的乾隆？

作為政治家的和珅，真正有機會和嘉慶打交道，是到了乾隆退居太上皇的訓政時期。嘉慶只是乾隆眾多兒子中的一個，且排名靠後。但嘉慶之前的哥哥們不是夭折就是病死，只有皇十一子永瑆和皇十五子顒琰，順理成章地成為乾隆心目中的繼承人選。永瑆聰明睿智、才氣橫溢，做事頗有主見；顒琰性格內向、性情凝重，為人規矩仁孝。按照現代人的思維，理應選擇前者作為儲君，但這只是後人的想法。自信的乾隆卻選擇了顒琰，其心理不外乎繼任者能夠保持他所開創的事業即可。事實上，嘉慶也做到了，他忠厚老實，規規矩矩，重視仁孝，對乾隆言聽計從。朝鮮使者也多次向朝鮮國王匯報：「顒琰為人持重、度量豁達，最為乾隆皇帝喜愛。」而且即位後嘉慶愛按「實錄」辦事，沒有令乾隆失望。

位高權重的和珅，不可能不為自己的未來謀劃久遠，相信他在乾隆身邊時無一刻不想探聽儲君的人選，但直到乾隆宣布的前一天，他才獲知訊息，可以想見乾隆對和珅也是有所保留的。和珅未嘗不知，連自己的兒媳、深受乾隆偏愛的固倫和孝公主，都意識到了。據昭槤《嘯亭續錄》中記載：「公主嘗對豐紳殷德言：『汝翁受皇父厚德，毫無報稱，唯賄日彰，吾代為汝憂。他日恐身家不保，吾必遭汝累矣。』」

乾隆六十年（一七九五年）九月初三日乾隆冊封顒琰為皇太子，和珅如獲至寶，於初二日即向嘉慶遞上一支如意，這明顯是想討好嘉慶，在新君面前留下一下好印象。

然而，嘉慶並沒有因此看好他，相反在查處和珅時，嘉慶將之作為二十大罪的首款，稱其「漏泄機密，居然以擁戴為功」。說和珅漏泄機密，是恰如其分的；說他「居然以擁戴為功」則有些苛責。和珅有沒有這個意思，當然有，但人家也是出於一片好意。或許在嘉慶看來，這個消息來得太晚了點。當然，這不是主要因素。

關鍵在於，性格沉穩的嘉慶根本不吃和珅這一套。當了三十六年皇子的嘉慶深知，別說乾隆只是宣布太子之位，就是真正傳位之後，仍然可能將其皇位廢掉。他唯有謹守周公的教訓：「君子力如牛，不與牛爭力；走如馬，不與馬爭走；智如士，不與士爭智。德行廣大而守以恭者，榮；聰明睿智而守以愚者，益。」對和珅這種小聰明，嘉慶只有反感。

我們看嘉慶親政後所重用的大臣就知道，王傑、朱珪、劉墉、董誥等都是德行很好的官員。

君臣陌路

對於嘉慶這個皇帝，史家歷來評價不高。如閻崇年稱其為平庸天子，既沒有政治膽略又缺乏革新精神，既沒有理政才能又缺乏勇於作為的品格。這是用今天的標準來衡量嘉慶。但試問，清朝哪個皇帝有革新精神？試問，嘉慶處理和珅，有哪個皇帝比得上他？沒有政治膽略，沒有理政才能，能夠將和珅案處理得水波不驚？欲擒故縱，調虎離山，製造輿論，乾脆果斷，頗為講求策略。當朝臣力主窮追餘黨時，嘉慶卻反而及時收手，對那些由和珅保舉升官或行賄官員，概不追究：凡為和珅薦舉及奔走其門者，悉不深究，勉其悛改，咸與自新。一句話迅速穩定大局。那麼精彩，那麼漂亮，怎麼稱他平庸呢？

和珅無法討嘉慶的歡喜，最根本原因是二人不是同一種人。眾所周知，和珅是私德很差的權臣能臣，而嘉慶被稱為是私德最好的皇帝。他的耐性、毅力，古今無二，天下無雙，他的節儉、寬厚在歷史上留下了深刻的印記。他的治政理念務實：「雖有良好美意具於方冊，而不得奉行之人，則治功不奏；雖得奉行之人，而不勵勤敏之志，則庶事無成。」

嘉慶是個懂事的皇帝，「更深何物可澆書，不用香醅用苦茗」。也懂得民生疾苦、吏治之蔽。他即位初，在嘉慶五年（一八〇〇年）寫的〈邪教說〉中指出，民眾叛亂的根本刺激原因是對經濟的不滿，追隨白蓮教叛亂，從本質上講不是反叛行為。試問歷代皇帝有幾人有這胸懷，有這眼光？

嘉慶親政以後，開始「咸與維新」，但他不喜歡這個說法。嘉慶四年（一七九九年）元旦，國子監祭酒、蒙古旗人法式善，向嘉慶上表稱賀，為「新政維新」歡呼，嘉慶反對這一表述，認為他只是繼續皇父的善政而已，法式善因冒失被革職。但事實上，嘉慶做出了很多大膽的改革。如廣開言路，恢復了京控制度，這在順康雍乾時期幾乎是不可想像的。這幾位所謂盛世帝王以充分的自信指出，天下興亡，不在宰相，不在臣下，而在皇帝一人而已。他們反對書生議政，指斥臣下建言，甚至反對朝有「名臣」。宰執大臣只要忠實執行皇帝決策即可，導致宰執只好侵地方督撫之權，督撫侵下官之權，整個政治生態委頓，毫無生氣。嘉慶還首次將軍機處置於御史的監督之下，並建立迴避制，恢復了「九卿」議事制，從制度上制約軍機處的權力。還創立了一種新的機構——發審局，隸屬於按察司的審判機構。改變內務府終身任職制，變內務府官員為通常三年一任制，又限制徵繳議罪銀。

這些舉措在大清入關以來都屬於「新政」，嘉慶十年（一八〇五年）九月嘉慶東巡，發出「亡國之君皆由於不肯守成也」的聲音，據此被認為是「守成」之君，甚至還被人歸結為荒唐的「接班人心態」。卻不知，名為守成，實則是鞏固自己的新政。

而這些新政，很大程度是針對和珅而來的。和珅在時，言路不通倒不能算在其名下，但很多重大政事都不能上通下達，被其一手遮天。軍機處、內務府、議罪銀都是和珅牢牢把控的機務，別人插手不得。洪亮吉直言：大清現在出現的問題，根源在乾隆時期。乾隆在晚年也承認：「各省督撫中廉潔自愛者不過十之二三，而防閒不峻者，亦恐不一而足。」政治腐敗不是一朝一夕形成的，和珅自然負有重大責任。然而，要想改變這一切，亦非嘉慶所能辦到的。苟責他不徹底革新制度，這如同責怪光緒不實行社會主義一樣。

還有一種謬論，說乾隆明知和珅腐敗，卻故意養著他，好讓兒子嘉慶處置他，一來立威，二來吃飽。乾隆有這麼荒唐嗎？他難道不知道和珅錢再多，也不過國庫一二年的收支，吃完以後呢？他難道不懂得放縱他腐敗，影響有多可怕？嚴重點說破壞政治生態，損害民心；往輕點說，也容易誤國誤民。

其實，和珅能贏得乾隆歡心，完全出於報恩心理；乾隆信賴和珅，完全是出於盲目自信。和珅固然知道一朝天子一朝臣，為了維護自己的地位和權益，他試圖討得嘉慶歡心，討好不成，才設計限制並監視嘉慶。嘉慶對和珅其實並不十分了解，他做親王時，無疑聽聞過和珅的所作所為；在乾隆訓政時才直接接觸了和珅。他對和珅只是本能地抱有一種畏懼。

《秦鬟樓談錄》中記載，當時和珅出入宮中時，伺乾隆喜怒，所言必聽，雖諸皇子亦憚畏之。「內外官員畏其聲勢，不敢違拗。」三年訓政期間，嘉慶感同身受。「嘗晚出，以手旋轉其所佩剔牙杖，且行且語曰：『今日上震怒某阿哥，當杖幾十。』」這還只是一些細節小事。這樣一個人，嘉慶不可能親近他，相反，有的只有畏懼，像畏懼他的父皇乾隆一樣畏懼和珅。

和珅被下獄後，嘉慶問直隸布政使吳熊光：「人言和珅有異志，有諸？」傳說和珅有異志，有謀反之心，這是不可能的，和珅絕對是個忠臣，他對乾隆忠心耿耿，絕無二心。如果嘉慶能夠接納他，相信他對嘉慶也會一樣忠心耿耿。這是和珅的性格和經歷所決定了的，事實也是如此。但從這一問中，也不難發現，嘉慶其實並不了解和珅。吳熊光回答說：和珅這個人，無論滿人、漢人，幾乎沒有人歸附他。

可見，和珅心裡眼裡只有乾隆，他沒有刻意結黨，無論是奔走其門者還是受其壓制者，都是看在錢的面子上；至於權，他相信只有乾隆能夠給他，也只有乾隆能夠廢他。正因為如此，無論是得了好處者還是受其迫害者，都從心裡不歸附他。和珅死後，嘉慶一言吐露心結：「和珅罪之大者，蓋由事權過重。」事權過重，天子畏懼；錢財太多，臣民憤怒。這就是一代權臣和珅的悲劇。

通觀史冊，和珅的遭遇不是異數，是大多權臣之所以身死家滅的共同規律。

微服私訪的背後

「微服私訪」恐怕是中國民間百姓口中最津津樂道的故事。皇帝或官員偶爾走出深宮、衙門，身著便服到民間私訪，總是有說不完的故事，也是千百年來中國百姓內心裡非常渴望的一件事，如果有冤屈，那簡直是一根救命稻草。但是，皇帝或上司私訪卻又是下屬官員內心裡十分擔憂恐懼的事。

正是由於這一喜一憂，微服私訪為百姓所樂見。

歷史上不管有作為無作為的皇帝，都喜歡微服私訪，至少都有這樣一個願望，有的實現了，有的沒能實現而已。畢竟世界很大，都想去走走，一個皇宮，好比圍城，沒有進去之前，做夢都想進去；一旦進去了，就受不了那種束縛、呆板、無趣、緊張甚至恐慌的氛圍。而且，走進民間，以一種權力之外的面貌出現，名義上還是親民、愛民的表現，骨子裡還有一種神祕感甚至惡作劇感：看看臣子們真實的表演。

早在春秋時期的齊桓公，便開了微服私訪的先河。

一天，齊桓公穿著便服去坊間訪察民意，見到一位老者在家中獨居，自己料理生活。齊桓公問他其中緣故。老人回答說：「我因貧窮而未能娶妻，現在雖然已經年過七十，但只能獨自生活。」

齊桓公回到宮中，立即把這件事告訴了國相管仲，並問道：「怎麼才能讓百姓都婚配成家、安居樂業呢？」管仲回答：「我聽說，如果君主喜愛積聚財物，使內庫堆積如山，那麼下面的臣民必然會貧窮睏乏；如果君主在宮中豢養大量獨守空房的女子，那麼民間必然會有眾多娶不上妻子的男丁。」齊桓公沉思良久道：「說得好！」於是下令，凡是還沒同他共寢過的宮中女子都可以出宮嫁人，又告喻民眾說：「成年男子要在二十歲建立家庭，女子則要在十五歲出嫁。」從此，宮中無怨女，野外無鰥夫了。

齊桓公的這次微服私訪，被稱為是體察民情的成功範例。

「畜積有腐棄之財，則人飢餓；宮中有怨女，則民無妻」（《韓非子．外儲說右下》），管仲的這句話也成了名言，其實這只是道出了一個並不怎麼高明的常識而已。

問題是，身為相國的管仲又是做什麼的呢？他難道不知道齊桓公所看到的問題嗎？或者說，他為什麼發現不了問題？

當然，我們可以說，相國是管大事的，但民生難道不是大事嗎？管仲不知道齊桓公透過微服私訪獲得的問題，責任不在管仲嗎？或者說，管仲平時獲得的訊息中根本沒有此類訊息，是治下的各級官員將訊息封鎖了。

造成資訊不對稱的根本當然就是「皇權至上」、官本位的政治制度，在這種制度下，官僚與民間之間是隔一道消音屏的。這道消音屏大多是刻意設立的，我們看古裝劇，官老爺出場，前面必要鳴鑼開道，舉著寫有「肅靜」、「迴避」的兩塊牌子。這固然是出於安全考慮，但根源還是「君權神授」的神祕觀念，企圖透過擺弄權威震懾愚民，保持社會的穩定。有的看似無意，實則也是刻意，許多官老爺生活在自己狹隘的圈子裡，眼睛裡只有皇上，自動與民間保持著距離。甚至因為無能，生怕自己治下的問題被上面知道，因而，總是有意識地封鎖各種不好的資訊。這種自上而下的權力制度必然造成欺上瞞下、資訊阻塞。

沒有欺上瞞下，資訊暢通，就無須微服私訪。

「覘國之強弱，則於其通塞而已」，梁啟超在〈論報館有益於國事〉中就明確提出這一重大問題，他認為，「中國受侮數十年」就在於清政府的「壅塞」，壅塞的表現一是「上下不通」，二是「內外不通」。上下不通使君民隔膜，「故無宣德達情之效」，內外不通使中外阻塞，「故無知己知彼之能」。因此，「壅塞」二字就是阻礙社會進步和國家強盛的癥結所在。他在《時務報》上發表的第一篇文章就是〈論報館有益於國事〉，文中他提出「耳目喉舌」論，用耳目喉舌之喻說明了報刊「去塞求通」的作用。

但在古代缺乏現代媒介的情況下，稍有振作圖強的皇帝或上司，就只能靠自己親力親為來打通這種壅塞。方法之一便是微服私訪，他們深知自己所獲得的資訊經過了層層過濾，喜報總是比憂報多，即便是報憂的，其憂之原因也經過了各級官員的刻意解釋，與真相相距太遠。但畢竟皇帝或上司不可能經常微服私訪，所以，只是一種便宜之計，不可能形成一種制度安排。儘管從秦始皇到漢武帝、漢成帝、晉明帝、唐高祖、唐中宗、唐宣宗、遼穆宗、明武宗、清同治帝等，都有過微服私訪的記載，但總是一個小機率事件。

方法之二便是重新建立自己的耳目喉舌。明朝的東廠、西廠便是這樣一種產物，清朝的密摺制度也是這樣一種制度安排。

看到微服私訪背後真正原因的只有康熙皇帝，康熙在位整整一甲子，可能是能與漢武帝比肩的出巡最多的皇帝。有專家統計，他曾三次東巡，三次西巡，六次南巡，四十八次北巡，二十七次巡幸京畿。康熙如此頻繁之出巡，沒有一次是微服私訪。究其原因，在於他明確反對微服私訪。

在《清聖祖實錄》卷二七一上，記載了康熙晚年的一道聖諭：「朕嘗觀書，見唐明皇遊月宮，宋真宗得天書，此皆好事狂妄書生偽造，豈可以為實而信之乎！又宋太祖、明太祖皆有易服微行之事，此開創帝王，恐人作弊，昌言於外耳。此等事朕斷不行，舉國臣民以及僕隸未有不識朕者，非徒無益，亦且有妨大體。況欲知天下事，亦不繫於此也。」

他剛開始寄希望於密摺制度，康熙對於江南社會的了解，主要透過身為江寧織造的親信曹寅的奏摺報告。織造在江南負有監視官場地方、籠絡知識分子、蒐集情報的使命，即皇帝的密探。密摺制度使康熙了解到江南諸如米價、雨水、災荒的常情，得到有關地方上官員、謠言與盜賊的報告。

可是，密摺制度對於通達下情來說不久也失靈了。

在康熙看來：「總督、巡撫、提督、總兵官皆可密奏，地方有事，即當據實奏聞。前者四川之民流往貴州地方者甚多，貴州巡撫密奏，可知四川巡撫能泰之無能。」、「江南三江口地方，朕曾駐蹕，此處鹽賊藏於蘆葦之處甚多，地方官並不查拿。至於山東地方鹽賊，於沿村買賣之處散鹽於百姓，公然勒取重價，以致官鹽壅塞不行，商旅受害，地方官並不查拿，亦不據實申報。此中賊首，旗下逃人甚多，朕差兵百人往拿矣。此等事，必待朕親聞，差人往拿，地方官職守何事，皆系不實心效力，以至於此。」、「曹寅、李煦曾有密摺啟奏，其江南、山東之督撫、提督、總兵官內，並無一人據實奏聞。適拿獲之盜甚多，竊福陵金爐之賊亦在其內，此賊曾經報死，今復被獲。如此重犯脫逃，仍復做賊者不少。」

沒有人告訴他真話，無法透過正式管道了解民情，這於皇帝而言不能不說是一種悲哀。問題是，康熙根本不知道，微服私訪固然發生於制度失靈的前提下，自己的公開出巡又如何能真正了解真實的情況呢？政治生活必須圍繞著資訊的獲取及傳遞、信任的塑造及維繫而展開，如果說，微服私訪是因為決策者對下級報告的情況存有疑慮，或者對下級隱瞞真實資訊有所疑忌，不敢信任下級，那麼，公開出巡，所謂「凡事必親見」，看到的又豈都是真實的情況？下級官員隱瞞真實資訊，是因為這對他們來說利益是最大化的，那麼，提前打招呼，公開出巡，一樣可迫使他們製造假象，以欺騙上級，同樣可獲得最大化利益。

法國傳教士白晉在《康熙皇帝》一書中對康熙巡視留下了這樣的記載：「康熙皇帝為了了解國民的生活和官吏們的施政狀況，時常巡視各省。視察時，皇上允許卑賤的工匠和農夫接近自己，並以非常親切慈祥的態度對待他們。皇上的溫和問詢，使對方至為感動。康熙皇帝經常向百姓提出各種問題，而且一定要問到他們對當地政府官吏是否滿意這類問題。如果百姓傾訴對某個官員不滿，他就會失去官職，但是某個官員受到百姓讚揚，卻不一定僅僅因此而得到提升。」

野史對康熙南巡更有深入的細節描寫。《清稗類鈔》載〈聖祖六巡江浙〉中說到康熙三十八年（一六九九年）第三次南巡時，康熙去了蘇州太湖的洞庭東山：

「初三日晨出胥口，行十餘里，漁人獻鯽魚、銀魚二筐。（上）又親自下網，獲大鯉二尾。上色喜，命賞漁人元寶。時巡撫已先候於山，少頃，有獨木船二撥槳前行。御舟近岸，而從者未至，巡撫備大竹山轎一乘，伺候升輿，笑曰：亦頗輕巧。有山中耆老百姓等三百餘人執香跪接，又有比丘尼黯裝跪而奏樂……在山士民老幼婦女，觀者雲集。上諭眾百姓：你們不要踹壞了田中麥子。是時菜花結實成角，命去一枝細看，問巡撫何用。奏云：打油。上曰：凡事必親見也。上云：朕不到江南，民間疾苦利弊，焉得而知耶。」

從這些記載可以看到，如果不是有意安排，士民百姓如何會提前等候在皇帝出現的地方？所謂「親見」，何嘗不是一場圍繞皇帝而進行的正經的「演出」？

因此，康熙的公開出巡，本質上與微服私訪沒有什麼兩樣，這也就是民間為什麼長期以來盛行各種版本的「康熙微服私訪記」、「十五貫」、「玉堂春」等故事的原因所在了。甚至可以說，在民間看來，與其公開出巡，還不如微服私訪，但哪一個都不可能使任何一個王朝長治久安，傳之萬世。這類作品其實仍是在宣揚皇帝是好皇帝，愛民如子，問題出在各級官員上，仍然延續的是傳統反貪思路，強化忠君意識與臣民意識。

微服私訪只是傳統中國農業社會民本思維的產物，離真正的官民互動距離尚遠，真正的官民互動，應該在權力運行關係中建立起相應合理的制度安排做保障。

黠商還是官員：胡雪巖的身分之謎

作為晚清傳奇人物的胡雪巖，一直被人看作是成功的商人，或者也僅被當作亦官亦商，所謂「紅頂商人」，商是其主要身分，官不過是護身符。其實，胡雪巖的身分並非如此，釐清這一點，可以恢復歷史的真實面貌。

時人眼裡的黠商

起初，胡雪巖在同時代人眼裡，不過是一介黠商。

讀清末趙烈文的日記，讀到一段關於胡雪巖的記載：

黠商胡光墉者，業杭城錢肆，省中候補牧令莫不與往來，丐其餘潤。王巡撫昔在杭府，委以事而辦，才之，既撫浙，引以為用。胡有所捐助，屢保至江西道員。胡向與紹城錢業張存浩爭利有隙，紹之風俗，搢紳皆兼業商賈，張力既厚，袒之者多，懷太守素畏土著，胡知不可用，遂言之巡撫，以廖宗元來守紹。廖者強吏，向協守菰城有效，僉言其宜。而廖友胡久，胡私意則欲其助之攘利而已。廖之至，乞水師四十艘於林藩臺，又親勇數百人皆至，水師騷甚，民咸畏怒。胡託他事干廖，以釋憾於張，廖不知而行之，紹紳懾其兵力，不敢違，私憤益切。九月二十四日，賊既陷蕭山，東至郡城尚百里，未得耗，但知有警，遣水師十六艘往，未遇賊即潰，大掠而返，民群起殲數十人。廖出撫民，為邑紳所拘，莊時為山陰令，往力解，事得釋。廖返，未抵署，邑中水龍夫要之於道，毆之幾死。水龍夫者，董事趙德山、王紀泉二人所嗾，二人張存浩黨，毆官實則私憤，其意欲辱之使去而已，故不至死。然禍既構，城內大亂，勢不得止，復圍廖親勇於某廟，不克，皆逸去。時信息日逼，諸暨潰勇大集，無糧給之，紹人藏粟尚有萬計，夥粒不糶，王團練亦束手無策。二十八日夜，廖在署見火光，從者誤言八槳船復搶掠，廖憤極，吞洋煙而死。第二日城陷，實廖部卒怒紹人，導寇而至。故推原禍本，紹興不陷，杭省或不至失守，廖習軍事，不死，紹猶可完。廖無私憾於邑人，則當時不至死，非胡、張爭利，則廖初至，無開罪紹人之端，全省數億萬之橫死，乃肇於匹夫壟斷之心。利之一字，籲，可畏哉！（《能靜居日記》（一））

胡光墉，是胡雪巖的大名，清末巨賈，被後人歌頌為愛國商人，說他如何助左宗棠軍餉收復新疆，說他致富如何講求誠信之類。然而，從清末著名的幕僚趙烈文的記載來看，胡雪巖並非後人所想像的那樣高大光明。且不說此人私生活混亂不堪，其所作所為也引起諸多爭議。

胡雪巖這個人的一生，可視為當時政商關係的一個範本。胡雪巖的崛起，是那個時代典型的官商勾結的產物。他先是勾結王有齡，王死後，又得左宗棠信任。坊間傳說他先是看到落魄的王有齡奇貨可居，便以資助的形式為之捐官使他謀得一個實缺。其實，王有齡的發跡得力於兩江總督何桂清的保舉，與胡雪巖並無關係；胡雪巖的阜康錢莊在王有齡擔任杭州知府之前已經開張，他之所以能從眾多錢莊中脫穎而出，承攬「捐輸局」的公務公款，基本上得益於他敢於突破常規，對外展示職業誠信，而又毫無忌憚地向後來擔任浙江巡撫的王有齡輸誠。此時的胡雪巖只不過是王有齡面前的一條狗，也憑藉王有齡的權勢，胡雪巖以為王有齡輸捐的名義大肆向杭州富戶敲詐。

胡雪巖身分的轉折點是他的另一個「貴人」左宗棠。受曾國藩保舉的左宗棠所部原本在安徽時已欠餉近五個月，餓死及戰死者眾多。奉命進兵浙江，糧餉短缺等問題依然困擾著左宗棠，令他苦惱無比。有說法指，急於尋找新靠山的胡雪巖又緊緊地抓住了這次機會：他雪中送炭，出色地完成了在三天之內籌齊十萬石糧食的任務，在左宗棠面前一展自己的才能，得到了左的賞識並被委以重任。在取得左宗棠信任後，胡雪巖常以亦官亦商的身分往來於寧波、上海等洋人聚集的通商口岸間。他在經辦糧臺轉運、接濟軍需物資之餘，還緊緊抓住與外國人交往的機會，勾結外國軍官。但他始終把自己的利益放在第一位。在左宗棠任職期間，胡雪巖管理賑撫局事務。他設立粥廠、善堂、義塾，修復名寺古剎，收埋了數十萬具暴骸；向官紳大戶勸捐，以解決戰後財政危機等事務。在這過程中，只有短短幾年，家產已超過千萬。

趙烈文日記中所記載的這件事，清醒地暴露出胡雪巖貪財無忌的本性。

咸豐十一年（一八六一年）秋，太平軍侍王李世賢從江西景德鎮敗竄至江浙金華。此時杭州本已受到李秀成圍攻告急，不料忽聽南方又來一股太平軍，浙江大震。巡撫王有齡調提督饒廷選赴剿，李世賢敗退至諸暨，轉而陷浦江，進而陷掠蕭山，潰兵集於紹興。

本來紹興防守為當地邑紳主持，清廷任命的團練大臣王履謙，受人愚弄，或藉以牟利，太守懷清，知勢不力敵，一切不問，防務廢弛。

胡雪巖在杭州開銀行，遍交省城大小官吏，「丐其餘潤」，又深得巡撫王有齡的支持。他與紹興一個銀行老闆張存浩有競爭關係，且實力雄厚，胡雪巖一心想擠垮張老闆。但是紹興太守懷清害怕當地勢力，胡雪巖指望不上他幫什麼忙，就要求巡撫王有齡將其調走，換成廖宗元。

廖宗元與胡雪巖相交甚厚，自然對他言聽計從。胡雪巖調廖宗元入紹興，並不是為了紹興防務，而是為了幫他謀利開方便之門。

廖宗元為人強悍，又習軍事，他隨身帶了一支水師，騷動百姓，紹興當地人都感憤怒。胡雪巖藉故讓廖宗元與張老闆結下怨隙，廖宗元進一步引起紹興紳民的私憤。

九月，太平軍攻陷蕭山，離紹興還有百里之遙，廖宗元派水師往剿，結果還沒有遇到太平軍即潰敗，水師大掠百姓。百姓群起打死水師數十人。廖宗元出面安撫百姓，結果反被紳民所拘，幸虧山陰縣令莊時出面調解，廖宗元才得以被釋。

廖宗元在返回衙門的路上，又被紹興的水龍夫攔住，差一點被毆打致死。這些水龍夫恰恰是紹興銀行張老闆的同黨。

不久諸暨潰勇紛紛集於紹興，無糧以食之，但紹興城中藏有糧食上萬石，一粒都不願拿出來。九月二十八日，廖宗元在衙門見到城內有火光，誤信水師搶掠，憤怒之極，吞洋煙自殺而死。第二天，紹興城陷落。

紹興城陷其實是廖宗元的部屬遷怒於紹興人，引太平軍攻城而致。紹興陷落不久，杭州也相繼失陷。

趙烈文在日記中認為，杭州失陷的根源就在於胡雪巖與張存浩兩個同業老闆爭利。他直言「全省數億萬之橫死，乃肇於匹夫壟斷之心」，使胡雪巖貪利無忌之心昭然於世。

這是胡雪巖早期勾結官場、干預人事、唯利是圖的明證。

軍中不可或缺之人

同治元年正月二十九日（一八六二年二月二十七日），接到出任浙江巡撫諭旨的左宗棠上〈官軍入浙應設糧臺轉運接濟片〉，保薦王若農和胡光墉為其辦理糧餉。本來，湘軍糧臺由曾國藩統一協調，左宗棠自己決定設立糧臺，意圖在自立門戶。這裡已知左宗棠文獻中第一次提到胡雪巖：「又聞籍隸浙江之江西候補道胡光墉，急公慕義，勤幹有為，現已行抵江西，堪以委辦臺局各務。」

候補道，是沒有正式上任的道臺，胡雪巖此時的身分無疑是王有齡的保舉。按慣例，胡雪巖赴江西應該是去會晤江西官場，否則他永遠也候補不到實職。那麼，此時左宗棠有沒有見過胡雪巖，查無明據，但至少左對胡的行蹤是有所掌握的。幾年後左宗棠也在奏摺中提到：「咸豐十一年冬，杭城垂陷，胡光墉航海運糧，兼備子藥，力圖援應，舟至錢塘江，為重圍所阻，心力俱瘁，至今言之，猶有遺憾。」這顯然都是聽胡雪巖自己所說。

商人胡雪巖需要一座大靠山，浙帥左宗棠也需要有人籌糧餉，二人應該是各取所需，一拍即合。

胡雪巖去江西也有可能是去見左宗棠。因為直到同治元年十一月，左宗棠急切等待胡雪巖前往寧波籌辦軍餉，而胡雪巖一直滯留上海。這期間，胡雪巖具體辦了哪些軍餉，左宗棠在同治三年（一八六四年）十月〈辦理餉需各員請旨獎勵片〉中沒有具體指明，但應該是有一定貢獻的，否則同治二年（一八六三年）十二月左宗棠也不會讓胡雪巖代表自己給洋人頒發功牌。也是基於這一點，胡雪巖被左宗棠奏請為按察使銜，改往自己擔任總督的福建以道員補用。道員為正四品，按察使銜為正三品。

左宗棠到了福建以後，胡雪巖事實上成為朝廷正式官員，左宗棠在同治五年（一八六六年）九月為胡雪巖奏請布政使銜，甚至說他是「軍中不可或缺之人」。同治九年十二月，陝西肅清有功後，經左宗棠奏請，胡雪巖獲得二品封典。同治十年（一八七一年）十月，經左宗棠奏請，胡雪巖獲得正一品封典。光緒二年（一八七六年），御史何金壽參劾胡雪巖而被朝廷降三級調用。但是，這期間，胡雪巖的正式職務還是道員。

原因何在？主要有二：一是胡雪巖的心思恐怕不在做官上，他要的只是一個官員身分，因此，當同治五年左宗棠赴陝甘總督任，胡雪巖參與福州船政局事務，而他仍然以上海為活動場所，自覺兩頭難以兼顧，提出辭去船政局事務；二是左宗棠西征，需要胡雪巖為他在上海籌措軍餉。所以，經朝廷准許，胡雪巖兼顧上海和福建。

在左宗棠用兵新疆的五年多時間裡，胡雪巖的任務就是為他籌餉。據統計，胡雪巖的籌餉其實主要就是借款，而且是借洋人的錢，計有一千七百一十萬兩，不到左宗棠所花銀兩的三分之一。此時胡雪巖的身分是上海採運局道員。那些認為胡雪巖是愛國商人的人，可能都以為這些錢是胡雪巖的私款，其實胡雪巖不僅是在行使道員職責，更關鍵的是，這些借款所付的利息奇高，月息多為一分二釐五毫，而當時其他人所借款項的利息多為八釐。這多出的部分是不是被胡雪巖貪占了，不得而知。左宗棠都因此表達過對胡雪巖的失望與不滿。但是左宗棠又無人可倚重，只能繼續信任胡雪巖。

曾紀澤在《使西日記》中記載了曾擔任過中國總稅務司赫德祕書的葛德立的議論：「葛德立言及胡雪巖之代借洋款，洋人得息八釐，而胡道報一分五釐。奸商謀利，病民蠹國，雖籍沒其資財，科以漢奸之罪，殆不為枉，而復委任之，良可慨也。」同時也對左宗棠的做法表示不滿：「左相，大臣也，瞻徇挾私如此，良可慨也。」

實際上，胡雪巖私人並沒有為西征新疆贊助過錢財，據左宗棠自己說，胡雪巖在光緒三年（一八七七年）捐銀米衣合計二十萬兩內外賑災，分布於陝西、山東、江蘇、山西和河南；光緒四年（一八七八年）向陝西捐二十萬石洋米救災，後改為銀五萬兩；光緒八年（一八八二年）左宗棠修復范公堤，胡雪巖捐錢合三萬一千一百六十八兩。這些更顯示出胡雪巖的狡黠與私心，儘管這些捐助被左宗棠詳細開列為功勞，其實是胡雪巖為了結好各省督撫。比如向陝西捐米就是在左宗棠決定為胡雪巖請黃馬褂之賞時，為了爭取陝西巡撫譚鍾麟聯署。左宗棠任兩江總督時，大力推廣桑樹種植，胡雪巖熱心幫助，其實是為了自己的蠶絲生意。

左宗棠和朝廷都把胡雪巖視為政府官員，而胡雪巖自始至終還是將自己當作一個商人，這種尷尬讓人不得不嘆為觀止。與其說胡雪巖盡心盡力為左宗棠辦事，不如說左宗棠被胡雪巖實心實意地利用了十餘年。

這中間，左宗棠並非沒有看出胡雪巖的私心，這麼多年，胡雪巖甘於做個道臺，而不求升遷，只求虛銜，顯然不合情理，明眼人還看不出嗎？光緒六年（一八八〇年），左宗棠用自己的俸銀託胡雪巖購買水雷和魚雷，其時的水雷市場價每個需銀五六兩，可胡雪巖報價二百四十兩，高出四十八倍，左宗棠十分生氣。

胡雪巖破產的真相

胡雪巖的破產，被後世大肆渲染為一場由李鴻章指使、盛宣懷策劃、清廷出面掠奪的政治清帳，是湘淮兩系矛盾鬥爭的產物。

流行的說法是，胡雪巖與洋人鬥絲引發虧本，形成破產的導火線，這都是經不起推敲的，與胡雪巖如日中天的雄厚實力相比，這點虧空根本不可能動搖胡氏產業。其實，根本的危機是全球經濟危機。

事發於光緒九年（一八八三年），這一年，左宗棠位居兩江總督，此前一年，世界經濟與金融危機自英美爆發，中國毫無察覺，為轉嫁危機，西方擴大出口，匯率下跌，導致中國出口商品價格下跌而進口商品價格上漲，信號馬上傳遞到各錢莊，立即緊縮信用，極力收回貸款，最早宣布破產的是上海老字號「金嘉記」絲棧，胡雪巖在上海的阜康錢莊挺至十一月才被迫歇業，幾天後北京阜康分號關閉。

「鬥絲」開始於光緒七年（一八八一年），只不過是恰逢其時罷了。這次危機導致的是中國銀行業普遍性悲劇，受影響最大的當然是胡雪巖，而壓倒胡雪巖最後一根稻草的是他特殊的身分。

上海阜康錢莊歇業後，北京的阜康銀號掌櫃不知何故逃逸，其夥計汪唯賢向順天府投案，管理順天府事務的畢道沅馬上將此事上奏朝廷。

銀號本為民間事務，畢道沅此舉並非受人指使，而是因為阜康銀號公私存款特多，當時許多京城要員都在銀號有存款。官員公私存款樂於存在阜康，除了胡雪巖的實力以外，還有他的官員身分。朝廷當天下旨，令畢道沅和順天府尹周家楣查明該銀號所有的公私款項，又諭令閩浙總督何璟、浙江巡撫劉秉璋密查胡雪巖的財產。

二十多天后，朝廷下旨兩江總督左宗棠，諭旨將胡雪巖革職，並責令其「提該員嚴行追究」，勒令胡雪巖迅速將虧欠公私款項還清，否則將從重治罪。

此時的胡雪巖為上海道員，不歸浙江管轄，而屬於兩江，故而將此案交由左宗棠，這並無不妥。既無為難左公之心，也無寬貸胡氏之意。

左宗棠奉命查封了阜康商號和胡氏杭州的當鋪、商號，用以償還公私存款。

然而，到了光緒十年（一八八四年）四月，戶部奏報胡雪巖當年借洋款時侵吞了行用補水，於是，清廷下旨追賠行用補水銀十萬六千七百八十四兩。

所謂行用補水銀，乃是在借款過程中的交際、保險、裝運、水腳等費用。這些費用其實早已按實報銷在冊，所謂「侵吞」，不過是在借款前沒有奏報列支，但按成例都有這筆費用，如今借此反要其倒賠，左宗棠無可奈何。

接任兩江總督的曾國荃儘管與左宗棠不和，但並沒有落井下石，相反他認為這樣做頗為不公，上奏為左、胡辯解：

「戶部經權互用，近因海宇肅清，定以條奏之限，徒苟繩舊案，務在謹守新章，所有甘肅新疆歷次開支經費，久已匯單奏銷。若胡光墉之罔市累人，固須懲以示戒，而此番案屬因公支用，非等侵吞，以視戶部現辦章程係在舊案準銷之列，應請戶部鑒核，轉予稗旋；嗣後不得援以為例，以昭大信。」

如果說戶部「落井下石」，恐怕也不合情理，時任戶部尚書的王文韶與左宗棠、李鴻章交情都不錯，早年受二人賞識提拔。想必是戶部為了交差，不得已而為之。

光緒十一年（一八八五年）七月，左宗棠於福州病逝，十一月，胡雪巖亦死於家中。

胡雪巖的輝煌時期與左宗棠的輝煌相始終，左宗棠的成功有賴於胡氏，其功也不乏左公誇大其詞，而胡雪巖的成功又借助於左公。一個自始想將其籠絡在官場中，一個卻自始若即若離於官場邊上。在朝廷和左宗棠眼裡，道員胡雪巖是連在一起的，胡雪巖得益於官場身分，但是，敗也敗在這種身分上，否則也不至於鬧出震動朝野的風波來，以至於身死家敗。令人稱奇的是，明明是朝廷道員，可是胡雪巖卻始終脫離官場監管，做他的私人生意，甚至將公事也當作生意，長達二十餘年無人監管。當時的吏治情形由此也可見一斑。

清朝的體制中央只能監管到督撫這一層面，太平之亂後，地方吏治更是全由督撫管轄，作為總督的曾國藩，自巡撫以下文武各官皆歸其節制，後來，一些無總督的省份，巡撫擁有了與總督同樣的權力。因此，官員的人身依附觀念十分明顯，所謂從嚴治吏只是空談，官員的好壞全憑上司一句話，一句「辦事任性，不洽輿情」的評語即可斷送其政治前途，一句「素敢任事，不避嫌怨」則可以使其保官晉職。胡雪巖的結局，是誰之過呢？

朱鎔基曾參觀胡雪巖故居，破例題詞：「古云『富不過三代』，以紅頂商人之老謀深算，竟不過十載。驕奢淫靡，忘乎所以，有以致之，可不戒乎？」胡雪巖其興也速，其敗也忽，後人更多的不應是津津樂道其成，而應該是戒其速敗。

第五輯

從有為到不為：清朝中衰的一個深層原因

細觀大清二百多年，前期因腐敗而獲罪的大老虎特別多；但是和珅案後，後期很少有獲罪的大老虎出現。順治朝被懲治的大老虎就有吏部尚書譚泰，大學士陳名夏、陳之遴，江寧巡撫土國寶等；鰲拜集團、索尼之子索額圖集團、明珠余國柱集團都是在康熙時被懲辦的，他們皆獨攬朝政，貪財納賄，互相傾軋。康熙斥責索額圖說：「今見所行，愈加貪酷，習以為常。」可見這些腐敗集團由來已久，大清一開國並沒有逃掉開國腐敗的歷史邏輯。至於後期權傾一時的端方、慶親王奕劻、劣跡斑斑的桂良、剛毅等「大老虎」反倒平安無事。

這個現象從一個側面反映出清朝吏治從有為到不為的巨大轉變。前期開國有為的大臣多，後期因循守舊不作為的大臣多。那麼是什麼原因導致官員不為？

第一，集權過甚，皇帝不希望大臣「以天下治亂為己任」。清前期康、雍、乾三代帝王都係強勢之君，呈現出權力集中於一人之勢。乾隆在〈書程頤論經筵劄子後〉中說：「夫用宰相者，非人君其誰乎？使為人君者但深居高處，自修其德，唯以天下治亂付之宰相，己不過問，幸而所用若韓、范，猶不免有上殿之相爭，設不幸而所用若王、呂，天下豈有不亂者，此不可也。且使為宰相者，居然以天下治亂為己任，而且無其君，此尤大不可也。」

儒家「天下興亡，匹夫有責」的傳統在乾隆這裡，成了「無君」的罪名。

在乾隆看來，「政柄之屬與不屬，不繫乎宰相、大學士之名，在為人君者之能理政與否耳。為人君者，果能太阿在握，威柄不移，則備位綸扉，不過委蛇奉職，領袖班聯」。乾隆絕對專制的統治可見一斑。他不希望國家出現名臣：「朕以為本朝紀綱整肅，無名臣，亦無奸臣。何則？乾綱在上，不致朝廷有名臣、奸臣，亦社稷之福耳。」

自認為深通漢學的乾隆，把名臣視為對皇權的衝擊，產生「有名臣便有奸臣」這樣的邏輯，卻不知唐太宗「事皆自決，不任群臣」，「此所以二世而亡也」的告誡。明世宗也堅決反對君主「成令一下，百挽不回，所謂君出言自以為是，如不善而莫之違」的「自專」之道，清朝中衰正是從乾隆開始的。

第二，剝奪地方督撫的權力。乾隆時期不僅中樞沒有權力，地方督撫的權力也被剝奪殆盡。內閣學士尹壯圖說：「天下之大，萬幾之繁，皆係皇上一人獨理，而內外諸臣，俱不過浮沉旅進旅退之中，無一人能匡扶弼亮。」

早在乾隆三十年（一七六五年），乾隆就承認各省吏治已經敝壞，他把責任都推到督撫身上。上諭說：「外省吏治敝壞，皆由督撫不能正己率屬，上下和同，聯為一氣，以行其蒙蔽欺詐伎倆。各省皆所不免，而江南為尤甚。」皇權向絕對化發展，督撫大吏不敢稍有作為，只好侵下官之權，所辦皆州縣之事。

既然凡事皆決於上，大臣索性將矛盾上交，一聽聖裁。而勇於任事、積極進言獻策的官員，如果所言符合聖意，則大受褒獎；反之，則會受到嚴斥或處罰。在一次次受挫之後，他們的仕途熱誠消退殆盡。

第三，刻意懲治有名的功臣。清朝前期不乏有名的功臣、有作為的能臣，康熙尚且破格提拔了一些有為的官員，但乾隆刻意整治的就是他們。大學士張廷玉年近八旬疏請退休，幾乎引來一場殺身之禍；鄂爾泰是雍正皇帝最信賴、最器重的大臣，乾隆初年，他幾遭議處；乾隆初督撫十三人，或被殺，或被流，或被貶，而在任未被議處或保全終身的幾乎沒有。這些督撫中，如閩浙總督伍拉納、巡撫浦霖、浙江巡撫陳輝祖等，固然是因貪汙而被誅殺，但相當一部分人不是因為貪汙，而是因為或失察屬員，或其他原因。如陝甘總督勒爾謹，因失察下屬王亶望貪汙案，被處斬監候；江蘇巡撫閔鄂元因句容知縣挪移錢案糧，被判斬立決，後改斬監候；湖廣總督劉藻、閩浙總督楊應琚，均因征緬甸出師無功，分別被賜自盡。至西北用兵，多年不利，乾隆皆歸咎督撫，其被誅者不止一人。廣西巡撫鄂昌，因與胡中藻詩詞唱和，受牽連，被賜自盡。

在專制淫威下，督撫大員搖手觸禁，動輒得咎，即使循規蹈矩，也難保其平安，而稍有作為者的下場就可想而知了。乾隆時較有名氣的督撫如陳宏謀、陳大受等皆遭過嚴譴。

第四，文過飾非，不許上書進言。順治九年頒定的《學校條規》中規定「軍民一切利病，不許生員上書陳言，如有一言建白，以違制論，黜革治罪」。

乾隆三十二年（一七六七年），湖南學政盧文弨進言應善待生員，被責為「曲意偏徇，市恩邀譽」。乾隆五十五年（一七九〇年），內閣學士尹壯圖巡視歸來回報：「各督撫聲名狼藉，吏治廢弛。臣經過地方，體察官吏賢否，商民半皆蹙額興嘆。各省風氣，大抵皆然。」乾隆卻認為此奏並未指實，尹壯圖因此獲罪。深得信任的紀曉嵐提出經邦濟國的建策時，也被乾隆喝斥為「多事」。在陶醉於「十全武功」的「明君」看來，文人的職責不過是為「太平盛世」做點綴，至於軍國大事，則毋庸他們過問。

這樣一來，文人不敢議政，思想學術沉寂，對此，龔自珍抨擊道：「戮其能憂心，能憤心，能思慮心，能作為心，能有廉恥心，能無渣滓心。又非一日而戮之，乃以漸，或三歲而戮之，十年而戮之，百年而戮之……然而起視其世，亂亦竟不遠矣。」

第五，因循成風，人才銷磨。皇帝大小權獨攬，督撫大員避專擅之名，成因循之風，也就勢所必然。嘉慶四年（一七九九年），洪亮吉上書說：「蓋人材至今日，銷磨殆盡矣。以模稜為曉事，以軟弱為良圖，以鑽營為取進之階，以苟且為服官之計。由此道者，無不各得其所欲而去，衣鉢相承，牢結而不可解……在內部院諸臣，事本不多，而常若猝猝不暇，汲汲顧影，皆云多一事不如少一事。在外督撫諸臣，其賢者斤斤自守，不肖者亟亟營私。國計民生，非所計也，救目前而已；官方吏治，非所急也，保本任而已。慮久遠者，以為過憂；事興革者，以為生事。」（《清史稿．列傳一百四十三》）

嘉慶中，督撫以貪墨敗者明顯減少，但當時所謂的「名督撫」，大多碌碌不敢作為，「名督撫」大都無能。

嘉慶曾經在上諭中「隨筆涙灑」：「當今之弊，病玩二字，實堪憤恨，若不大加振作，焉有起色！」、「地方之害，莫大於貪官蠹役之朘削，強紳劣衿之欺凌。」嘉慶十七年（一八一二年）上諭直指：「方今中外吏治，貪墨者少，疲玩者多，因循觀望。大臣不肯實心任事，唯恐朕斥其專擅，小官從而效尤，僅知自保身家，此實國家之隱憂。」

嘉慶十九年（一八一四年），兩廣總督蔣攸銛上書說：「任事之與專擅，有義利之分，若任事而以專擅罪之，人皆推諉以自全矣。協恭之與黨援，有公私之別，如協恭而以黨援目之，人且立異以遠嫌矣。此近今之積習。」（《清史稿．列傳一百五十三》）

因此，辦事效率可想而知。有民謠道：「賊去兵無影，兵來賊沒蹤。可憐兵與賊，何日得相逢。」在各地領兵大員推諉、避讓，互相傾軋之中，清廷費時九年，動用幾十萬大軍，耗用軍費達幾千萬兩才平息了川、楚、陝三省的白蓮教起義。

和珅案後，又查出司書私雕假印騙取庫銀的案件，涉及二十四個州縣，時間跨度六年，人員從督撫到州縣官共計二十餘人。同時，湖北又查出多年來合夥私改案卷票據的案例，工部書吏趁修土木工程之機偽造官員姓名私雕假印，向戶部先後十四次冒領庫銀近千萬兩。僅憑假印信就能多次冒支巨額款項，充分說明各級官吏對所司之職之不負責任。

第六，絕意仕進者日增。在任無所為，進言不被用，有志官員在仕途中遭遇不適、無聊與尷尬。袁枚歷任知縣，深憂民生，盼望「紓國更紓民」、「終為百姓福」，從江蘇到陝西，十年官場蹭蹬，終得兩江總督尹繼善推薦提升高郵州知州，卻被吏部拒絕。一年後，辭歸隨園，從此遠離仕途。其他「名儒大家，負泰山重名者，日夜穿鑿經史」，「一世聰明才智之士，既多專治古學，不問時事，於是政治經濟無正直指導之人，貪庸當道，亂階由是醞釀」。（《清代通史》蕭一山）

乾隆中後期，大案要案迭起，貪賄數額巨大。據朱彭壽《舊典備征》記載，乾隆一朝，僅二品以上大員因貪贓被處死者，就有三十人之多。乾隆尚奢崇盛，在各級官吏中產生了極為惡劣的影響。各級官吏賄賂公行，各省虧空之弊起於乾隆四十年以後，州縣有所營求，即有所餽送，往往以缺分之繁簡，分賄賂之等差。此等贓私初非州縣家財，直以國帑為夤緣之具。上司既甘其餌，明知之而不能問，且受其挾制，無可如何。一縣如此，通省皆然，一省如此，天下皆然。世風日下，人情淡薄，假道學猖獗。清公守法、約己愛人者，千百之一二耳。仕途已經難行經世濟民之道，反被利祿之徒所熱衷，引起有志行的官員鄙視。學者考證，乾嘉之時有六十九人辭官不仕，其中進士五十五人，成為一種獨特的官場現象。

與明朝數位君主無為、官僚機器照常運轉相比，清朝盛世中衰，令人唏噓。

清朝官員說話方式的嬗變

語言是管理天下的有效工具，考察有清一代官員說話方式的變化對於我們了解大清政局的變化有著重要的幫助。官員從說好話到不說話，再到說假話，伴隨著大清從強大到衰落的全過程。

我們選擇幾個有代表性的樣本即可看出，清朝前期官員說話的方式以說好話、拍馬迎合為主流。以在清朝有口碑聲譽的徐乾學、李光地、張廷玉、高士奇、紀曉嵐等寵臣為例。

徐乾學其人，乾隆在《通志堂經解》補刻本的自序中，將他與成德相提並論：「徐乾學阿附權門，成德濫竊文譽，二人品行，本無足取。」成德就是後來粉絲眾多的納蘭性德，曾拜徐乾學為師。一代詩人奇才卻作為康熙身邊的御前侍衛，以武官身分參與詩文風流，隨康熙唱和詩詞。《通志堂經解》則是納蘭性德費時二年，編成的一部一千七百九十二卷的儒學彙編，深為康熙賞識，然在乾隆這裡卻遭到了否定，並被指為「濫竊文譽」，恐怕與他一味迎合康熙有關。其師徐乾學顯然更是曲意逢迎康熙，本來他操縱科舉被人檢舉，卻說，大清國初年，將美官授漢人，都不肯接受。如今漢人苦苦營求登科，足見人心歸附，應該為此而慶賀。

因《康熙王朝》聲名大噪的李光地，原本在清初就聲名顯赫，然而梁啟超卻斥責他「其純然為學界蟊賊，煽三百年來惡風，而流毒及於今日者，莫如徐乾學、湯斌、李光地、毛奇齡」、「湯斌、李光地，皆以大儒聞於清初，而斌以計斬明舊將李玉廷，光地賣其友陳夢雷，而主謀滅耿、鄭，皆坐是貴顯。然斌之欺君，聖祖察之，光地之忘親貪位，彭鵬劾之，即微論大節，其私德已不足表率流俗矣。而皆竊附程朱、陸王，以一代儒宗相扇耀，天下莫或非之……程朱、陸王之學統，不幸而見篡於豎子，自茲以往，而宋明理學之末日至矣」。（梁啟超《新民說》）他順帶還批評了後來的陸隴其、陸世儀、張履祥、方苞等人：「以媕婀誇毗之學術，文致其奸。」李光地多次遭大臣彈劾，言語攻擊，但康熙均以其貢獻保之，《清史稿》則說：「光地益敬慎，其有獻納，罕見於章奏。」意思是說，李光地很少公開奏事，而是利用他與皇帝親近的關係當面陳述。為什麼不書面奏事，恐怕正是他怕遭人攻擊之故。

至於張廷玉，本無尺寸之功，僅憑其父張英的緣故，以官二代身分青雲直上。史稱「世宗初即位，擢鄂爾泰於郎署，不數年至總督。廷玉已貳禮部，內直稱旨，不數年遂大拜」。所謂「內直稱旨」，正是他能得帝王心的隱語。他從不留片稿於家中，也絕少讓家人得知朝中政事，還很少結交外官，從政多年「無一字與督撫外吏接」。他時刻以皇帝的意志為意志，少說多做，或者是只做不說。

張廷玉的拍馬迎合本事，見諸其奉命編寫的《聖祖仁皇帝實錄》和《明史》。在前書的最關鍵部分「康熙駕崩」一節，粉飾之工燦然。歷史上康熙駕崩、雍正即位歷來是一疑案，儘管後世學者多為之分辯，但仍不排除背後的刀光劍影。在張廷玉的筆下，卻成了「八人受諭」的和諧局面：康熙臨終召諸皇子覲見，公開宣布四皇子胤禛（即雍正）繼位。在《明史》朱棣奪建文帝位中，張廷玉為取悅同樣有奪權嫌隙的雍正，大唱朱棣讚歌，而極力醜化建文帝。

高士奇也是康熙近臣，據昭槤《嘯亭雜錄》記載，他凡事都能夠先揣摩人意、迎合帝王，每次都能博得皇上的歡心。一天，康熙打獵，因為馬閃了蹄而險些掉下馬，受了驚嚇的康熙很不高興。高士奇得知此事，用爛泥水弄髒衣服，急忙跑到宮中侍候。康熙很奇怪地問其緣故，高士奇答道：「我剛才落馬掉進泥水裡，來不及換洗衣服。」康熙聽完哈哈大笑說：「你們這些南方人，原來如此懦弱。剛才我的馬多次閃蹄，我都沒有掉下馬來。」其拍馬之術由此可見一斑。

紀曉嵐一生做過翰林院編修、日講起居注官、侍讀學士、詹事府詹事、內閣學士、總理中書科事務、兵部侍郎、都察院左都御史、兵部尚書、禮部尚書、協辦大學士等官，誥受光祿大夫，經筵講官兼文淵閣直閣事，但其一生事功只在《四庫全書》。乾隆一度斥責：「朕以你文學優長，故使領四庫書，實不過以倡優蓄之，爾何妄談國事！」

換言之，紀曉嵐在皇帝面前基本沒有談論國事的資格，以倡優取悅帝心而已。不是因為別的，而是因其本無行政能力。紀曉嵐出任都察院左都御史時，因判案不力，部議本應受罰，乾隆卻說：「這次派任的紀曉嵐，本係無用腐儒，只不過是湊個數而已，況且他並不熟悉刑名等事務，又是近視眼，他所犯的過錯情有可原。」即便是總纂《四庫全書》，也因出現許多「訛誤」，而被迫「一體分賠」。不僅無功，還得賠錢。

六十九歲那年紀曉嵐自題輓聯：「浮沉宦海如鷗鳥，生死書叢似蠹魚。」鷗鳥、蠹魚兩個比喻生動地表明他對自己一生為官還是有自知之明的。

按常理來說，寵臣說話有著得天獨厚的條件，若真心體國，哪怕是變著法子也能匡扶帝王之失。但清朝前期的寵臣幾乎無人不一味迎合帝王，不惜閹割自己，自毀形象，也助長了康熙乾隆的自我陶醉。內閣學士尹壯圖因指陳弊政，稱各省督撫「聲名狼藉、吏治廢弛」，而引起乾隆大怒，被朝中大臣擬以死罪。

好話說多了，大清並沒有因為這些「正能量」而強盛起來，相反內部的憂患慢慢發酵；到嘉道年間，好話都沒用了，於是臣子們分化成兩種具體情形，在京的京官都相率無言，在外的地方官便一體說謊。三朝元老曹振鏞的名言「多磕頭，少說話」，很好地說明了京官明哲保身的為官心法。

導致曹丞相「多磕頭，少說話」的原因是他不得皇帝喜歡嗎？非也。「宣宗治尚恭儉，振鏞小心謹慎，一守文法，最被倚任。」一句話道出了曹丞相被信任的原因。

換言之，他正是因為說話少才被信任，這六個字正是他畢生奉行的信條及官運亨通的訣竅，他並以此來教導他的門生後輩。無論是康乾年間還是嘉道年間，清廷用人的取向都是偏向於言聽計從，而不是有主見的大臣。嘉慶被選為繼承人，也是因為他對乾隆的話一向言聽計從，更別說大臣了。

後人認為，多磕頭，少說話，是因為官場險惡所迫，這其實只是表象，對於這種觀點，我們只能笑笑而已。哪一朝官場不險惡？但明朝以前的大臣還是敢說話的。明朝大臣直言敢諫，敢於與皇帝針鋒相對，動輒出現百官群諫的景觀。清中期的官員選擇無言，其實是一種慣性使然：大清開國初期，受寵的功臣們尚且習慣說好話，清中期政局穩定，再受寵的大臣功績顯然不如前人。功勞都在「明主」身上，說好話邀功已沒有市場，相反，少說話才是唯一選擇。

同時，雍正年間定下的密摺制度，很好地說明了地方官謊報、虛報、說假話的風氣。

不唯曹振鏞，同樣身歷咸、同、光三朝的顯宦王文韶更是精於此道。王文韶不僅做過按察使、布政使、巡撫、總督等地方官，也做過尚書、大學士、軍機大臣等京官，官運極佳。他獲得「琉璃球」、「琉璃蛋」、「油浸枇杷核子」等外號。遇到重要問題需要表態時，他的法寶是裝聾作啞。李伯元的《南亭筆記》中記載：王文韶入軍機後「耳聾愈甚」，一日，二大臣爭一事，相持不下。西太后問王的意見，王只是莞爾而笑。西太后再三追問，王仍笑。西太后說：「你怕得罪人？真是個琉璃蛋！」王仍笑如前。

那麼，皇帝不在面前，又如何呢？

英國漢學家威妥瑪在日記中記述了他在中國所親見的官場情景。總理衙門每當外國使臣發一議論，大清官員則四目相視，大臣視親王，新官又視舊臣。如親王發言，眾人則轟然響應，如親王不言，諸人便不敢發言。有一次，威妥瑪說了一句「今天天氣甚好」，無人敢應。有一官員忍不住應道：「今天天氣確實好。」於是王大臣又說：「今天天氣確實不錯。」此時各人才轟然響應。

地方官迎合上司意圖則別出心裁，套用上級公文中的現成文字。清人吳熾昌的《客窗閒話》中記載：「吾輩辦案，無不敘套，一切留心套熟，則不犯駁飭。」咸豐即位，雄心勃勃，很想有一番作為，遂下了一道命令，要各級官員上書獻計獻策，可沒想到，這命令發出三個月都沒有一個人說話。

道光三十年（一八五〇年），身為侍郎的曾國藩直陳：「九卿無一人陳時政之得失，司道無一折言地方之利病，相率緘默，一時之風氣，有不解其所以然者。」儘管這位侍郎以「不解其所以然」來掩飾箇中原因，但他這番另類的言論很快也被壓下去了。而京官「同官互推，不肯任怨，動輒請旨，不肯任咎」，「利析錐株，不顧大體，察及秋毫，不見輿薪」；地方官「裝頭蓋面，不問明日」，「章奏粉飾，而語無歸宿」，習俗相沿，但求無過，不求有為，人皆知之。

晚清的失敗，一個重要原因就是敗在地方官的謊話上。

如楊芳遍收廣州城中婦女的溺器，置於木筏，出御烏湧。於是，便有了英國傷亡慘重多達四百四十六人的「捷報」。幾天後，他又製作了一個「捷報」，說英人畏懼逃走，不敢在省河行駛。宗親奕山、裕謙等人說起謊來比上述官員更加得心應手、大言不慚。要麼敵人死傷甚大，要麼敵方人數被誇大得連他們自己都不相信。《南京條約》就是在欺瞞皇帝的情況下得以簽訂，這多虧老謀深算的耆英將一些關鍵條款隱瞞了下來。無論是地方官還是欽差們無一例外在戰前信心滿滿地安慰皇帝「民心大定，軍民鼓舞」，卻都在戰後歸罪於兵與民。

到了局面無可收拾，洋人逞強中國後，一股湧動的民族主義情緒激發起一種古老的說話方式，即清議。清議，《辭海》的解釋為「公正的評論」。在漢代時，人們以儒家義理為標準品評人物，到了晚清，則以夷夏大防甚至以戰和為標準來品評人事。在後來的洋務派與清流派的對峙中，出現了名士重於公卿，以至於李鴻章不禁發出「三十年來，日在謠諑之中」的慨嘆。清流名士們豪言壯語，信口開河，常失根底，很快遭人輕賤和厭惡，整個社會價值觀念陷入混亂，只剩下中國人錯愕、失落、焦灼、撕裂、憂憤、徬徨、無奈。

晚清政壇上的左李之爭

中國的官場，歷來不缺能官，缺的恰恰是能共事合作的官員，也是歷來主政高層常常提醒的「團結」問題。與「團結」對立的表現不一定是分裂，但有比分裂更為可怕的形式，即政見之爭。之所以如此說，是因為政見之爭往往掩蓋了內在的腐敗。

各爭其勢

晚清有兩個靠軍功晉身的著名人物，一是李鴻章，一是左宗棠。這兩個人是晚清大局的支撐者，皇帝有什麼事往往都先要祕密諮商這二位。世人都知道左宗棠有才，這位左公自詡為「今亮」，卻不知李鴻章之才並不在左公之下。這二位在一起共事的時間並不長，李鴻章辦安徽團練六年，兵敗後於一八五八年底抵達曾國藩所在安慶大營，一八六二年經曾國藩薦為江蘇巡撫奉命赴上海獨立成軍；左宗棠此前為湖南巡撫幕賓，經樊燮事件後於一八六〇年入曾國藩幕襄辦軍務，一八六一年經曾國藩薦為浙江巡撫帶兵援浙。應當說，二人交集共事時間很短，不至於產生芥蒂，二人的不和當歸根於曾左之交惡，李鴻章作為曾國藩「薪盡火傳」的門生長，在左宗棠眼裡其實就是曾國藩的化身。當曾國藩在世時，二人相安無事，曾國藩一去世，二人的「政見之爭」就開始了。

過去多數學者都研究過李左之間的異同，要麼得出湘淮兩系的派系鬥爭，要麼得出愛國與賣國的分野，讀者自有評說，我意純屬胡扯。兩人相爭，一開始是意氣之爭，互不相能，左公瞧不起李公，李公也看不起左公這個「破天荒相公」，止於才；後來曾國藩同時保舉二人一為浙江巡撫、一為江蘇巡撫，左公很快獲批，而李公卻遲遲未準，自此李公心中泱泱不服，始於功；再後來，因著名的「塞防」與「海防」之爭，二人的政見之爭浮於水面，弄得舉世皆知。

此時之爭在勢。

時過境遷，再來評價「塞防」與「海防」之爭孰是孰非，已屬事後諸葛，我們需要討論的應當是為何會有這種政見之爭。本來李左二人，一駐東南，一在西北，都屬於朝廷要害之地，互不干預，塞防重要，還是海防重要，二人心裡其實都很清楚。比如左宗棠雖然強調塞防要緊，但也主張海防重要。李鴻章雖然側重海防，卻也並非定要放棄新疆，他所主張者是不用兵，以招降的方式安定新疆。

我們來看二人的主張。

李鴻章主張重海防的背景，是於一八七四年夏，日本出兵侵犯臺灣，十月中國被迫與日本簽訂了屈辱的中日《臺事專約》三款之時。十一月，奕訢提出購買鐵甲艦等，實力籌備海防。因參與臺灣之役頗得朝野輿論好評的船政大臣沈葆禎，在〈復陳海防疏〉中，推李鴻章為海防統帥。十二月上旬李鴻章上〈籌議海防折〉，他分析道：

自古以來，國防重點在西北，唯自鴉片戰爭以來，形勢大變，戰爭多在沿海。東南海疆萬里，一國生事，各國勾煽，一旦生釁，兵連禍結，防不勝防。

確實自乾隆以來，西北多年相對安寧，局勢轉向東南。針對李鴻章的觀點，一八七五年四月，左宗棠在上奏中反駁：

重新疆者，所以保蒙古，保蒙古者，所以衛京師。西北臂指相聯，形勢完整，自無隙可乘。反之，新疆不固，則蒙古不安，不僅陝西、甘肅、山西時虞侵軼，防不勝防，即直隸關山亦無宴眠之日。

顯然左公迴避了李公的問題，他道出的恰恰是皇帝最擔心的隱患，即京師不穩。後世認為左公「理長」，其實長就長在這裡，這也是決策者之所以支持左公的說不出口的原因，當然也是根本原因。左宗棠並不反對海防，他認為「東則海防，西則塞防，二者並重」。唯事有緩急輕重，目前海波不興，關外則賊氛極熾，用兵新疆有燃眉之急。海防並無燃眉之急，有常年經費足以籌辦海防。問題是「夫使海防之急，倍於今日之塞防，隴軍之餉，裕於今日之海防，猶可言也」。

左公極力突出的新疆問題的重要性，背景是早在同治十年（一八七一年），俄國乘阿古柏侵占新疆之機，派兵侵占了伊犁，宣布「伊犁永遠歸俄國管轄」。正是這一年，左宗棠進駐甘肅。但此事似乎並沒有引起中外注意。第二年，朝廷討論的是如何討伐阿古柏，左公圖謀塞事，向朝廷申報一千萬兩軍費。當時管財政的沈葆楨見如此龐大的預算，擔心誤事，經皇帝過問，決定撥五百萬，借債五百萬。就是說，此時並無「塞防」、「海防」之爭。直到前述一八七五年，也就是李鴻章提出「海防」之後。

李鴻章提出的「海防」重不重要，其實當時人們都看得很清，包括左公在內。問題是，李公提出的預算恰恰也是一千萬兩。「於練兵製器之同時，應購買鐵甲船六艘，每艘百萬兩，炮艇十艘，以及其他輔助艦艇，連同練兵製器等，共需一千餘萬兩。」

這就出現了兩個「一千萬兩」，可朝廷哪來那麼多錢呢？李鴻章也意識到了這一點：「近日財用極細……必統天下全局通盤合籌而後定計。」

這就意味著必得犧牲一個，在李公看來，當然只能犧牲「塞防」，於是他便算計新疆問題，新疆自乾隆以來，「無事時歲需協餉三百餘萬兩」，殊為不值。新疆北鄰俄羅斯，南近英屬印度，阿古柏「新受土耳其回部之封號，並與英、俄立約通商，是已與各大邦勾串一氣」，對阿古柏只宜招撫。他還指出，英、俄「皆不願中國得志於西方，而論中國目前力量，實不及專顧西域」。如果出兵新疆，「師老財痡，尤慮別生他變」。因此，即便「新疆不復、於肢體無傷」，但倘若「海疆不防，則腹心之大患愈棘」。

李公要求「已經出塞及尚未出塞各軍，似須略加核減，可撤則撤，可停則停，其停撤之餉，即勻作海防之餉」；左公則斥之為「乃是自撤藩籬，則我退寸，而寇進尺」。

其實當時之勢，塞防海防都勢在必爭，於領土主權而言，新疆和臺灣都危矣；但也都沒他們各自所說的緩急問題，要說急，都急，要說緩，都可緩。畢竟解決這兩大問題不可能在一時之間。說白了，錢撥給了誰，誰就能占據天下主導之勢。李公輕塞重海，與左公急塞緩海，其實一也。

擾亂人心

論西北大局，當時沙俄比較虛弱，在爭奪克里米亞的俄土戰爭中大敗，其駐華公使在照會清廷總理衙門時稱占領伊犁是為了「安定邊疆秩序」，「只因回亂未靖，代為收復，權宜派兵駐守，俟關內外肅清，烏魯木齊、瑪納斯各城克服之後，當即交還」（《俄國在東方》）。這也給後來清軍收復新疆以口實，左宗棠出兵之際，正當沙俄剛剛結束俄土戰爭，大傷元氣，而且沙俄還認為戰爭縱獲勝將得不償失，擔心打敗清國將導致清政府垮臺而引發不可預料的反應，因而，當左公收復烏魯木齊、瑪納斯等城後，沙俄顧忌重重，只能在背後支持阿古柏，未與左宗棠正面交鋒。換言之，左宗棠花千萬兩銀子要對付的真正的對象不是沙俄，而只是阿古柏這支叛軍。

東南是西方列強覬覦的門戶，天下財賦皆在東南，且剛剛經歷太平之亂，百姓元氣尚未恢復，再經不起戰亂，當時雖無迫在眉睫之戰事，但此時不防，更待何時？相比之下，海防實力增長所需時間比塞防更長，也不存在左公所謂的不急問題。

可問題是這種政見之爭，很快就延伸到各個領域。李鴻章四處發信，授意山西巡撫鮑源深、河南巡撫錢鼎銘等人奏陳西征軍應停兵撤餉，當爭執失敗以後，還力圖對左的協餉作釜底抽薪之計，授意督撫拒撥陝甘協餉。這場戰爭打響後，由於新疆地域廣大，路途辛苦，僅僅二年時間所費軍餉就出於左公之意料，到後來西征軍積欠餉項達兩千六百餘萬兩，每年只能發一月滿餉。這個時候，塞防之事就更急於海防了，沒錢就會出現兵士嘩變，因而，李鴻章更急了，「左帥一有催求，羽檄立至，即海防全撤，豈足供此無底欲壑？」由於李鴻章從中作梗，左宗棠擬借洋債一千萬兩以應急，「仍歸各省、關應協西征軍餉分十年劃扣歸還」。這是李鴻章認為左「向不肯服輸」的表現，左宗棠的好友沈葆楨也上奏反對左借貸洋款。李鴻章還搬動總稅務司赫德唆使英商拒絕借貸。

西征戰事尚未結束，二人政見之爭很快就由防塞防海轉向條約之爭。朝廷指派崇厚與沙俄談判，簽訂和約。當條約簽訂後，朝中紛紛指責為賣國條約，要求廢約。左公更是信心滿滿，欲「分道急進，直取伊犁，兼索白逆」。對左公的主戰，李公意識到海防軍費更加遙遙無期，心中自然不樂，他斥責說中俄交涉節節貽誤，至今「仍日進讜論，其源自左相發之」，左公對崇原所簽之約堅決反對，認為失權太多。李公甚至破口大罵左公「倡率一般書生腐官，大言高論，不顧國家之安危」。「左相擁重兵巨餉，飾辭欲戰，不顧國家全局，稍通古今者，皆識其奸偽」。左公當然也不會示弱，他在後來中法戰爭簽訂和約之後把李鴻章對他的諷罵都回敬了過去，他說：對中國而言，十個法國將軍，也比不上一個李鴻章壞事；李鴻章誤盡蒼生，將落個千古罵名。互相之間的攻擊和諷罵，鬧得人心不知所措。

一八九四年的甲午戰爭失敗後，人們把責任歸諸李鴻章，卻不知此前的李鴻章要錢有多難，李鴻章命令海軍「以保船制敵為要、不應以不量力而輕進」，這成為後人攻擊李鴻章的罪證，可局外人安知海軍船隻得來不易？況且，保船制敵難道不對？不量力輕進難道也錯了？梁啟超後來評說：「其所以失敗之故，由於群議之掣肘者半，由於李鴻章之自取者亦半。」這裡面自還包括李鴻章和翁同龢的「政見之爭」。

政見之爭直接影響到國力盛衰，假如兩人平心靜氣，妥為商量，求一個兩全其美的辦法，或許，大局不至於此。

被掩蓋的腐敗

然而，李、左二人的政見之爭並不止於此，吵吵嚷嚷不止的塞防與海防之爭，勢必牽連到人事布局。如中法戰爭中，曾收復伊犁、支持對法強硬的曾紀澤任駐英法公使，法國提出以撤換駐法公使曾紀澤為條件方與清廷談和，李鴻章同意，提出了讓自己賞識的李鳳苞代之。一八八四年，左宗棠卸下兩江總督之職，曾國荃繼任，左宗棠深為不滿，上奏批曾國荃不能勝任，提出讓曾紀澤出任此職。

類似的人事問題隨處可見出二人各自安置親信、假公濟私的腐敗。李鴻章自不待言，正如左宗棠所攻擊的那樣，「親黨交遊，能自樹立，文員自監司以上，武職自提拔富貴者，又各有其親友，展轉依附，實繁有徒，久之倚勢妄為，臬司礙難處置」。而左宗棠自己也沒有例外，福州船政局在初創時委派員紳「增至百餘」，官僚機構龐雜可見。及光緒九年（一八八三年），僅勤雜人員竟達八十八人之多。當時就有人揭露：「局中及各船薪水每月需銀萬餘兩，大長虛靡。船政大臣極欲整頓，竟有積重難返之勢。」左公創辦的另一家企業——甘肅織呢局也「安置了一大堆冗員。乾領薪俸，絲毫沒有學習使用機器的願望」。因管理不善，創辦未及三載就因鍋爐爆炸而被迫停工，「費銀百餘萬兩，旋經後任廢棄，巨款盡付東流」。左宗棠創辦的三個軍事工業中最負盛名的福州船政局在中法戰爭中同樣全軍覆滅，沒有達到「制夷」的目的。

一八八一年二月，左宗棠進京，清廷命他入值軍機處，在總理衙門行走兼管兵部事務。左宗棠不願意入值軍機處，在軍機處上班時，他審閱到李鴻章的〈復陳海防事宜疏〉時，「每展閱一頁，每因海防之事而遞及西陲之事，自譽措施妙不容口，幾忘其為議此摺者，甚至拍案大笑，聲震旁室。明日復閱一葉，則復如此……凡議半月，而全疏尚未閱畢」。這番做派鬧得軍機處雞犬不安，以至於是年發生的大事之一——留美幼童提前歸國問題則沒有受到應有的重視。奕訢只得奏薦左宗棠出任兩江總督。李鴻章則又四處拋撒釘子，為左宗棠任兩江製造難題。一八八二年，左公任兩江總督伊始，即上奏彈劾李鴻章兄弟。

光緒十年（一八八四年）左公再度入值軍機處，中法之事交涉日緊，但是，左公從不與執掌中法交涉全權的李鴻章談論國家大事與中外交涉，乾脆對外顯示自己老耄無能。中法和約簽訂後，左公則大罵李鴻章壞事，李公則讓部屬攻擊彈劾左公手下戰將，剝奪他們的兵權，左公則忙於上書替人鳴屈。雙方大量的精力就浪費在這種「政見之爭」中。

政見之爭，表面上看起來都是為了國家利益、民族利益，有人甚至將之看作是君子之爭，認為一團和氣反而不正常，卻不知，無論是發生在高層不同區域還是發生在基層同一部門，還是王安石與司馬光之間的政爭，實質都有如張學良送給蔣介石的輓聯所寫的那樣「政見之爭，宛若仇讎」，其危害比一般意義上的腐敗更厲害，影響也更為長遠。它或者會掩蓋背後的腐敗，或者會造成腐敗之機樞。現代政治中的核心要義之一便是妥協意識，亦即民主意識，民主、妥協都不是目的，目的是要能達成共識。共識就是生產力，政見之爭往往發生在決策者、改革者身上，如果不懂得放下一己之見，兩害相權取其輕，那麼，近則誤眼前之事，遠則會喪失寶貴的發展機會。

大清第一炒作高手

網路時代炒作無處不在，然其實，古人也很重視炒作。唐代的杜甫就是一個炒作高手，他一生寫詩給李白數十首，顯示自己與名人不一般的關係，而李白也回給他一首打油詩；到晚清，文人士大夫更是崇尚清談，好論時事、兵事、外事，以顯示自己的高明，炒作之風盛極一時。但這些手法在一個人眼裡卻只是小兒科，他就是左宗棠，如果要評大清第一炒作高手的話，非左宗棠莫屬。

左宗棠這個人，無疑是大名人，然而細細梳理，卻只能得出一個令人驚詫的結論：左公之大名，得益於他善於炒作。

任何時候，一個人要想早出名，最好的辦法是有故事。左公是個有故事的人。

早在學生時期，左公就「好大言，每成一藝，輒先自詫」。左先生每寫完一篇文章，都要先自己驚詫一番：怎麼寫得這麼好啊！難道真的是我寫的嗎？其場景頗令人啞然。

聯繫到後來左宗棠到軍機處上班，讀到李鴻章的奏摺時，「每展閱一頁，每因海防之事而遞及西陲之事，自矜措施妙不容口，幾忘其為議此摺者，甚至拍案大笑，聲震旁室。明日復閱一葉，則復如此……凡議半月，而全疏尚未閱畢」。讀一頁即故意拍案大笑，半個月都沒讀完。此情形和學生時代如出一轍。

成年後，左宗棠更是深諳這個道理：編故事。

第一個故事，道光十年（一八三〇年），江蘇布政使賀長齡丁憂回湘，年僅十八歲、名不見經傳的農村知識青年左宗棠拜訪他，即為其才氣所驚，「以國士相待」，與他盤旋多日，談詩論文，還親自在書架前爬上爬下，挑選自己的藏書借給他看。

此事載於《左文襄公年譜》，問題是二人見面的事，其他人是怎麼知道的呢？無他，左公自己創作或傳播出來的。

賀長齡是晚清大學者，對於同鄉才俊興之所至譽為「國士」乃極平常，再加上賀長齡之弟賀熙齡是左宗棠在城南書院的老師，他非常喜愛左宗棠，稱其「卓然能自立，叩其學則確然有所得」，僅此而已。

第二個故事，道光十七年（一八三七年），回家省親的兩江總督陶澍見到二十多歲的舉人左宗棠，「一見目為奇才」，「竟夕傾談，相與訂交而別」，不久又和他訂下了兒女親家。

這個故事較之前一個更是「別有用心」。陶澍愛才，左宗棠得知陶大人回鄉必然經過醴陵，故而事先寫下一副對聯：「春殿語從容，廿載家山印心石在；大江流日夜，八州子弟翹首公歸」。上聯「印心石」隱含了陶澍一個引以為榮的故事，看到此聯，陶澍自然心花怒放，引為知音；下聯更赤裸裸地拍了陶大人一記舒服的馬屁。總之，一副對聯輕輕擊中了一個傳統士大夫官僚內心柔柔的軟肋，竟然不顧年齡和輩分懸殊，與之結為親家，這本身也有留故事的意圖在。

第三個故事，道光二十九年（一八四九年），雲貴總督林則徐回家途中，也因為聞聽左的大名，特意邀左到湘江邊一敘。林則徐「一見傾倒，詫為絕世奇才，宴談達曙乃別」。

這個故事不明內情者更是津津樂道，林則徐啊，這個名字讀過小學的無不知道，在教科書裡可謂名人。其實，林則徐見左宗棠，並非「聞聽」其大名，而是緣於陶澍。陶林二人關係不淺，左又是陶的親家，陶在信中早已向林大人介紹過許多故事。左公拜見林大人，也是因為陶親家的授意。林大人樂得給陶公一個面子，自然不惜美言。

那麼，三個故事都聚焦在左宗棠的「奇才」上，此時的左公到底露出過什麼奇才來，我們誰都不知道。憑常識判斷，無非是左宗棠的口才。至於詩文之才，左公不如李鴻章，至今不見左公留下有名詩文，至於其他才能憑初識一面是難以判斷的。

為了抬高故事中的人物，左宗棠也毫不吝惜對他見過的名人的抬舉，如林則徐在左宗棠心目中被視為「天人」。

更關鍵的是，這些故事一般限於二人交往之間，外人之所以得知，無非是當事人的對外傳播。於是真真假假，虛虛實實，反正都變成了故事。

因此，《清史稿》說得非常直白：「（左公）喜為壯語驚眾，名在公卿間。嘗以諸葛亮自比，人目其狂也。胡林翼亟稱之，謂橫覽九州，更無才出其右者。」

狂人歷史上很多，左公無疑算是一個佼佼者。他自稱「今亮」，本身就深諳炒作學的一個原理，要想讓人記住，就得給自己一個標籤。就好像今天有人自我標榜為「大師」一樣。簡單，好記，驚世！

至於胡林翼稱讚左宗棠，更是平常不過。因為胡林翼是陶澍的女婿，再加上胡公很會做人。

還有一個經典故事，說的是長沙發生劣幕事件，左宗棠被人告發，受到追查，有個叫潘祖蔭的向皇帝上了一道奏摺，說：「國家不可一日無湖南，即湖南不可一日無宗棠也。」更是將左公抬到天上。

潘祖蔭只是一個詹事，他的一道奏摺果真如此管用嗎？非也非也，左宗棠之所以被赦，完全得益於曾國藩、胡林翼、郭嵩燾等人的保救。而潘祖蔭的這句話或許是真的，也是為了保左宗棠而誇大，且未載於《清史稿》，倒是在民間廣為流傳，湖南人難道不尷尬嗎？這將那麼多湖南人置於何地？其所以流布者，無非是左公有意炒作。這與左公「喜為壯語驚人」的秉性極為相得。因此，左宗棠後來完全抹殺曾國藩的救命之恩，即令時人感覺不公，為之抱不平。

左公擅長炒作，其手法其實很容易被一眼看穿。什麼湖南巡撫張亮基派人三顧茅廬；什麼「制軍於軍謀一切，專委之我；又各州縣公事票啟，皆我一手批答」等話語，都出乎左公書信。好在幾任湖南巡撫都還大度，否則這些話將一介地方大員置於何地？這不明擺著是檢舉巡撫尸位素餐嗎？

左宗棠有才有謀不假，但他為人識人其實大有問題。他攀附賀長齡、陶澍、林則徐等人，固然能依託他們之大名成就自己的名氣，但這些人對他事業並無什麼幫助。相反，他瞧不起的「才具稍欠開展」的曾侍郎，才是他真正的伯樂、恩主。

曾國藩對此看得很清楚，晚年的他曾對幕僚趙烈文說：「左季高喜出格恭維。凡人能屈體已甚者，多蒙不次之賞。此中素叵測而又善受人欺如此。」一語道破天機！

左宗棠大半生都活在一句話裡

同治六年（一八六七年）六月，郭嵩燾寫信給曾國藩，說左宗棠讓人轉告郭嵩燾，放太平軍入廣東者是曾國藩。左宗棠在營中，每次吃飯，都要罵曾國藩：「公與解釋舊嫌，以濟公家之急，此盛德事也；附會左君以咎鄙人，則過矣。」

郭嵩燾寫此信的背景是郭左不和。南京克復後，殘餘太平軍紛紛逃回廣東，時任廣東巡撫的郭嵩燾兵單力弱，上奏要左宗棠回師保衛廣東。這觸怒了急於北上立功的左宗棠，二人矛盾激化。

這封信說了三個重要資訊，一是左宗棠竟然將戰後太平軍逃回廣東的責任歸咎於曾國藩，這個罪名可不小；二是左宗棠每次吃飯時都要罵曾國藩；三是左宗棠對郭嵩燾說，曾國藩將郭左矛盾的責任歸咎於郭氏。

俗話說，誰人背後無人說，哪個人前不說人。曾左矛盾在克復南京後已經到了不可調和的地步，箇中因由，唐浩明先生在一篇〈曾左的友誼和破裂〉中已說得很詳細了，無須再述。

從一八六四年湘軍攻克南京至一八七二年曾國藩去世，整整八年時間，曾左絕交斷了來往。有趣的是，左宗棠每次吃飯都要罵一回曾國藩，這種「愛好」莫非是想保持曾左之間的精神聯繫？卻不知，沒有曾國藩，左公這碗飯還不知在哪吃呢！

面對曾經的朋友、幕僚和戰友，如今的同僚對自己的攻擊，曾國藩如何應對呢？

他在給郭嵩燾的回信中表達了自己的處理方法。一是告訴郭嵩燾，左宗棠極力攻擊郭嵩燾的事，路人皆知，但如果說曾國藩也附會左宗棠歸咎郭嵩燾，則是「私造典故」，沒有的事；二是告訴郭氏，左宗棠痛罵曾國藩，他也有所耳聞；三是如果左公那邊天天罵他，難道要他也天天回罵左公？況且自己口才不行，不善爭辯，爭不過左宗棠；四是提出了他的應對方略：以不詬、不詈、不見、不聞、不生、不滅之法處之。

曾國藩一口氣說出「六不」，也足見他對此事態度之堅決。不詬，就是不以為辱；不詈，不回罵；不見不聞，就是視而不見充耳不聞；不生不滅，則是佛教中的用語，意思是解脫。佛教教義認為真解脫者，不生不滅，即如來，是一種最高境界。

反正罵他不過，乾脆就不當回事，「平日則心差閒而口差逸」，清淨安逸。

從這件事可以證明曾左矛盾並非有人所說的那樣，是二人設計的苦肉計，是演給北京看的。以左宗棠之才和運氣、此時的地位，如何做出這種事來？

這只能說明，曾國藩在左宗棠心目中的重量。無論是科舉，還是修養，或者軍功爵位，或者地位影響，曾國藩總壓在他頭上，自己無論如何都要屈居第二。這口氣憋得悶，一輩子翻不了身。

後人喜歡為尊者諱，在我看來，曾左矛盾乃至徹底決裂，根源上就是私情，也不是左公所說「有爭者國勢兵略，非爭權競勢比」。曾左之爭根本無關國勢兵略，這一點不容否認。至於曾國藩死後，左宗棠悲痛、送輓聯、關照其後代等，都是演戲給世人看，也不排除有懺悔之情。

左公有才，但在青年時期並沒有顯現出來，甚至他都沒有考上秀才，是透過捐納成為監生，直接參加舉人考試的。直到太平軍進入湖南後，他的軍事才能始得以發揮。至於人們所說左宗棠的文才，其實遠不如李鴻章，至今為止，我們沒有發現左公留下過一首有名的詩。在科舉時代，詩文是判斷一個人有無才華的基本標誌。這一點，左公沒有。

左宗棠的種種「表演」就是想求名。曾國藩九弟曾國荃在從軍之前，就在信中直呼左宗棠為「浮誇子」。

太平之亂基本平息後，不僅曾左決裂，而且郭（嵩燾）左、李（鴻章）左也都決裂了。

郭嵩燾用重金換來潘祖蔭的那道著名的保折，不僅顯示了郭嵩燾是在盡心盡力幫左宗棠渡過難關，而且為他贏得了天下大名。應該說，他對左宗棠是有恩的，左公不應該那樣傾力攻擊郭氏，直到將郭嵩燾革職才罷。因此，郭嵩燾到死都不肯原諒左宗棠。

以潘祖蔭的地位，不大可能在樊燮案中造成關鍵作用，真正起關鍵作用的是曾國藩，若不是曾國藩的保折，左宗棠不大可能在這一案中輕鬆過關。

但是對潘祖蔭，左宗棠發達以後每年都要送敬銀一千兩給他，甚至投其所好，將在西北獲得的一件三代時期的青銅鼎送給好古玩的潘祖蔭。以左宗棠的聰明，他何嘗不知道潘祖蔭的份量遠不及曾國藩的十分之一？他獨獨對潘祖蔭「知恩圖報」，其實報的是那句「中國不可一日無湖南，湖南不可一日無左宗棠」。是這句話，使得左宗棠名滿天下。

我不大贊成唐浩明先生分析的那樣，認為「曾負左占十之三四，左負曾占十之六七」。曾國藩在江西碰上父親去世，回家守孝，招致左宗棠破口大罵，曾國藩何負左宗棠？左公在湖南努力籌餉不假，但又不是為了曾國藩，曾國藩也不是為左宗棠打仗，二者都是為了國家，為了自己建功立業。

至於曾左絕交，唐先生認為是曾國藩負氣，而且後來又不主動與之講和，都將責任歸於曾國藩，認為這是曾有負於左，這也太「厚道」了吧？為什麼必須是曾國藩先主動呢？平心而論，左宗棠的性格誰受得了呢？惹不起，總還躲得起吧。曾國藩何罪之有？實不該承擔這「十之三四」的責任。

唐先生還認為導致曾左關係破裂的是「朝廷」，是「朝廷」故意挑起二人矛盾。這「朝廷」二字很模糊，是指皇帝，還是指中樞恭親王等人？曾、左的二道奏章又不是密摺，這種事還有什麼機密可言嗎？連翁同書的倒臺，都讓人猜測是李鴻章替曾國藩捉的刀。以左宗棠的性格，根本無需朝廷故意挑起矛盾。假若如其所說，那麼，郭左矛盾呢，李左矛盾呢，能不能也歸咎於朝廷？這種「陰謀論」可以休矣！

對生平於自己恩重如山的人物，最後反過來恩將仇報，這種人，偏偏還有那麼多人替他背書，實在看不懂。

左宗棠是一個對自己的夫人都喜歡說大話哄騙的人，有兩個例子可以明證。一是左宗棠路過洞庭湖，夢中見有人來打劫。他寫信給夫人時，就說自己在洞庭湖與水賊打鬥，將賊人打得狼狽而逃，保護了大家。他的謊話被朋友揭穿後，不但沒有愧色，反而挺認真地對朋友說：你不懂，史冊上將鉅鹿之戰、昆陽之戰寫得栩栩如生，你以為真的就是那麼一回事？說不定只是司馬遷、班固的筆底生花而已，「天下事，都應當作如此看」；二是他在慈禧太后面前也敢於說大話，好在慈禧了解他的性格，一笑了之。

不僅如此，左宗棠還常以小人之心度君子之腹。在陝甘任上，他與幕僚談及自己的顧慮：「我既與曾國藩不協，今彼總督兩江，恐其扼我餉源，敗我功也。」事實上曾國藩為左宗棠西征籌餉，始終不遺餘力，還選派自己最得力的湘軍將領劉松山隨之西征，左宗棠在陝甘、新疆建功立業多賴此軍，而且還高度評價了左宗棠平定新疆的功績，稱之為「天下第一」。

因為這句話中了左宗棠的意，喜歡別人「出格恭維」的左宗棠這才上奏說了曾國藩許多好話。總之，左宗棠實實只能稱是事功上的巨人。

「天下事，都應當作如此看。」依我看，左宗棠大半生都生活在「中國不可一日無湖南，湖南不可一日無左宗棠」這句虛空的話語構築的夢中。

《海國圖志》為何不能啟晚清改革之路

被稱為近代中國「睜眼看世界」的知識分子優秀代表的魏源，因一部《海國圖志》名垂青史。該書面世以後的影響，有兩種說法，一種認為對思想界影響很大，一種認為是無人問津。兩種說法大相逕庭。其實，二者都有誇大之嫌。奇怪的是，書面世後，在中國的影響卻遠不如在日本等國，既不能啟晚清改革之路，也不能獲洋務派之重視。真的怪國人有眼無珠嗎？舉個明顯的例子，連一生重視讀書、手不離書的晚清重臣曾國藩，都沒有提到過這部書。

魏源，字默深，號良圖，道光二年（一八二二年）舉人，比曾國藩年長十七歲，道光二十五年（一八四五年）始中進士。官高郵知州，晚年棄官歸隱，潛心佛學，法名承貫。卒於杭州，終年六十三歲。他與曾國藩差不多是同一時期的歷史人物，而且都屬於湖南中部地區的人。雖然首開洋務的曾國藩提倡「師夷智」，「師夷智以造船製炮」顯然是脫胎於魏源「師夷長技以制夷」的那句名言，但未必就讀過《海國圖志》。包括與曾國藩同期的洋務派成員，都對魏源其人很少提及。這是為什麼？

草率成書

魏源自述，寫這部書是受林則徐的委託，據魏源《江口晤林少穆制府》詩二首自注中說，時間約在一八四一年七月。然而，他從接受林則徐囑託，到出版《海國圖志》，前後僅用一年多時間，當時有五十卷。如此短的時間弄出一部書出來，頗不容易，期間還完成了另一部專題性史書著作《聖武記》，不能不令人嘆為神速。

然而，學者們發現，這部書其實並不能算是著作，最多只能是編成。全書雖然是以林則徐提供的《四洲志》為基礎，但是其中徵引的歷代史志有十四種，中外古今各家著述有七十多種，特別是英國人馬記遜的《外國史略》、葡萄牙人馬吉斯的《地理備考》等二十種左右的著作，另外還有各種奏摺十多件，和一些魏源自己蒐集到的材料。光是短時間蒐集這麼多材料尚且是件難事，當時不像今天的資訊傳遞這麼迅捷方便，而且書中涉及西方各國的地理、歷史、政治狀況和許多先進科學技術，如火輪船、地雷等新式武器的製造和使用，還有各國氣候、物產、交通貿易、民情風俗、文化教育、中外關係、宗教、曆法、科學技術等，幾乎是部百科全書。然而，從魏源的學歷來看，顯然他又不是一個百科全書式學者，不可能把這些學科都了解一遍，因此，只能夠是從上述書籍資料中直接摘編「引用」。

書中提出了「以守為戰」、「以逸待勞」的策略思想，以至「誘其深入」、「堅壁清野」、「出奇設伏」、「水陸夾攻」、「草木皆兵」等戰術原則，只不過是人盡皆知的傳統兵法而已。這與魏源在《海國圖志》開篇所提出的「以夷攻夷而作，以夷款夷而作，為師夷長技以制夷而作」是一致的，是為打敗「夷人」，制服「夷人」，而且主要在技術層面上。因此，看起來非常浩瀚的一部著作，其實是一部資料彙編。魏源如此匆促成書，一種可能是正值鴉片戰爭，急於求功，另一種可能是因科舉不利、急於成名的取巧心理，抑或二者兼而有之。魏源幫助賀長齡主持刊刻《皇朝經世文編》就夾帶有「私貨」，選入自己的文章多達十七篇。

隨者何人

一八四七年，《海國圖志》刻本擴為六十卷，一八五二年，全書又擴大到一百卷。印刻後，受到了傳統士大夫階層的歡迎，咸豐八年（一八五八年）五月，時任兵部左侍郎的王茂蔭向皇帝建議：「如蒙皇上許有可採，請飭重為刊印，使親王大臣家置一編，並令宗室八旗以是教以是學，以是知夷難御而非竟無法之可御。」（《王侍郎奏議》卷九）從這裡可以看到，王茂蔭的目的是要讓朝廷官員認識到洋人的確是難以防禦，但不是沒有辦法抵禦。然而這還只是王侍郎的一廂情願。結果沒有下文，否則不至於讓後人產生「牆內開花牆外香」的遺憾。

但是，我們發現，這部本來旨在開國人眼界且被後人稱為有「新思想」的書，為何能引起傳統講究「夷夏大防」的王公貴族和士大夫的興趣呢？這不奇怪嗎？要知道，幾十年後，駐英法公使郭嵩燾，只是在出使日記中記載了西方的一些人和事，都招來朝野和其鄉人的公然猛烈抨擊，最終毀之。

其實，《海國圖志》並沒有多少新思想，相反，魏源的思想中充滿了大中華主義，如他在《海國圖志．原敘》中認為俄羅斯可做「陸戰之鄰」，美國「勁悍英寇，恪供中原」，可以當作「水戰之援」。大清則是「萬里一朔，莫如中華」。因此在《海國圖志．籌海篇．議守上》得出一個讓大家高興的結論：清廷完全可以採取「以夷制夷」的辦法，「夷人」終將「服我調度」、「範我驅馳」。如主張「守外洋不如守海口，守海口不如守內河」，錯誤地認為列強的優勢只是在大海，甚至企圖以誘敵深入的策略「奪其所長」，都表明他所了解的西洋只是哈哈鏡中的西洋。

這樣的出發點，當然能獲取傳統官僚士大夫之心。相反，洋務派成員大多對這部書表達了不屑和批評。

如對西學頗有造詣的洋務派學者馮桂芬在《校邠廬抗議》一書中批評魏源，說：「魏氏源論馭夷，其曰：『以夷攻夷，以夷款夷。』無論語言文字之不通、往來聘問之不習，忽欲以疏間親，萬不可行。且是欲以戰國視諸夷，而不知其情事大不侔也。魏氏所見夷書、新聞紙不少，不宜為此說。蓋其人生平學術喜自居於縱橫家者流，故有此蔽。愚則以為不能自強，徒逞譎詭，適足取敗而已。」

馮氏直接點出魏源一直以戰國「縱橫家」自居，而導致他的思想仍然停留在古代，雖然掌握的西方資料多，但由於他並不懂西方語言和文化，究其實並不通夷情。如果按照魏源的想法來，結果只會「取敗而已」。馮桂芬提出，只有進行全面改革，才能做到「用西人而不為西人所用」。

有「浙東三傑」之稱的維新思想家宋恕對《海國圖志》更是毫不客氣地表示了不屑：「近人撰外史，如《海國圖志》、《瀛寰志略》、《四裔編年表》等書，題名皆陋。將以尊內，適使外人笑我學者為井蛙，反辱國矣。」

可見，真正了解西學的人都對《海國圖志》持不同甚至批評意見。這就直接導致《海國圖志》在國內並不受人重視。

無法捨棄的傳統之心

正是基於上述原因，曾國藩所讀的書單裡沒有提到《海國圖志》。同為湘人，二人之間的交往直到魏源晚年才開始。咸豐九年（一八五九年）十二月初十日，曾國藩在日記中寫道：「吾新友中，如長塘葛氏阮富後則謀地，金蘭常氏既貴後而謀地，邵陽魏默深既成名後而謀地，將兩代改葬揚州，皆未見有福蔭，蓋皆不免以詐力與其間。造物忌巧，有心謀之則不應也。」

這則罕見的日記中提到魏源即魏默深是他的「新友」，但據學生書局出版的《曾文正公手書日記》的手跡來看，當為「親友」。而此時，魏源已於兩年前即咸豐七年（一八五七年）三月初於杭州病逝。

魏源年長，曾國藩稱其為「友」，是根據傳統來的，因為魏源中進士比曾國藩晚七年。如果是「親友」，也包括了朋友，沒有證據表明曾氏與邵陽魏家有親；作為「新友」，也說得過去，因為在曾國藩京官十餘年中，他與這位同鄉並沒有交往的任何記載。太平天國攻入南京前後，魏源一直在江蘇做地方官或閒居，直到一八五六年，赴杭州找時任浙江巡撫的何桂清，託他進奏自己所著的《元史新編》一書，未果，次年三月病逝於杭州僧舍。這期間，曾國藩一直在鄂贛皖之間疲於奔命，未曾踏足過江浙。二人成為「新友」，應該只是魏源去世前不久，而且止於書信往來的朋友。但是，現存曾國藩全集中沒有找到任何他與魏源來往記載。如果有遺失，不可能恰好遺失這個人的全部資訊。

這則日記還透露出一個重要資訊，本係湘人的魏源，不惜千里迢迢將祖先之墳改遷到揚州，足見魏源還有想靠風水來改變命運的意思，骨子裡那種傳統根源和有著新思想的人判若分明。所以，曾國藩言辭中不無譏諷之意，直指魏源有「詐力」。事實上，從魏源的社交圈來看，大都是傳統官僚士大夫，如裕謙、林則徐、陶澍、賀長齡等，基本上沒有後來的洋務派成員。順便提一句，魏源與喜歡自我炫耀之左宗棠的社交圈交集太多，如二人與林則徐之間流傳甚廣的故事則如同翻版。林則徐在鎮江見魏源，交給他一大包書籍資料；在長沙見左宗棠，又交給他一大包書籍資料。

後人稱曾國藩深受魏源思想的影響，甚至將其辦洋務稱為是「師夷長技以制夷」的實踐者，此說太過。曾國藩讀過魏源的著作，包括《聖武記》、《道德經注》（《老子本義》）《書古微》，都到了同治年間，連魏源主持彙編的《皇朝經世文編》這樣的大型叢書他也讀過，唯獨沒有提到《海國圖志》。相反，曾國藩提出的「師夷智」與魏源主張的「師夷技」區別很大，他主張中國人直接掌握西方科學技術，一字之異相差萬里。因而，他不僅在國內開辦兵工廠、自主造船，而且大量翻譯西方的科學著作，並鼓勵兒子學數學、英語。曾國藩辦夷務的核心不在「制夷」而在「誠信和夷，隱圖自強」。不僅在京官時期，魏源不屬於他的社交圈，而且在對待西方問題上，兩人完全不是一路人。

對《海國圖志》做出高度評價的學者梁啟超，他在〈論中國學術思想變遷之大勢〉中提出：「《海國圖志》對日本『明治維新』起了巨大影響，認為它是『不龜手之藥』。」但這已經是中日戰爭之後的事了，正是這一戰才真正把中國人打醒，回過來才發現《海國圖志》。可見，真正觸動思想界的並不是這本書，而是戰敗。張之洞在〈勸學篇〉說：「近人若邵陽魏源於道光之季譯外國各書、各新聞紙為《海國圖志》，是為中國知西政之始。」這一評價是客觀的。《海國圖志》的命運不能全怪國人有眼無珠，人為地誇大一部書的作用，只會讓人更加看不清歷史的真實走向。

一封改變晚清命運的檢舉信

小人物玩出驚天大動作

同治四年（一八六五年）三月初五，恭親王奕訢按常例入值覲見兩宮太后。慈安與慈禧兩位太后端坐在紫禁城的東暖閣。慈禧待恭王行禮畢，對他說：「有人劾汝！」說著便拿起奏摺遞給恭王看，誰知恭王並不接折，追問：「誰人所為？」慈禧告訴他：「蔡壽祺。」恭王失聲叫道：「蔡壽祺不是個好東西！」說完便聲稱要逮問他。

這本是很平常的一個開端，今天的官員聽到有人檢舉他，首先下意識便是想知道檢舉者是誰。恭親王，作為咸豐帝的親弟弟，同治帝的叔叔，此時的身分是議政王、首席軍機大臣、總理各國通商事務衙門大臣、宗人府宗令、總管內務府大臣、領神機營、稽查弘德殿一切事務等，集黨（皇室）、政、軍、外交、經濟大權於一身，是個名副其實的一國總理。他要逮問一個人，那不是一句話的事？

問題是，誰吃了豹子膽，敢彈劾議政王？

可偏偏就有！此人就叫蔡壽祺。

然而，在恭親王眼裡，蔡壽祺不是一個好東西。這應該不是因為他要彈劾自己，便誣稱其不是好東西，而是「失聲」叫出來的。也就意味著這個人，在包括恭王在內的諸人心目中早已有定論，否則不至於失聲叫出來。趙烈文日記中也說：「其人（指蔡壽祺）不滿公論，而其言足以搖動，亦可怪也。」

翻看一下這個蔡壽祺的檔案：

蔡壽祺，江西德化人，道光二十年（一八四〇年）進士，同治四年二月初七署日講官。一看就是一個「黑翰林」，就是長期升不了官的翰林學士。剛剛做了日講官，不到七天即二月十四日便上疏八條痛陳時弊，摺留中未發。

這八條的主要內容是：廣言路、勤召對、復封駁、振紀綱、正人心、整團練、除苛政、復京餉。

看起來，這像是一篇改革大文章，可讀者別被這駭人的條目所哄騙，奏摺的核心並不在這裡，而是其中「振紀綱」一條。在這裡蔡壽祺歷數勞崇光、駱秉章、劉蓉、李元度、曾國藩、曾老九、薛煥諸公之短。[三]

稍微了解晚清史的人一看便知，這幾個人都是晚清督撫重臣，而且絕大多數是湘軍將領。這些人在兩宮太后眼裡都是對朝廷有功之臣，一個「黑翰林」一口氣攻擊這麼多功臣，太不知自己幾斤幾兩了，自然沒有理睬，「留中不發」。

那麼，蔡壽祺為什麼要一口氣彈劾這麼多重臣？難道他們真的有問題嗎？這裡暫且放下。

見自己的告狀信沒有動靜，蔡壽祺又於三月四日再次上疏，這一次矛頭直指當朝第一權貴恭親王奕訢，彈劾他貪墨、驕盈、攬權、徇私四大罪狀。疏中言：「近來竟有貪庸誤事因挾重貲而內膺重任者，有聚斂殃民因善夤緣而外任封疆者，至各省監司出缺，往往用軍營驟進之人，而夙昔諳練軍務而通達吏治之員，反皆案置不用，臣民疑慮，則以為議政王之貪墨。」

這一條彈劾恭王貪墨，理由是「往往用軍營驟進之人」，無疑就是指湘淮軍；那些「夙昔諳練軍務而通達吏治之員」，棄之不用，看起來指向很模糊，其實他是有具體所指的，這些人就包括他自己和他的江西同鄉朱孫詒。

那麼，這個朱孫詒又是誰呢？我們也先放下。再看蔡壽祺彈劾恭王的其他幾條罪狀：「自金陵克復後，票擬諭旨多有大功告成字樣，現在各省逆氛尚熾，軍務何嘗告竣？而以一省之肅清，附近疆臣咸膺懋賞，戶兵諸部胥被褒榮，居功不疑，群相粉飾，臣民猜疑，則以議政王之驕盈。」

這一條彈劾恭王驕盈，理由更荒唐，原因是「大功告成」四個字講多了。金陵克復，太平軍被滅，這對於大清來說，去了心腹大患，難道不算「大功告成」？何謂「一省之肅清」？也許在蔡壽祺看來，這根本不算什麼。所以他指認恭王「驕盈」。

近日臺諫偶有參劾，票擬諭旨多令其明白回奏，似足以杜塞言路……忧近年部院各館差使，保舉每多過分，而利害而緘口，臣僚疑懼，則以為議政王之攬權。

彈劾大臣，要求彈劾者提供明白清楚之事實，在蔡壽祺看來是「杜塞言路」，因此，指斥恭王「攬權」。

總理通商衙門保奏更優，並有各衙不得援以為例之語，臣僚疑惑，則以為議政王之徇私。

總理通商衙門是當時大清國外交部，是第一權力部門，恭王主管，保奏更優，就認定為「徇私」，這樣的邏輯也真是服了。

但是不得不佩服，不愧是進士出身，蔡壽祺的檢舉信寫得非常有技巧：貪墨、驕盈、攬權、徇私，雖沒有事實，但不是我要指責，而都是：臣民疑慮、臣民猜疑、臣僚疑懼、臣僚疑惑出來的。

基於這四條，蔡壽祺提出的結論是乾脆要弈訢引退：「臣愚以為議政王若於此時引為己過，歸政朝廷，退居藩邸，請別擇懿親議政，多任老成，參贊密勿，方可保全名位，永荷天庥。」

意思是希望恭王把自己指責的這四條看作是大過，退休算了。明明想算計他人，可偏偏說得那麼一片公心，既是為國家好，也是為被檢舉人好，箇中的虛偽由此可見一斑。

此時的恭王僅三十二歲，慈禧才三十歲。

告狀者醉翁之意不在王

不過，你以為蔡壽祺是要搞倒恭王，那就大錯特錯了。好歹也在京城混了二十幾年，沒吃過豬肉，也見過豬跑，蔡壽祺當然知道憑自己是打不倒恭王的。他這一招是精心算計過的，要害是想討慈禧的歡心，因為他從種種管道揣測到慈禧對恭王不滿，因此，便企圖借敲打恭王，引起慈禧注意得以升遷，順帶做掉他最痛恨的兩個人。

這兩個人便是前一次奏摺中提到的總理各國事務大臣薛煥、陝西巡撫劉蓉。這一次奏摺中所言「挾重貲而內膺重任」、「善夤緣而外任封疆」者，就是指他們二人。

蔡壽祺痛恨劉蓉，是有原因的。早在咸豐七年（一八五七年）蔡父病死，因家鄉九江為太平天國淪陷，不能返鄉奔喪，便取道山西陝西入四川，想尋找升官發財之路。正逢駱秉章和劉蓉入川，發現他私刻關防，招募鄉勇，把持公事，大肆招搖，便將其趕出了成都。

蔡壽祺升官發財之路受阻，因此對他們恨之入骨。

在四川時，他結識了幫助駱秉章總理營務的江西同鄉朱孫詒。朱孫詒原來在曾國藩的老家湘鄉擔任縣令，曾國藩草創湘軍，就是以朱孫詒組織的團練為基本力量，後擔任湘軍營官跟隨曾國藩東征，然而，朱孫詒實在不是帶兵的料，與太平軍一接觸就大敗奔逃，而且是連逃好幾次，受到曾國藩的申斥，結果，時任湖南巡撫的駱秉章還將他升為寶慶知府。朱孫詒自此脫離了湘軍。

此時的朱孫詒是道員兼按察使銜。論資歷和官位，朱孫詒原本要比劉蓉高得多。朱孫詒做縣令時，識拔劉蓉為生員。但劉蓉入川後擔任四川布政使，後又做到陝西巡撫，反而高於朱孫詒。朱孫詒深為不滿，加上與駱秉章、劉蓉意見不合，便憤而離去。朱孫詒離開四川後也到了北京，與翁同龢、蔡壽祺多有來往。此後，朱孫詒和劉蓉更是反目成仇，二人都刻印詩文相互譏諷。

劉蓉則與曾國藩是莫逆之交、兒女親家。

這樣，劉蓉就成了朱孫詒、蔡壽祺共同的敵人。薛煥則是四川宜賓人，是恭王岳父桂良特別賞識的人，而此前剛剛有人參劾過他。

這就是蔡壽祺接連兩道奏摺都直指劉蓉及薛煥等人的原因所在。而蔡壽祺奏摺中將劉蓉在四川的「劣跡」說得那麼具體，背後高參便是朱孫詒。

和朱孫詒來往密切的翁同龢在日記中如實地寫道：「見崇光、駱秉章復奏蔡壽祺折……而於劉蓉到川一節，指駁蔡壽祺原供何以於劉蓉行程知之如是之悉，非該員身在蜀中，即係同行之人傳述。意蓋指朱石翹都轉（都轉系鹽運使別稱，朱孫詒字石翹）也。」

蔡壽祺剛做了七天日講官，就迫不及待地向劉蓉等湘軍將領發難，擺明了要報一箭之仇。他們自以為手段很高明，想借慈禧之手除掉他們痛恨之人，卻不料引發出一場驚天大案。

萬千餘地下狠手

恭王失聲說出「蔡壽祺不是個好東西」之後，引發慈禧震怒，隨即召見大學士周祖培、瑞常，吏部尚書朱鳳標，戶部侍郎吳廷棟，刑部侍郎王發桂，內閣學士桑春榮、殷兆鏞等，垂淚對諸臣子說：「（恭）王植黨擅政，漸不能堪，欲重治王罪！」

諸位大臣一聽此事太過詭異，誰都不敢表態。慈禧反覆提醒：「諸臣當念先帝，無畏王，王罪不可逭，宜速議！」

堂堂一國總理，三年多前的祺祥政變中還是兩宮太后的鐵桿同盟，怎麼一下子就變得罪不可逭了呢？

周祖培趕緊頓首回答：「此唯兩宮乾斷，非臣等所敢知！」

慈禧說：「要是這樣的話，還用汝曹做什麼？他日皇帝長成，汝等獨無咎乎？」

對於大臣們來說，他日怎麼樣，誰知道呢？眼下太后咄咄逼人之勢才是當務之急。周祖培趕緊替自己解圍：「此事須有實據，容臣等退後詳察以聞。並請與大學士倭仁共治之！」

一聽與倭仁共治，慈禧有些放心了，這才命眾人退下。

三月的北京城春寒料峭，諸臣們卻「均流汗沾衣」！

倭仁，著名的保守派，與改革派弈訢政見不同。但是這一回，圍繞四條「罪狀」，他也沒有查出實據來，只好這樣回答慈禧：

「查恭親王身膺重寄……如果平日律己謹敬，何至屢召物議？閱原折內貪墨、驕盈、攬權、徇私各款雖不能指出實據，恐未必盡出無因，況貪墨之事本屬曖昧，非外人所能得見；至驕盈攬權徇私，必於召對辦事時流露端倪，難逃聖明洞鑒。」

這樣的說辭頗有中國特色：儘管沒有證據，但事出有因。只要有人告你，你就有問題。至少說明你平時律己不嚴，人際關係不好，不能和同志們打成一片。至於具體說到貪墨，外人看不見；說到驕盈、攬權、徇私，自然難逃兩宮太后洞鑒。把四條罪狀都推給慈禧去定：

「臣等伏思黜陟大權之自上，應如何將恭親王裁減事權，以保全懿親之處，恭候宸斷。」

又一個「莫須有」，聰明圓滑的倭仁，兩邊都不得罪。太后說有罪就有罪，說無罪就無罪。可大可小，留下萬千迴旋餘地。

得到這樣的答覆，慈禧果斷親筆下令：

「諭在廷王大臣同看：朕奉兩宮皇太后懿旨，本月初五日，據蔡壽祺奏，恭親王辦事徇情、貪墨、驕盈、攬權，多招物議，種種情形等弊。似此重情，何以能辦公事，查辦雖無實據，事出有因，究屬曖昧之事，難以懸揣。

恭親王從議政以來，妄自尊大，諸多狂傲，倚仗爵高權重，目無君上，看朕沖齡，諸多挾致，往往暗使離間，不可細問；每日召見，趾高氣揚，言語之間許多取巧，滿口中胡言亂道。

似此情形，以後何以能辦國事！若不及早宣示，朕歸政之時，何以能用人行政？似此種種重大情形，姑免深究，方知朕寬大之恩！

恭親王著毋庸在軍機處議政，革去一切差使，不准干預公事，方是朕保全之至意。特諭。」

慈禧的親筆原稿錯別字很多，經大臣們潤飾後，又增加幾句：

「至軍機處政務殷繁，著責成該大臣等共矢公忠，盡心籌辦。其總理通商事務衙門各事宜，責令文祥等和衷共濟，妥協辦理。以後召見引見等項，著派惇親王、醇郡王、鍾郡王、孚郡王等四人輪流帶領。」

慈禧同時下令：「此詔即下內閣速行之，不必由軍機！」打破常規程序跳過軍機處，為的是避免再生波折。

這詔文內容充滿自相矛盾之處：既是重大情形，又不可細問；既無實據，又「究屬曖昧」。在這種情況下，慈禧仍然要革去恭王一切差使，足見她對恭王之忌恨。

恭王並非孤軍作戰

恭王有沒有問題？

近代學者吳相湘認為，恭王「自入樞廷，以交接親王，犒賞太監，費用繁重，收入頗不足用，王憂之。後從福晉父桂良言，以提門包為充用常例，試行之，而財足用。於是府中賄賂公行，財貨猥積……又因管理各處衙門，於各處缺分黜陟，不能不主持其間，鑑別舉錯，或戚舊之賢，偶加拔擢，則循資而不得與選之庸才，反謂王操選政有所徇私矣」。

吳氏此話不知何據。不排除從政四十年的恭王沒有受賄，沒有徇私，但假如蔡案發生時，恭王果有貪墨，能逃過慈禧的耳目嗎？

其實，此時的恭王頂多就是詔中所言的「妄自尊大，諸多狂傲，每日召見，趾高氣揚，言語之間許多取巧妄陳」，僅此而已。

說得更直白一點，就是恭王不太注意小節，尤其是禮儀。

在這一問題上，恭王可謂吃虧不少。他一生四次被罷官，都是因為這個問題。早在咸豐五年（一八五五年）七月初九日，康慈皇太后死後不久，咸豐帝便頒發諭旨：「恭親王奕訢於一切禮儀多有疏略之處，著毋庸在軍機大臣上行走，宗人府宗令、正黃旗滿洲都統均著開缺；並毋庸恭理喪禮事務、管理三庫事務，仍在內廷行走、上書房讀書，管理中正殿等處事務，必自知敬慎，勿再蹈愆，尤以付朕成全之至意。」

作為恭王的哥哥，為什麼因為弟弟禮儀疏略而開除他職權？難道真的是怕他不知敬慎，再蹈愆尤嗎？說到底還是怕這個弟弟權勢太重構成威脅。由此可見，咸豐實在找不到別的藉口了，只好小題大做，在禮儀問題上做文章。終咸豐一朝，奕訢不受信任和重用，絕不是真正因為禮儀問題。

這一次慈禧要罷恭王，理由還是禮儀小節問題。據史料記載，恭王每次上朝，「輒立談移晷，宮監進茗飲」，兩宮必道：「給六爺茶。」然而有一回，叔嫂召對頗久，「王立御案前，舉甌將飲，忽悟此御茶也，仍還置處。」這天兩宮忘記賜茶，恭王竟險些喝了同治小皇帝的御茶。按制，太后召見之地，「無論若何大員，非總管太監傳旨，不能徑入」，而恭王卻往往不注意，未等內監傳旨，「徑直入內，以為此制非為彼而設也」。

這是不是問題？在規矩森嚴的宮禁之地，當然也算。然而，我們考慮一下，恭王畢竟只有三十來歲，年輕人的性格還沒有老成起來，實屬常情。同為年輕人的慈禧難道不能原諒這點事情？

也有人舉出安德海的離間，導致慈禧惱怒恭王。作為慈禧的貼身太監，安德海經常到內務府索要東西，恭王幾次訓斥，引起安德海不滿，伺機構陷，慈禧慍怒：「乃約束及我日食耶？」難道我的日常飲食都要受到約束？據說恭王面聖，竟對兩宮云：「兩太后之地位，皆由我而得之。」以恭王的聰敏，我相信恭王不至於說出如此犯大忌的話來。

與「才具平常」的兩宮相比，「恭王性質開明，臨事敏決，能力之富強，當時樞臣中，實罕其比」，「自幼學養不固，舉趾高蹈，是為美中不足」。人總有缺點，舉止高蹈，如果在親近的人看來，是可愛的一面；但如果在對手看來，卻是可惡的一面。

究其實，是慈禧要攬權，時刻不忘自己的身分；恭王要辦事，常常忽略自己的身分，將二人關係看作是自家叔嫂關係。曾國藩說：「恭親王舉止輕浮，聰明太露，多謀多斷。」這對慈禧來說自然不是件好事。

作為一個女人，慈禧攬權，很可能是出於自保，避免大權旁落，重蹈「槍法不錯」的「八君子」之覆轍。因而，政變完成後，慈禧便借同治之名宣告：

「朕奉母后皇太后、聖母皇太后懿旨，現在一切政務均蒙兩宮皇太后躬親裁決，諭令議政王軍機大臣遵行，唯繕擬諭旨仍應作為朕意宣示中外。自宜欽尊慈訓，嗣後議政王軍機大臣繕擬諭旨，著仍書朕字。」

這道諭旨，顯然表達了兩宮駕馭中央決策的要害：奏摺先呈兩宮裁決，軍機大臣只有遵照執行的份。

然而，實際的操作過程中，兩宮又不得不倚仗恭王：「今膺議政王之重寄，集宮廷大小諸務於一身，雖不若順治攝政王之位尊權重，然每日商白公事者環伺於軍機處門前，耳目聲勢，亦煊赫於一時。而王於各省事件多委權督撫，其能特達者不加遙制。」

當時的形勢，擺明了是叔嫂共治。兩宮決策，恭王議政，決策來自議政，誰也離不開誰。這一點宮廷內外誰都明白，兩宮權重，恭王自然權重。而恭王又想辦事，辦事不得不倚重督撫，他能跟督撫打成一片。這等於將各地督撫與兩宮又隔離開來，權力的天平實際上傾向於恭王。矛盾就這樣不可避免，慈禧也莫可奈何。

結局令人長嘆

蔡壽祺的檢舉信恰好打破了二者微妙的平衡，苦於找不到突破口的慈禧藉機發難。但是，慈禧想得太簡單了。

慈禧詔令發布的次日（初八），惇親王奕誴上奏為恭王申辯：「今恭親王自議政以來，辦理事務，未聞有昭著劣跡，唯如對時語言詞氣之間諸多不檢，究非臣民所共見共聞；而被參各款，查辦又無實據，若遽行罷斥，竊恐傳聞中外議論紛然，於用人行政，似有關係，殊非淺鮮。臣愚昧之見請皇太后、皇上恩施特別，飭下王公大臣集議請旨施行。」

惇親王是道光帝的第五子，他說得非常直白，恭王沒有昭著劣跡，只是平時說話語氣不檢點而已，加上查無實據，卻要這般處置，關係重大，要求重新審議。

慈禧看了奏摺頗為震怒，只是這一怒更道出了恭王沒有過失：「惇王今為疏爭，前年在熱河言恭王欲反者，非惇王耶？汝曹為我平決之。」在當年政變時，正是惇親王指認恭王也有謀反之意，如今反而替恭王出面力爭，這恐怕是慈禧沒有料到的。

緊接著，十三日，在東陵監工的醇郡王奕譞趕回京城，急忙上書替六哥說情：「其往往有失於檢點之處，乃小節之虧，似非敢有心驕傲，且被參各款本無實據，若因此遽爾罷斥，不免駭人聽聞。」

醇郡王本與恭王不和，他的說法更坐實了恭王的問題只是小節問題。同時，通政使王拯、御史孫翼謀亦具摺，均請酌賞錄用，以觀後效。肅親王華豐、內閣學士殷兆鏞、左副都御史潘祖蔭、給事中譚鍾麟、廣成，御史洗斌、學士王維珍紛紛上疏，輿論皆傾向於恭王。

這樣，壓力反倒都到了慈禧那邊，見此情景，慈禧迅速轉彎，於四月十四日下諭：「恭親王著仍在軍機大臣上行走，毋庸復議政名目，以示裁抑！」但恭王的議政王頭銜被剝奪，慈禧達到了基本目的。

得旨後，恭王進宮謝恩，「伏地痛哭，無以自容」。慈禧更是面加訓誡，恭王「深自引疚，頗知愧悔」，親王總理之顏面由此掃蕩殆盡。

然而，事情並沒有完，十八日，醇王再上一折，劍指倭仁。他指出，回京後遍訪內廷諸臣，竟無一人參與三月初七罷黜恭王上諭的草擬事宜，這令其「深駭異之至」。按照常例，諭旨應「命王大臣同看」，作為大學士，倭仁「自應恪遵聖諭，傳集諸臣或於內閣於乾清門共讀朱諭，明白宣示，然後頒行天下」，然讓人匪夷所思的是，這道上諭竟跳過軍機處，「僅交內閣發抄，顯係固違諭旨」。倘若這是倭仁的一時疏忽，「豈有宰輔卿貳，皆不諳國體之理？即使實系疏忽，亦非尋常疏忽可比」。

表面上看起來，醇王意欲問責倭仁，其實是想借此恢復「王大臣同看」的這一軍機處的權威，不能允許慈禧擅自越過軍機處的做法。不過是借責怪宰輔不諳國體，其實質是批評慈禧有違國體的做法。

醇王此舉關係重大，正因為這樣，恭王與慈禧之爭稍稍平息了十餘年。

這次風波，引起朝論大驚疑，甚至外國使臣也紛紛關注，多次詢問。

在這之後，李鴻章寫信給恩師曾國藩道：「恭邸似可漸復，唯與艮相（倭仁）嫌釁日深，仍恐波瀾未已。」曾國藩九弟曾國荃亦深感「朝廷之不能長治久安」。

一封檢舉信，徹底改變了晚清的命運。從此以後，恭王行事特別謹慎，小心自保，那種銳意進取的精神隨著慈禧的權力一步步鞏固而逐漸消逝。

作為「中國第一次近代化運動的倡導者」，恭王無疑是同光時期卓有份量的改革家，後人逐漸認識到這一點，「恭親王是個有血性的人，且真心為國謀劃，他是清朝最後一百年宗室中的賢者」（蔣廷黻語）；慈禧也不得不承認，恭親王之死為「失茲柱石」。「縱觀恭親王一生，以過人才智處內外交困之際，堅持定見，忠誠謀國，推心置腹於將帥，昭示信義於歐美，內政外交都有起色，清國國祚得以延長，實在是愛新覺羅的好子孫」。（吳相湘語）

恭王的才能體現在他作為晚清改革家恰當的策略上，他的努力使晚清的外交、教育、工業都走上了近代化的路。

外交上，恭王的策略獲得了諸多地方督撫的支持：備知底細，動中窺要；恃筆舌以爭之，恃理勢以折之；先在折服其氣，然後乘機即轉。這一策略方針指導了晚清外交的實踐，「一定程度上抵制了西方帝國對中國的侵略」。

改革上，恭王顯得舉重若輕。對內，恭王常將反對改革的「保守派」，直接安排到總理衙門，讓他嘗嘗不當家不知艱苦的滋味，使大多數人都轉變成了改革派。對外，他多次提醒西方，操切行事將使大清的改革走向反面，爭取到他們對大清改革的理解和支持。

本來他可以更好地在議政王的位置上發揮更大的作用，然而，蔡壽祺這一舉動，不僅導致恭王逐漸心灰意冷，而且打碎了改革所應有的權力資源，為此後恭王的多次被罷免開了一個不好的頭。

蔡壽祺想要告倒的薛煥、劉蓉，都因查無實據，經吏部議處，降二級調用。相反，蔡壽祺本人卻因誣告而被即行革職，勒令回籍。蔡壽祺被革職後，仍然逗留京師，不過，從此潦倒，五十多歲就鬚髮皆白，落得個偷雞不成反蝕一把米的下場。

[一]《清實錄．穆宗實錄》載蔡壽祺所奏內容包括：曾國藩奏洪福瑱焚死，未幾而該逆為江西拿獲……今洪逆若非江西獲，貽患何窮？安慶之役，曾國荃攘多隆阿之功，以道員得頭品頂戴。漢中之賊，實係糧盡東竄，多隆阿會同張集馨據實陳奏，而劉蓉奏稱打仗克復，冒功邀

賞，反唧恨張集馨，中以非罪。劉蓉以諸生標榜欺飾，曾國藩輕信其謀，致有九江之敗。勸駱秉章勿遽入蜀，幾誤蜀事。抵川後攘功妒能，以知縣升署藩司，時正肅順用事。劉蓉擅作威福，朱孫詒以好論讜而被排擠。曾國藩劾去張芾而任李元度，徽、寧不守，全浙被害。王拯奏參薛煥，事事皆實，王拯貶官而出軍機，薛煥仍在總理衙門辦事。若蔣益澧之暴戾，萬啟琛之聚斂，楊昌濬、陳湜、江忠浚之鄙陋，曾國荃之貪婪，李鴻章之浮誕，均未曾服官中外，一旦夤緣得法，均驟獲高官。中華書局，1986.

廢科舉何罪之有

從一九〇五年清政府廢除科舉以來已有一百一十多年了，百年來有關廢科舉的得失利弊爭論頗多，從「科舉有罪」到如今「廢科舉有罪」，期間經歷過太多有意思的變化甚至轉折。

有一種主流觀點認為，廢科舉是清王朝自毀根基；也有觀點認為，科舉之廢造成社會道德風氣的敗壞。縱觀這一風向標的轉變，說到底是當今社會對公平的關注和思考所引起的。

持這一觀點者的主要理由之一，是廢除科舉導致士大夫階層夢碎，傳統平民上升通道關閉，首先離散了士子之心。科舉制度徹底打破血緣世襲關係和世族的壟斷，超越種族、門第、血緣，構建一種精英階層，是社會的穩定器；另一個理由是科舉制度本身並無太多的弊病，它所要革除的只是考試的內容、八股文體，廢除科舉是一種急躁的改革。

廢科舉真的成了清王朝自掘墳墓的做法嗎？其實，這種看法恰恰忽視了當時廢科舉的歷史情境和歪曲了科舉制度本身的性質。

首先，科舉制度的廢除並不是急躁冒進，相反是社會的普遍共識。早在鴉片戰爭以後，不少有識之士就已充分認識到科舉之弊，如曾國藩就認為科舉無用，不是正業，力主自己的弟弟、兒子不必汲汲於科舉。「總之吾所望於諸弟者，不在科名之有無」；「即其用力舉業之時，亦於正業不相妨礙」；慶幸自己「幸而早得科名，未受其害」；「奈何亦以考卷誤終身也？」、「紀鴻兒亦不必讀八股文，徒費時日，實無益也」。受益於科舉的曾國藩尚且如此，更別說蒲松齡、吳敬梓諸人。庚子之變後，科舉更是被普遍認為是中國落後之元兇，包括榮祿在內的大清權貴都很早就倡議廢科舉，一八九五到一八九八年天津、上海、湖南等地相繼出現了新式學堂，到一九〇一年廢武舉，一九〇三年頒布大學堂章程，一九〇四年減少科舉名額，這中間不僅有一個很長的循序漸進過程，而且得到了輿論界的普遍叫好。

這一方面是由於嚴重的內憂外患，日益暴露了科舉考試內容不合時宜，透過科舉考試所選拔的人才無裨國用，士子們所學的儒家經義不能救國；另一方面科舉直接影響教育的改革，「為學校之的而阻礙之者，實莫甚於科舉」。科舉不廢，「士子永遠無實在之學問，國家永遠無救時之人才，中國永遠不能進於富強，即永遠不能爭衡於各國」。上海《時報》盛讚：「革千年沉痼之積弊，新四海臣民之視聽，驅天下人士使各奮其精神才力，咸出於有用之途，所以作人才而興中國者，其在斯乎。」傳教士林樂知在《萬國公報》發表評論：「停廢科舉一事，直取漢唐以後腐敗全國之根株，而一朝斷絕之，其影響之大，於將來中國前途當有可驚可駭之奇效。」

如此普遍共識，何以會導致士紳階層失去對政府的向心力，也使政府失去賴以支持的階級基礎呢？

其次，從科舉制度的本身來看，它並非一種教育制度，也不是唯一的必需的政治制度運行機器。

什麼叫科舉？科舉是分科取士的考試和用人制度，是透過考試以決定用人，或者說透過考試作為用人的前提，本質上它是一種用人制度。相當於如今流行的逢升必考，以考試的等級優劣來決定用人。在清末廢科舉之前，無論是唐宋，還是元明清三代都發生過科舉存廢之爭，算上一九〇五年這一次共有六次之多。雖然爭論過後科舉照舊進行，但可以看出，科舉制度本身是可以廢除的，並非一旦廢除國將不國，自毀根基。即便只改變考試內容，也就意味著科舉不存。因為科舉是以儒家思想為內核的，是儒家思想制度化的象徵。

要開放政權，要保證平民階層平等公平地參政議政並非只有科舉考試一途，更何況，廢除科舉的當年七月，光緒皇帝就主持了首次留學生考試，十四名留日學生被分別授予進士、舉人出身，並分別差事；一九〇六年十月，學部與外務部共同頒布了《考驗遊學畢業生章程》，確定每年十月對海歸學子考試兩場，擇優錄用。並非人們所說的廢除科舉後沒有新的制度來替代，相反，前後銜接幾乎沒有時間差。這種改革在於選人用人的導向發生了根本變化，鼓勵人們出國留學，學成同樣有為國效力的機會。而且也只有這樣，才能使國人開放眼光，主動學習西方，這何罪之有呢？

廢科舉有效地改變了中國人對西方的看法、對人才的要求，一些地方官紳也積極鼓勵資助本省學子出國留學，如湖南就出現了留學熱潮，留學國也不止日本。湖南巡撫還要求「州縣官須知法政學」。這些變化更好地遵循了仕途向有才能者開放的原則，遠比以前用嚴格的八股文考核儒家隻言片語取才的制度要好得多。這不僅僅是考試內容的變革，更是用人導向的變革。眾所周知，科舉制度考核不出真正的人才，這是導致晚清無人可用局面的關鍵原因。科舉廢除後，新的人才培養和用人機製造就了一批真正有學識有能力的人才，社會出現了一股愛國救亡的新風氣，國家意識史無前例地崛起，反專制反封建意識使民族煥發出一種生機，這是大勢所趨。

值得指出的是，科舉制度並非皇權制度化的忠實「守門人」，事實上也守不住世界大潮衝擊之下的國門。大清王朝的根基並非倒在科舉之廢上，而在於這種專制制度根本無法與西方社會制度相抗衡，它倒在自己的保守、封閉和腐敗上，不廢除科舉一樣會倒掉。相反，如果再提前五十年廢除科舉，或許這個王朝還有可能建立起英國式的君主立憲制政體的希望。

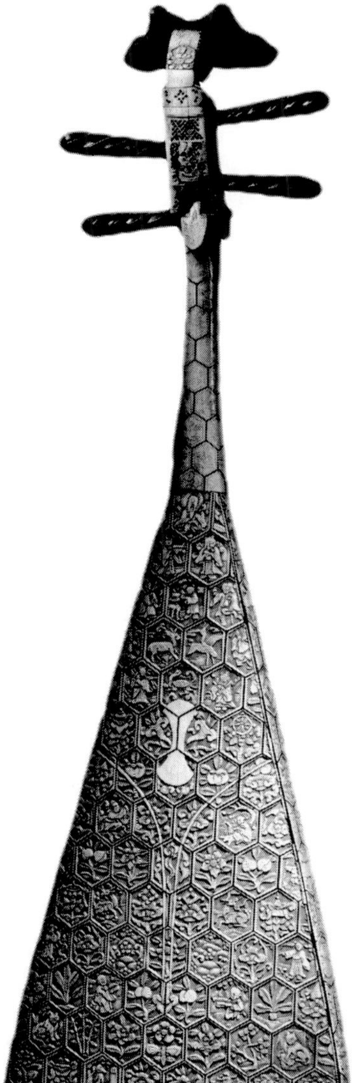

第六輯

歷史上防範紅頂商人的制度努力

官商勾結是一種歷史頑疾，也是一種世界性頑症。人們只見俄羅斯打擊寡頭，卻不見寡頭背後隱藏著的官商勾結；中國歷史上對於因官商勾結而暴富的商人也從來不手軟，一邊防範一邊打擊。卻不料，後世對那些因官商勾結而暴富的商人卻津津樂道，讚頌有加，甚至還美其名曰「紅頂商人」，這真讓人大跌眼鏡。

奇貨可居：紅頂商人的共同致富經

史載邯鄲商人呂不韋有一天問其父親：「耕田的報酬率有多少？」其父答曰：「十倍。」又問：「做生意又可得幾倍利？」答曰：「百倍。」再問：「那麼如果立一個國君，可得利幾倍？」答曰：「無數倍。」呂不韋不禁感慨道：「我要建國立君，做驚天動地的大事。」

一介商人要建國立君？這不會是摔了腦袋吧，呂氏的感嘆源於他做生意時認識了一個叫子楚的人。子楚是從秦國「交流」到趙國來當人質的，可想而知，他的處境並不妙，「居處困，不得意」。對於這種爹不親、娘不疼的孩子，多數人搖頭而過，可呂不韋卻發現了商機：子楚雖然不得其父太子安國君的寵愛，但怎麼著也是秦昭王的親孫子。「此奇貨可居」，這便是呂不韋的眼光，視野非同一般。

當別人離子楚越遠越好的時候，呂不韋就屈尊來看望子楚，推心置腹地說了一段話：「秦王老矣，安國君得為太子。我聽說安國君愛幸華陽夫人，華陽夫人無子，能確立嫡嗣的只有華陽夫人。今你兄弟二十餘人，你又居中，不怎麼受寵愛，久質諸侯。即使大王百年之後，安國君立為王，那麼你也不可能與那些早晚在大王面前受寵的長子、其他兄弟爭立太子。」這箇中道理正是子楚的心病，即便事實如此，又焉能別有他法？便反問呂不韋。在商人呂不韋眼裡，一切皆有可能，而這可能恰好事在人為：「請讓我備千金為你西遊秦國，事秦安國君及華陽夫人，讓他們立你為繼承人。」你的難處在我這裡恰好是長處，你不是沒錢嗎？我出資！你不是不自由嗎？我出力！這番話，說得子楚感動不已：「必如君策，請得分秦國與君共之。」

得到子楚的承諾，呂不韋心動不如行動。

他先拿五百金，供子楚結交賓客之用；又以五百金購買奇寶玩物，親自趕到秦國。他先是找到了華陽夫人的姐姐，把禮物獻給了華陽夫人。有道是錢能通神，有了接近華陽夫人的機會，呂不韋趁機道出了他的核心思想，為子楚唱讚歌：子楚如何聰明；子楚人脈如何多；子楚如何孝順—把華陽夫人看作是親母，日夜思念太子及夫人。把這一切都歸功於子楚。華陽夫人平白多了這麼多財富，而且還多了一個不是親生勝似親生的兒子，心裡那個喜，自不待言。

精明的呂不韋話只說一半，另一半卻透過華陽夫人的姐姐之口來說出，他要華陽夫人的姐姐勸夫人立子楚為嗣：「吾聞之，以色事人者，色衰而愛弛。今夫人事太子，甚愛而無子，不以此時蚤自結於諸子中賢孝者，舉立以為嫡而子之，夫在則重尊，夫百歲之後，所子者為王，終不失勢，此所謂一言而萬世之利也。不以繁華時樹本，即色衰愛弛後，雖欲開一語，尚可得乎？今子楚賢，而自知中男也，次不得為嫡，其母又不得幸，自附夫人，夫人誠以此時拔以為適，夫人則竟世有寵於秦矣。」要害就在這裡，這番話說出了華陽夫人的隱憂，也說出了呂不韋的使命。

華陽夫人果然聽信了親姐姐的勸說，成功地勸說安國君立子楚為嗣，並要呂不韋當子楚的老師。

秦昭王病故後，安國君繼位，子楚來了個華麗轉身，以太子身分帶著呂不韋送給他的趙姬告別人質生涯回歸故國。巧的是，安國君在位僅一年便死了，子楚順利當了秦國的王。立下不世之功的呂不韋以丞相封文信侯，「食河南雒陽十萬戶」。呂不韋得到的回報遠不止此，這個子楚在位僅三年便歸天了，其子嬴政繼位，尊呂不韋為相國，號為「仲父」。十三歲的新王年幼，政事都歸於這位仲父之手。一介商人成功躋身權力巔峰，「家僮萬人」。

時隔二千年後，又一個商人躋身權力之門的故事發生了。他就是胡雪巖。

胡雪巖本名胡光墉，安徽績溪人，生於道光三年，家中長子，自幼智於常人，因家道貧寒，以牧為生。及長，入錢莊為徒，攬各雜役，勤懇踏實，頗受莊主賞識，三年有成，錄為正工。

這個故事不同之處就在於胡雪巖出身微賤，透過自己打拚後稍有富資。他碰到的不是王子王孫，只是一個捐官之後連盤纏都沒有的落魄文人。此人叫王有齡，字英九，號雪軒，福建侯官人。在道光年間，王有齡就已捐了浙江鹽運使，但無錢進京。胡雪巖知其處境後，「慧眼識珠」，認定其前途不凡，便資助了他五百兩銀子，又一個「奇貨可居」，巧的是，他資助銀子的數目都與呂不韋相同。他叫王有齡速速進京混個官職。後王有齡在天津遇到故交何桂清侍郎，經其推薦到浙江巡撫門下，謀了個肥差——糧臺總辦。王有齡發跡後亦未忘記胡雪巖知遇之恩，資助胡雪巖自開錢莊，號為阜康。之後，隨著王有齡的不斷高升，胡雪巖的生意也越做越大，錢莊、店鋪越來越多。當然，這只是野史，不足為憑，但從民間編出這樣的段子中不難看出官商勾結的傳統。

一八六二年，王有齡因喪城失地而自縊身亡。眼見靠山沒有了，胡雪巖又開始尋找新的途徑。此時，正逢左宗棠率軍進剿浙江，胡雪巖透過關係謀得一個拜見左宗棠的機會。為了抓住這次難得的機會，他帶去十萬兩現銀的「見面禮」，美其名曰「報效軍中」。後左宗棠新疆平亂時期因軍餉不繼，委託胡雪巖在上海為他籌借洋款、購買軍械，胡經手六筆，借款總額一千七百萬兩，利息累計達八百萬兩，僅此一事，他個人就從中淨賺約二百萬兩銀子。至一八七二年阜康錢莊支店達二十多處，遍及大江南北，資金兩千萬餘兩，田地萬畝。因出資有功，左宗棠親自向朝廷保薦胡雪巖，賞穿黃馬褂、賜紅頂戴。按清朝慣例，只有乾隆年間的鹽商有過戴紅頂子的。而戴紅頂又穿黃馬褂者歷史上卻僅有胡雪巖一人，故他成為名噪一時的「紅頂商人」。

富貴異代不同時，但紅頂商人的發跡史卻都是一個模板：官商勾結而致富。他們的經歷被崇尚財富的人們代代傳頌，雖然產生呂不韋的政治環境不再，但是在小說家如二月河、高陽的筆下，胡雪巖等人就成了「中國商人的財富偶像」，甚至至今人們還念念不忘「經商要學胡雪巖」。

身死財滅：紅頂商人的共同命運

然而，當人們在羨慕紅頂商人的成功時，卻似乎都忘記了他們的另一個共同命運，即身死財滅。

秦王政十年，呂不韋因嫪毐案發被趕至其封地，失勢後的呂不韋依然有著巨大的影響力，各諸侯國的賓客使者絡繹不絕，前來問候呂不韋。「秦王恐其為變」，便賜書予他，逼呂不韋自殺。

宋人徐鈞有詩曰：「十年富貴隨輕覆，奇貨元來禍更奇。」這在胡雪巖身上也得到了印證。胡雪巖顯赫一時，但結局並不比呂不韋美妙。

野史中，左宗棠的「反對黨」李鴻章因胡雪巖選邊站很是惱火，他定下倒左先倒胡之計。

得到李鴻章支持的另一位大官商盛宣懷也對胡雪巖上下其手，設計擠兌胡雪巖的錢莊，又使他的生絲生意破產。破產後的胡雪巖又雪上加霜，被慈禧太后下令革職查抄，嚴追治罪。

失去了紅頂之後的胡雪巖，很快便身死。

如果說呂不韋的死，是他對自己所作所為的一種恐懼，那麼，胡雪巖之死，死得更為不甘，或者說，他死得有點不明不白。他到死都不明白自己為何會落得這樣一個下場。

後世很多人認為胡雪巖的成功祕訣在於其講誠信、做善事、行仁術。那麼，他真的「誠信」嗎？為助左宗棠西征，胡雪巖先後六次向洋人借款，累計金額為一千八百七十萬兩白銀，而利息至少占總數的一半，這是非常驚人的高利貸。這樣一筆數目，連當時擔任財政部部長的沈葆楨都望而生畏，可胡雪巖做起來卻毫不猶豫。所謂無利不起早，胡雪巖敢做，是因為其中有大量的好處：浮報利率，利用實付利息與應付利息之間的差額，大吃「回扣」。而這筆錢最終得由大清子民來償還，他還樂得一個有功於社稷之美名。

很多人認為胡雪巖的敗亡是緣於派系鬥爭，有的學者甚至稱他有「自我犧牲」精神，是「中國經濟的殉道者」，如此看待，皆是荒唐誤讀。從慈禧太后鑒於各路奏摺的壓力，準備抄斬胡雪巖的情形來看，胡雪巖之敗應是罪有應得。且不說其罪名涉嫌侵占、貪汙公款，單是他給朝廷帶來的損失足夠他死幾次的。

我們回頭來看看元明之際的巨富沈萬三之遭遇即可見一斑。沈萬三致富後把蘇州作為重要的經商地，他先是支持蘇州張士誠的大周政權，張士誠曾為沈萬三樹碑立傳。朱元璋定都南京，沈萬三助築都城三分之一，朱元璋封了他兩個兒子的官；在南京還建造了「廊廡一千六百五十四楹，酒樓四座」；但不久，沈萬三被朱元璋發配充軍，在雲南度過了他的餘生。《明史．馬后傳》載，沈萬三幫朱元璋修築了南京城後，又請求出資犒勞軍隊。朱元璋怒道：「匹夫敢犒勞天子的軍隊，絕對的亂民，該殺！」多虧馬皇后進諫：「我聽說法律這個東西，是用來誅殺不法之徒的，但不是用來誅殺不祥之人。老百姓富可敵國，是老百姓自己不祥，不祥之民，蒼天必然會降災禍給他，陛下又何必再殺他。」朱元璋聽了有些解氣，饒過沈萬三沒殺，有人認為沈萬三是敗在其在皇帝面前炫富。《周莊鎮志》記載，洪武十九年春，沈萬三子沈旺的兩個兒子沈至、沈莊（伯熙）又因田賦坐了牢，伯熙當年就死在牢中，從根本上動搖了沈家的基業。洪武三十一年（一三九八年），「奏學文與藍玉通謀，詔捕嚴訊，株連妻女，及其仇七十二家」，受胡藍黨禍，沈萬三曾孫德全六人，並顧氏一門近八十餘人同日凌遲，沒收田地。沈萬三剛開始並沒有捲入權力鬥爭，後來的胡藍之禍無疑是無端的牽連，可是，沈氏一門遭此慘境，這絕對不是一個炫富的問題了。

其實，馬皇后一語道破天機，沈萬三，包括後來的胡雪巖，即使談不上不法之徒，但起碼是「不祥之人」。再如西漢哀帝寵臣董賢，成帝時即為太子舍人，是全靠「陪太子讀書」一舉擠進「富人圈子」的典範，「與帝同車」，權傾天下，但後來遭到王莽誅殺。在歷代有識之主看來，大凡此類依靠權力暴富的人無疑都屬於「不祥之人」。按照馬皇后的觀點，不祥之人不必殺，自取其禍。

胡雪巖的敗也正敗在其自取其禍。吳沃堯《二十年目睹之怪現狀》中說，胡雪巖到一處碼頭開一處店，便娶一房小老婆，立一個家。汪康年在《莊諧選錄》中說他「荒淫奢侈，跡迥尋常所有，後卒以是致敗」。當時的《申報》報導，有外國官員到杭州，寧願住在胡府也不去官方的迎賓館。此等情狀，在統治者看來難道不是不祥之人嗎？

其實，胡雪巖一開始就意識到了自己的結局，他半生的經營無不是為了保護自己免於此禍，但是，很無奈，他這種嚴重依賴權力網路的做法，和晉商一樣，將自己的命運和權力捆綁到一起後，就身不由己了。胡雪巖的敗一如山西票號由盛轉衰、大面積倒閉一樣，很重要的一條即是「權力依賴」。民國學者陳其田先生在分析山西票號為什麼沒落時，特別提到，「太平的時候，因為（票號）借重官場的勢力，可以追索債務。一遭變亂，官場失勢，欠款不易收回，因為無抵押，連局部的取償，也不可得」。

胡雪巖和官員之間進行大量的權錢交易，結成生死聯盟，一開始便是權力和金錢的「私生子」、「怪胎」。正史中的王有齡，其形象並沒有高陽小說中那麼高大，左宗棠的形象，也沒有傳說中的那麼偉大。正如楊繼繩所言，胡雪巖利用官場腐敗，以精心的算計和靈活巧妙的手段，收買高官，層層投靠。同時借官場勢力，叱吒商場，通達買辦。朝廷對這種局面焉能不識？其不祥之疑必然促使統治者痛下殺手。因為一方面商借官勢大量聚斂財富，另一方面官倚商力使政權愈加腐敗。因此，身死財滅，幾乎無一例外成了紅頂商人們的共同命運。

多管齊下：斬斷官商勾結之手

紅頂商人對於政權穩定構成的威脅是顯而易見的，從小的方面來講，導致官商勾結，腐敗叢生，從大的方面來講，紅頂商人的坐大是社會危機的信號，因為一般而言，能操縱市場、控制經濟命脈的，只有富商巨賈。因而，古代政權抑制商人資本的主要對象也是富商大賈。富商大賈不但促使大量人口依附，而且往往因其富厚，交通王侯，與地方分裂勢力相勾結，形成離心傾向，這也是中央集權政權所不能容忍的。因此，歷史上帝王都要採取多種措施從制度上打壓商人勢力。

貶低商人地位，防範巨商勢大

打壓商人地位，是防範巨富勢大的傳統法寶。中國古代商人在社會上沒有地位和尊嚴，被一些學者顛倒因果關係，認為是重農抑商的結果。其實，古代很多時候都重視商業，如乾隆對通商便民高度重視，頒布上諭道：「國家設立關隘，原以查察奸宄，利益商民。」道光帝則更提醒擾累商人的弊端就是管理人員亂徵商稅，而且稅官與奸商勾結，共同貪占稅款。商人受到打壓，很大程度是基於三個原因：第一，「官商結合」這樣一種商人首選的經商模式，是導致官場腐敗的重要原因；第二，商人透過囤積居奇、操縱物價等投機手段破壞了經濟秩序；第三，商人積累了財富之後，生活奢靡，敗壞了社會風氣。司馬遷云：「用貧求富，農不如工，工不如商，刺繡文不如倚市門」，就是這一事實的寫照。

商人賺取的財富，一般都要靠官宦的照顧，但這並非官商勾結的理由，事實上，這種照顧並不安全，因為官員自身安全都尚存變數。即便幸運地得到官府的長期支持，而子孫又能秉承先業，其財富也鮮能維持長久。所謂「富貴之澤，五世而斬」，往往是由於其後代丟失了商業道德甚至做人底線而造成的。學術界公認的晉商和徽商做生意的路子也大都是依附皇權，以獲巨利。晉商除在國際貿易中獲得高額利潤外，還為清廷籌辦軍餉、丁糧、釐金、賦稅，幫助官府進行財政周轉，甚至轉手賣官鬻爵中鑽營行賄的贓款，窩藏王公大臣和各級官吏搜刮地皮而來的銀錢，由此成了中國歷史上官商勾結的典範。而徽商之所以發跡，與他們取得官方許可從而壟斷鹽業的經營是分不開的。儘管他們獲得了保護，但依然積年欠稅。三百年徽商在道光年間煙消雲散，除了鹽商的壟斷特權喪失之外，還與政府嚴追歷年欠稅導致眾多鹽商被抄家抵債破產有關。

歷史上的巨富如胡雪巖、盛宣懷等人以「幫助」政府的名義出資，其真正用意並不是從國家利益出發，更多的是為了獲得高額回報。自掏腰包犒勞秦軍以拯救鄭國的大商人弦高畢竟是少數，即便是他某種程度上也是出於利益考量。盛宣懷的慨嘆「創始不易，持久尤難，倘非官為維持，無以創始；若非商為經營，無以持久」只是一個託詞，抹殺了部分靠誠信勤奮致富的商人的存在。

相反，官員「錢進」的現象也史不絕書。明清兩代，每當朝覲之年，各省官員都要到各衙門打點使費，正德年間朝覲費用達到兩萬兩以上，明末更高。京官也不例外，如曾國藩、張之洞等人一年京官做下來還要倒貼許多銀兩，而要謀得要職肥缺，就更要捨得花錢。有人一時無法籌措，不得不借債，時人稱「京債」。放債者中不少是富商巨賈，官員們不得不低聲下氣，有求必應。

因此，貶低商人地位便成了重要舉措。劉邦即位後，「令賈人不得衣絲乘車，重稅租以困辱之」；明代朱元璋對富商沈萬三等人的抄殺；弘治時，大珠寶商人馮謙、王通等，都被以種種罪名沒收財產，甚至被捕下獄。天啟時，祖孫助餉數十萬兩的徽商吳養春，也因莫須有的罪名，被搞得家破人亡。

已有學者指出，商人資本積累的財富，一般不是投資於工農業生產，而是用於購買地產，延續和加強租佃制剝削方式。主要手段是囤積居奇，買賤賣貴，並往往與高利貸資本相互勾結，無情吮吸人民的膏血。因此，封建政府對商人資本勢力的打擊，不但是鞏固中央集權的需要，而且是維持社會經濟正常發展的需要，無疑具有歷史的合理性。

限制商人從政，淨化社會風氣

限制商人從政，是皇權對商人的又一防範。早在春秋末期，社會上就出現了許多「趾高氣揚、結駟連騎」往來於各國之間的富商大賈。為了防止再度出現呂不韋式的人物問鼎政權，漢初受黃老之術的影響，採取「高者抑之，下者舉之」的策略，明確規定商人及其子孫不可為宦從政，防止商人透過從政干預政府的法令，從而危及政權。孝惠、高後時規定「市井之子孫亦不得仕宦為吏」，景帝後元二年規定：「有市籍不得宦，無訾又不得宦，朕甚愍之，昔算四得宦，亡令廉士久失職，貪夫長利」；武帝時更是將商人、曾經經商過的人、父母經商的人、祖父母經商的人，連同有罪的官吏、亡命之徒、招女婿一起，列為「七科」，征發派往邊疆去服徭役或兵役。這與西方的做法如出一轍，亞里斯多德指出：「在古代希臘，技工和匠師在有些國家是不能參與政治的。在底比斯定有這樣的條例，凡是曾經從事商業的人，必須經過十年不到市場上做買賣才可擔任公職」；尼布爾也說「商業和手工業在古代希臘被人們認為是不適合公民身分的事情，因之，商人和手工業者被排斥在全權公民之外」，蘇格拉底也有過類似的說法，而馬克思很欣賞尼布爾這個結論。

禁止商人從政還基於一個普遍現實，那就是倫理道德的考量。社會普遍認為商人有著逐利貪婪的本性，民間一句「無商不奸」為之道盡。「非誠賈不得食於賈，非誠工不得食於工，非誠農不得食於農，非信士不得立於朝」；「民捨本而事末則好智，好智則多詐，多詐則巧法令，以是為非，以非為是。」因此，商人的「不誠信」這一條就足以成為阻止他們進入官場的合理理由。

富商巨賈往往利用官府和官吏的腐敗，把市場交易的習氣帶入官場。雙方在權力與金錢的交易中，獲得各自的利益。而其利益又是以敗壞法紀和社會風氣來實現的。有些紅頂商人甚至可以與王侯官紳「分庭抗禮」，可以在官民之間「居間說事」，可以買官、當官。那些透過納粟、納銀而當官的商人，目的性更為明顯。他們「嗜利無厭，視其初之所入於縣官者，必數倍而後止」。至於那些借京債的新官，「上任者朝至，索逋者暮至」。靠微薄的官俸難以還本付息，「非盜竊帑藏，剝閭閻，何以償之？」另外，官與商在權錢交易中，無視國家政策和法律權威，為所欲為。商人中透過走私販私、偷稅漏稅而中飽私囊者大有人在。如徽商王天俊，在買運官木的過程中，大量夾帶私木，僅逃稅就達三萬二千餘兩。隆慶、萬曆時，徽州鹽商吳守禮，僅逃漏鹽課就達二十五萬兩之多。

古代皇權對商人持天然的敵意，是因為商人的不良品行，不但直接危害了國家的利益，還倡導了一種不良的風氣：奢侈淫逸，注重享受。

《管子》說「工事競於刻鏤，女事繁於文章，國之貧也」，「工事無刻鏤，女事無文章，國之富也」，「工以雕文刻鏤相擇也，謂之逆」，「女以美衣錦繡綦組相揮也，謂之逆」，故「省刑之要，在禁文巧，文巧不禁，則民乃淫」；晁錯曾指出商人「因其富厚，交通王侯，力過吏勢，以利相傾」；司馬遷也指出：「千金之家比一都之君，巨萬者乃與王者同樂，豈所謂素封者邪？」事實上，巨富大賈們又偏重於能夠牟取高額利潤的奢侈品，即所謂「奇怪時來，珍異物聚」，司馬遷指出「百里不販樵，千里不販乘。」因此，擔心腐化風氣，歷代皇權都反對奢侈品。《商君書》云「聲服無通於百縣，則民行作不顧，休居不聽。休居不聽，則氣不淫，行作不顧，則意必一」，只有聲色、玩物、服飾不廣為流行，農民勞作者就看不到，休閒時也聽不到，則風氣不會浮蕩，意志必能專一。漢哀帝分析得更為透徹：「夫奢泰則下不孫而國貧，文巧則趨末背本者眾，鄭、衛之聲興則淫辟之化流，而欲黎庶敦樸家給，猶濁其源而求其清流，豈不難哉」。奢侈之風是民亂國貧的重要原因，要使人們「敦樸家給」，必須禁奢侈，也就是孔子主張的「食無求飽，居無求安」。

禁奢侈針對官員是應有之義，《地官．司市》規定，國君、世子、命夫、命婦等不得隨便過市，違者要受罰。《商君書》記載：「國之大臣、諸大夫，博聞、辨慧、游居之事，皆無得為，無得居游於百縣」；漢安帝元年「詔三公明申舊令，禁奢侈，無作浮巧之物，殫財厚葬」，五年後又詔令全國，「舊令制度，各有科品，欲令百姓崇節約」。

禁奢令還直接針對商人，高帝八年下令「賈人毋得衣錦繡綺，操兵，乘騎馬」。「抑商」還上升為社會價值觀，即倡導「重義輕利」，孔子以義利之辨作為君子與小人之辨；孟子向梁惠王陳言「何必曰利？」、「上下交征利而國家危矣」；到了漢儒董仲舒那裡，義利之辨更進一步成了人與非人之辨。目的都在「崇本退末，以禮義防民欲」，「遏貪鄙之俗而醇至誠之風」。

禁止官吏經商，防範權力腐敗

官商勾結對老百姓利益的侵害和對正常經濟秩序的破壞是顯而易見的，歷代有頭腦的統治者都禁止官吏經商。

明初規定「凡公侯內外文武四品以上官，不得放債」，因為爭取權貴人物的投資是商人經營的又一種形式。這樣做既可以爭取他們資金上的支持，又可以憑藉其權勢，逃避各種苛捐雜稅。而權貴之家則可以從商人的經營中分得紅利。在明代徽商中「雖挾資行賈，實非己資。皆稱貸於四方之大家，而償其什二三之息」。然而，在朝政混亂時期，這些規定形同虛設。

為了避免經濟命脈被商人操控，也為了增加財政收入，自管仲實施著名的鹽鐵專賣之後，政府壟斷大門開啟，漢武帝把酒納入朝廷專賣範圍，三國時吳國「鑄山為銅，煮海為鹽，境內富饒」，北魏時，鹽、鐵、酒醋都由國家壟斷經營，唐代，茶葉取代鐵的地位，成為與鹽、酒鼎足而三的重要專賣產品。

這些制度雖然不能從根本上杜絕官商勾結，但也造成了一定的積極作用，紅頂商人對政權的威脅大為減輕，遏制了腐敗勢頭的蔓延。

古代如何防控家族權力腐敗

打開二十四史，家族腐敗史不絕書。民間流傳了幾千年的古語「一人得道，雞犬升天」，可以視為家族式腐敗的一個最為通俗的註解。然而，家族式貪官只不過是家族式腐敗的冰山一角。家族式腐敗有兩種情形：一是身居要職的官員，家族的全部或大部分成員依仗權勢侵吞國家、社會財富，形成貪官家族；二是有些腐敗家族不只貪財，還企圖控制政權甚至取而代之。為了做好有效防控，保衛帝王這一小家，針對不同類型的家族勢力，出現了不同的做法和制度。

外戚之家，以祖宗成規制之

外戚者，皇后、皇太后一姓之親戚也。這支力量對江山基業舉足輕重。當年漢高祖劉邦在鴻門宴上危急萬分，樊噲一怒闖軍營，懾服項羽，為劉邦脫身創造了條件，樊噲之妻呂嬃和劉邦夫人呂雉正是親姊妹；漢武帝臨崩前，遍觀群臣，覺得唯霍光「任大重，可屬社稷」。霍光便是衛皇后姐姐的兒子、霍去病同父異母的弟弟，霍光侍奉昭帝十三年，後來又廢昌邑王，迎立宣帝；長孫無忌是李世民的皇后之兄，曾參與策劃玄武門事變，太宗臨終又託孤於他；玄宗寵幸楊貴妃，楊氏一家連三個姐姐都被封為夫人，族兄楊國忠位居宰相。

然而，外戚外戚，一個「外」字，顯示到底不是一家的。不光是皇帝對權力外戚化心有忌憚，外戚對皇權也常有覬覦。

西漢中期的外戚霍氏、西漢末年的外戚王莽、東漢桓帝時的梁冀便是教訓。為防止權力被外戚家族壟斷乃至發生更加不幸的事件，皇帝除了關鍵時刻就會按響報器之外，還在制度上予以防範。

「祖宗成規」成為制約外戚的重要法寶。東漢時，「後宮之家，不得封侯與政」；宋代為皇帝選皇后，特意「選於衰舊之門，庶免他日或撓聖政」。宋元豐年間，呂公著對神宗說：「自古亡國亂家，不過親小人、任宦官、通女謁、寵外戚等數事而已。」神宗深以為然。「唐氏政衰，或母后專制，或妃主擅朝，樹恩私黨」，所以宋代「女子之防尤嚴」，不允許后妃預政。仁宗與二府大臣商量立嗣之事，曾說：「此豈可使婦人知之，只中書行可也。」個別得寵后妃，恃寵干政，皇帝一旦發現，也予以嚴裁。這些「故事」，被固化為「祖宗遺訓」，深入人心，轉化為朝野人士的共識和自覺，是對后妃勢力的最有力的制裁與約束。

宰相呂大防曾對哲宗解釋「祖宗之法」，說：「前代外戚多預政事，常致敗亂，本朝皇后之族皆不預事，此待外戚之法也。」徽宗也回顧說：「朕觀前世外戚擅事，終至禍亂。天下唯我祖考，創業垂統，承平百有餘年，外戚之家，未嘗與政，厥有典則，以貽子孫。」南宋時吏部侍郎彭龜年上疏曰：「祖宗待外戚之法，遠鑒前轍，最為周密：不令預政，不令管軍，不許通宮禁，不許接賓客。不唯防禁之，使不害吾治，亦所以保全之，使全吾之恩也。」

「祖宗之法，后族戚里，不得任文資，恐撓法而干政」。宋代重文輕武，外戚「不得任文資」，就不可能占據要職，自然也形成不了太大的政治勢力。但也有先為高官而後聯姻而成外戚者，則可文官，但一不許任侍從官，二不許任二府要職。宋代凡帶殿閣待制以上職名，皆為侍從官，是故吏部侍郎陳俊卿上言：「祖宗家法，外戚不與政，最有深意，陛下所宜守。」因此，宋代外戚受到很好的抑制，沒有形成勢力集團。把持朝廷、弄權舞弊的只有外戚韓侂胄和賈似道，且都出現在南宋後期朝綱混亂之際。

但是，這些制度如果不能準確落實，外戚就會成為心腹之患，如到了清代，雍正歷數外戚年羹堯大逆之罪五，欺罔之罪九，僭越之罪十六，狂悖之罪十三，專擅之罪六，忌刻之罪六，殘忍之罪四，貪黷之罪十八，侵蝕之罪十五，凡九十二款，款款都直指權力家族化與腐敗，都「當大辟，親屬緣坐」。

多管齊下

士大夫家族一旦擁有權勢，便成為家族腐敗的源頭，或者說，家族腐敗是權力腐敗的變種或形式，而且個人腐敗一旦上升到家族腐敗，往往便形成政治權力鬥爭。因此，家族腐敗威脅政權。最低層次上容易引發黨爭，任人唯親，是政壇上的毒瘤，因此，歷代帝王都採取了相應的防控措施。

科舉上抑制官二代

科舉在長達一千三百多年的歷史上，為寒門士子晉身參政提供了機會，但各個時期都有相當一部分官員子弟並非依靠自己的真才實學，而是倚仗父輩的權勢實現金榜題名，這實際上剝奪了很多寒門子弟的政治權利。因此不少帝王有意識地將抑制官員子弟應試作為獎掖寒士、體現公平的一種手段。唐代明確提出「科第之選，宜與寒士，凡為子弟，議不可進」，一定程度上改變了「勢門子弟交相酬酢，寒門俊造十棄六七」的狀況。宋代專門創立了「牒試」制度，規定官員子弟、親戚、門客須專送別處考試。北宋雍熙二年（九八五年），宰相李昉之子、呂蒙正之弟本已取得殿試資格，但宋太宗卻提出，「斯並勢家，與孤寒競進，縱以藝升，人亦謂朕有私也」，竟不許二人參加殿試。

康熙時亦曾要求大臣子弟參加考試單獨編字號，規定取中名額，以實現「大臣子弟既得選中，又不致妨孤寒之路」。同時，不少帝王對於官員子弟參與科舉舞弊實行嚴懲。嘉靖二十三年（一五四四年），內閣首輔翟鑾的兩個兒子同登進士，時人譏之「一鸞當道，雙鳳齊鳴」，翟鑾也因此被彈劾「有弊」。嘉靖皇帝震怒之下，將翟鑾父子罷黜為民；萬曆八年（一五八〇年），內閣首輔張居正的第三子張懋修考中狀元，長子張敬修同時中進士，消息傳來，輿論譁然。馬上令人想到三年前其二子張嗣修已考中了榜眼。時人作詩諷刺：「狀元榜眼姓俱張，未必文星照楚邦。若是相公堅不去，六郎還做探花郎！」兩年以後張居正去世，張氏兄弟考中狀元、榜眼的事，便成了張居正的一大罪狀；咸豐八年（一八五八年）發生的戊午科場案中，主考官柏葰因家人收受考生賄賂，事發後被處以死刑。

為了防範家族權力過甚而腐敗，宋朝還規定，官爵不能世襲，此後更是形成制度，這就使官員的權力「一代享用便盡」。王明清在《揮麈前錄》提到，本朝父子兄弟為宰執者有二十餘人，但是他們並不單純依靠老子的權勢，主要還是憑個人的奮鬥，依賴於選官制度。因此，他們在實際的政治活動中，時時表現出維護皇權的一面。

從源頭上分散權力

為了從根源上控制權力家族化的腐敗趨勢，從源頭上分散權力，從刑法上約束以及實行言官制等舉措都收效明顯。

職差分離抑制權力。宋朝別出心裁，在權力控制的頂層設計上實行官職差分離。「官以寓祿秩，敘位著，職以待文學之選，而別為差遣以治內外之事。」「官」就是官銜，相當於一個級別，虛銜。領薪水的依據，沒有權力，這叫「寄祿官」。「職」就是職務，相當於一個位置，上班部門，造成的只是區別地位和等級的作用。「差」即皇帝臨時「差遣」，等於現在的出差、某項具體任務。有了「差」，才有事權，稱為「職事官」。但這只是臨時的，事情辦完，得等下一次差遣。「非奉別敕，不得治本官事」，這一制度在明清兩代都有所繼承。

刑法上約束家族權力。北宋初長安「多仕族子弟，恃蔭縱橫，二千石鮮能治之者」。官宦家族子弟橫行不法，是做出公正的懲罰還是給予豁免的特權？宋初規定，官吏的兒子、部屬犯貪汙受賄罪，自己也要負刑事責任。翰林學士扈蒙的養子「盜官鹽」，被連降多級，黜為左贊善大夫。司馬光主張：「有罪則刑之，雖貴為公卿，親若兄弟，近在耳目之前，皆不可寬假。」宋代規定，州縣法官獨立進行審判，不得徵求上級法司的意見；上級法司如果乾預州縣法官審判，則以違制追究責任；御史「勘事不得奏援引聖旨及於中書取意」，即法官可以不必理會皇帝與宰相的意見。

利用臺諫系統獨立制約。臺諫始於春秋，至明朝至為完善，又稱言官。言官就是指出皇帝及百官過錯的官，即專門挑刺的官。職級不高，地位卻很高，獨立於行政系統，掌監察之權，形成「二權分立」之勢，這使得制度性的「約束」顯得有力量。如嚴嵩家族腐敗二十年間，言官從未停歇過對嚴嵩父子的鬥爭。雖然言官們付出了慘重的代價，重則被殺害，輕則受杖責，遭流放，但仍然彈劾不止，終使嚴嵩父子得到應有的下場。

以恩蔭制度彌補家族權力慾

士大夫家族的形成一般有兩條管道，一是科舉晉身，二是恩蔭晉身。前者取其才能，後者籠絡其心，當然也不排除皇帝故意為之，意在讓其後代輕鬆上位，墮其苦學進取之心，使其自我衰落。制度設計上，為防控有的家族勢力膨脹，帝王有意識地維護即將衰落的家族勢力，以達到權力的平衡制約。宋代還利用恩蔭制度滿足官員的富貴享受之欲，以息其權力慾，其規模史無前例。蔭補的範圍非常廣，花樣也多。雖然恩蔭制度在頂層設計上也對恩蔭晉身者予以了限制，但也是腐敗產生的重要原因。因而它是一把雙刃劍，遭到寒門士子的反感。

大力表彰

世家大族世代執掌朝政，稍小的家族則縱橫鄉里，控制郡縣政權，有的根本不把朝廷命令放在眼裡，因此，為了防控地方上的大家族，統治者也想了很多辦法。其中最有效的辦法便是大力表彰理學治家。

宋代最早提出重建宗族制的張載，提出立宗子法可以「管攝天下人心」。其於〈西銘〉一文中指出：「大君者，吾父母宗子；其大臣，宗子之家相也。尊高年，所以長其長，慈孤弱，所以幼其幼，聖，其合德，賢，其秀也。」官吏以君主為宗，老百姓則以官吏為宗，因此君主與臣民之間的關係被披上了一層宗法外衣；又提出對待老弱孤殘，要親如家人，服從君主就是服從家長，把忠和孝統一起來，從而使宗法關係同政治緊密結合在一起。理學家程頤也極力主張重建家族制度，特別是強調治理好家庭對於治理好國家的作用。南宋的朱熹同樣大力提倡建立家族組織，同居聚財，反對異財別居。希望家族組織作為一種輔助手段，達到鞏固統治的目的。

《孟子》曰：「天下之本在國，國之本在家，家之本在身。」歷代封建統治階級無不懂得「國之本在家」的道理，都希望透過家族的穩定來鞏固封建統治，家族內部越穩定則國家的統治就越穩固，反之就會有垮臺的危險。宋明幾代都把程朱理學奉為國家意識形態，就是看中了這種理論與制度設計的合理性。宋真宗曾對李宗諤說：「聞卿能敦睦宗族，不隕家聲，朕今保守祖宗基業，亦猶卿之治家也。」《宋史》「孝義傳」云「居官當如居家，必有顧藉；居家當如居官，必有綱紀」；晚清曾國藩亦云，治軍如治家。於是，累世同居大家族再度形成，宋有五十二例，清達五十五例。在具體措施上，趙宋王朝以降，歷代帝王都對其進行旌表、資助，其方式有精神上表彰，如賜予「義門」、「義居」、「忠孝世家」等稱號；物質上獎勵，如減免優惠賦稅，資助經濟困難，保護族產；求忠於孝，鼓勵他們讀書科舉。希望這種精神上的鼓勵能夠樹立起大家庭的榮譽感，保持「肅睦治家」的家風，同時能夠「鄉里率化，爭訴稀少」，保持基層社會的穩定。

「江州義門陳氏」便是一個典型的例子。自唐文宗太和六年（八三二年）到宋仁宗天聖四年（一〇二六年），「江州義門」陳氏已延續了兩百三十多年，十九代同吃同住，全家族人口達三千九百多人，田莊三百多處，發展成一個龐大的家庭，看起來就像一個縮微的國家，一個自給自足、自成體系的田園社會典型。

對這個大家庭的管理，靠的是嚴謹的族規家訓和嚴密的組織管理制度。陳氏家族有一套成熟的管理機構和最完備、最能體現中國文化傳統的家法，它以儒家規範為基礎，也是理學的精髓，字裡行間體現了忠恕、孝悌的思想。這樣的家庭堪稱中國家庭的理想模式。最先看中義門陳氏這個典型的是唐昭宗，於大順二年（八九一年）賜立「義門」，免除部分賦稅。到了北宋，太宗旌賜「忠孝世家」匾額；此後真宗、仁宗都多次賜匾贈聯以表彰其理學治家。

但是對於這樣一個樣板家族，朝廷仍然擔心其勢力過於膨脹，難以控制。經文彥博、包拯等奏請，宋仁宗於嘉祐七年（一〇六二年）派人監護，把陳姓產業分為兩百九十一份，抓鬮定奪，抓到何處就遷往何處。因此，這個跨唐宋二朝歷三百三十二年的大家族就此瓦解。第二年，文彥博、包拯等又上表宋仁宗，建議把「義門陳氏」作為樣板進行褒揚，詔令全國學習。

此外，自宋朝保甲制開始有意識將權力下放基層，以防止上重下輕。明朝和清朝基本沿襲了北宋的保甲制，形成了「保甲為經，宗法為緯」的社會控制網路。咸豐初年（一八五一年）明文規定：「準擇族中有品望者一人為族正，該族良莠，責令察舉。」這其實就是鄉村自治的模式。因此，自宋以降，由家族組織控制中央和地方政權的狀況已經基本上不復存在了。理學治家兼鄉村自治模式之所以有成效，原因就在於改造了中國家庭文化的基因，使世家大族的關注點從權力榮耀轉向家族榮耀。

古代官員過節的清規戒律

節慶是構建社會秩序的模式，是社會的鏡子。歷史上，節慶還被賦予了儀式般崇拜的力量，是社會公約的傳統象徵。自古以來，官方特別重視過節，對官員過節提出了不同的要求或規定，有的形成制度，有的則形成風俗。

普天同慶，節慶旨在和諧

中國古代的先民往往把節慶和神、天、祖先、婚嫁等大事聯繫在一起。作為官員，更重視節慶中的儀式。

《詩經》中記載了大量先秦時期的節慶活動，除了民間的節慶活動外，王室與官員往往會在春分日在首都的南方，以太牢（牛羊豬三牲）祠高禖，不僅天子率大臣親往，而且后妃率九嬪都會前往。〈月令〉中還提到八蠟節，這個標誌實際一年終結的節慶，「國之人皆若狂」，就是一個報恩的節慶，要獻祭各種有生命的或無生命的物體向神報恩，「以萬物報萬物」，每個人都要參與，天子、諸侯使臣、大臣等分主、賓兩組，代表兩種相反的宇宙力量，輪流向對方敬酒，人們相信這能促成全面的和諧。

歷代都有很多祭祀山川的節慶，人們相信，山川是國家統治力量得以施行的代理者，自然界的混亂不過是人類社會混亂所導致的後果，「夫國必依山川，山崩川竭，亡國之徵也」。出於向山川表示尊崇，或者慶祝、祈禱風調雨順，官方都會組織節慶祭祀活動。

節慶的儀式感還體現在朝拜上，節慶朝拜儀式比平時隆重十分。周朝講禮儀，正月初一早上，各路諸侯與文武大臣會集殿廷，向周天子拜賀新年；漢代則稱之為「朝賀禮」；經魏晉至唐宋，直到清末，此儀式世代傳承，規模之盛大熱烈，堪稱空前。這種儀式就是團拜。

官員同事間、親友間過年也講團拜。宋代尤其流行，王十朋〈元日〉詩中寫道「弟兄團拜處，歸去願成行」；《朱子語類》說「團拜須打圈拜」；周必大〈青城小語慶新陽〉題記中說「記去年館中團拜人，今作八處，感嘆成詩」。

除了過年，其他重大節慶，帝王也會大宴群臣，如唐玄宗〈端午三殿宴群臣探得神字．詩序〉中記述皇宮端午日盛況，召來臣僚，大張筵席，「廣殿肅而清氣生，列樹深而長風至」，目的都是為了營造一種團結祥和的氛圍。

守土有責，過節並不輕鬆

我們如今在電視裡經常看到過節時，各級官員忙碌的身影，其實在古代也一樣。中央包括首都高級官員，初一不得休假請假。守土有責，地方長官在春節期間嚴禁離開衙門回老家。這個規矩斷絕了地方官回老家過年的可能性，如果想跟家人團聚，地點只能在「公司」。唐朝著名田園詩人韋應物，寫過一首〈元日寄諸弟兼呈崔都水〉，大意是說：我自從做了縣長之後，每年春節都沒回去過。我在衙門裡感到很冷清很無聊，不知什麼時候才能與家人見面。

地方一般公務員才有特殊福利，每年臘月二十「封印」，停止辦公，回家過年省親，與家人聯歡，只要在第二年正月二十那天趕回衙門「開印」辦公就行。

過節往往是朝廷察民風的極好時期，中央往往會派出巡視組，如元康四年春正月，漢宣帝派遣十二人循行天下，「覽觀風俗，察吏治得失」。

官員值班是鐵律，《南部新書》記載，唐代御史臺很會欺負新來的同事，凡新入職的官員，新年過節的值班任務往往就交給他們了。沈括在《夢溪筆談》中說，朝廷掌管文書事務的翰林館閣，每天需要一人輪流值夜班。宋神宗時太子少保李端願，每到過節「必置酒高會」，有一次，竟然把輪到值夜班的翰林學士孫巨源喝到醉死。

宋時百萬人口的杭州城配有五六千名專職的消防官兵，每二三百步設一個巡察火警的哨崗，政府在元宵夜會加強巡警，「命都轄房使臣等，分任地方，以緝姦盜」。凡熱鬧人多之處，皆點巨燭、松柴照路，亮如白晝，還有大量兵卒巡邏站崗。

清廉過節，杜賕謁之路

華人是個人情社會，民間百姓每到過節都喜歡給親朋好友送禮，聯絡感情，但古時也有法律規定，官員逢年過節的人情往來是不允許的。

《魏書．刑法志》記載：「枉法十匹，義贓二百匹，大辟。」什麼叫「義贓」？南宋學者胡三省解釋：「義贓，謂人私情相饋遺，雖非乞取，亦計所受論贓。」、「義贓」，與直接貪汙受賄所得的「正贓」相對應。有了這規定後，「食祿者跼蹐，賕謁之路殆絕」。官員們不得不趕緊收手，行賄送禮之路幾乎斷絕。

《唐律》規定：官員受賄「五十匹流二千里」，行賄「罪止杖一百」。這裡自然包括了過節收送禮物。宋朝效法唐律，但對收取「生辰綱」這樣的「生日禮」，似乎並沒禁止，更未入罪。但理宗時真德秀說，乾道、淳熙年間，「有位於朝者，以饋賂及門為恥；受任於外者，以苞苴入教為恥。」

金世宗時有法規定生日接受饋獻，應當免官。但實際處分因人而異，官階高的沒事，低的就受懲。這種情況引起了世宗的忿然：「朝廷行事，苟不自正，何以正天下。尚書省、樞密院生日節辰饋獻不少，此而不問，小官饋獻即加按劾，豈正天下之道？自今宰執樞密饋獻亦宜罷去。」

元朝將最容易被視為「人之常情」的生日、節日收禮行為入罪，不再局限於平常職場上的收禮。據《禁治察司等例》規定：「不得因生日節辰、送路洗塵，受諸人禮物，違者以贓論。」古今常見的生日禮、節日禮、接風洗塵禮，一概禁收。

康熙時期為整頓春節鋪張浪費和腐敗現象，明禁送禮之風，要求大小官員的各家府第前都要張貼一張公約：「同朝僚友，夙夜在公，焉有餘閒應酬往返？自今康熙五十八年己亥歲元旦為始，不賀歲，不祝壽，不拜客，有蒙賜顧者，概不接帖，不登門簿，亦不答拜。至於四方親友，或謁進，或遊學，或覓館來京枉顧者，亦概不接帖，不登門簿，不敢答拜，統希原諒。」《後漢書．梁冀傳》記載了權貴的看門人都累千金：「遊觀第內……鳴鐘吹管……或連繼日夜……客到門不得通，皆請謝門者，門者累千金」，想來令人驚訝。

與民同樂，但必須做正事

過節，對古代官員來說並不清閒，除了與民同樂外還得做正事。據《後漢書》和《太平御覽》等史料記載，漢朝官員在節慶中，要麼充電進修，如宋均「每休沐日，輒受業博士」；要麼下田勞動，如尚子平「為縣功曹，休歸，自入山擔薪，賣以飲食」；要麼進行社會實踐，如蔡倫「每至休沐，輒閉門絕賓，暴體田野」；而科學家張衡認為，除夕觀察天象是一年中最寶貴、最重要的一夜。因此，他一生中除夕都是在觀察天象中度過的。

官員當然可以適當地放鬆休息，但不能肆無忌憚地娛樂，過節中官員賭博、逛街等娛樂行為都可能在節後被言官參上一本。

到了唐宋以後，官場風氣雖然有所變化，但仍然以「豪富郎日出遊戲」為鄙事。《宋史》記載，王安石為相時，就愛干涉官員們在新年假日裡的娛樂，「時汴京員吏好因元正沐遊戲市裡，為百姓所患。介甫出逢之，必下車公謁，以愧其心，自是莫敢出者」。在大過年外出遊戲碰到王安石就會倒楣。

宋代開封府刑獄機構會在元宵節期間利用燈飾、圖像演繹獄戶故事，或陳列獄具等表演審犯人的故事以普法；臨安府每至傍晚還要差人到各家各戶詢問，點燈的油燭是否夠用，若不夠，官府「各給錢酒油燭，多寡有差」，到了放燈最後一夜，臨安府尹要出來拜會市民。

官員過節不做正經事，就有違官員「為民父母」這一道德形象。《能改齋漫錄》中記載，宋代章郇公愛好賭博，「作正字日，元正休與丁晉公博……約明年復博」，沒想到節剛過完，就被監察御史狠狠地參了一本，說他「為帝侍，元正應祈福於帝，獨迷博，非諍臣也」。因此，古代有些官員不僅過節時訪貧問苦，而且還扶犁親耕，更重要的是，其行事比現代人低調得多。

節慶假日多了，容易使官員渙散，影響工作效率。包拯上表給宋仁宗，稱「每節假七日，廢事頗多，請令後只給假五日」。戲文裡的包大人確實就是日斷陽，夜斷陰，忙得四腳打轉，就是節慶中也總想著不讓他那虎頭鍘閒著。

清代各級地方官員在春節前後都開展「訪貧問苦」、「扶犁親耕」、「鞭打春牛」等活動，還規定，滿族官員一律不准登臺唱戲，改裝潛入戲園看戲者，要革職或流放。

自娛自樂，但更重視情調

在不鋪張浪費的前提下，官員也有些小情小調，把節日過得更加豐富，更加有趣。

唐朝詩人盧照鄰過年期間獨自去野外尋找樂趣，「歸休乘暇日，饁稼返秋場」；白居易是「無輕一日醉，用犒九日勤」，每到春節會把一年來寫的詩抄錄一遍，把詩稿放在一個盆裡，然後焚香禱告之後，燒掉詩稿。《唐才子傳》載，每年除夕賈島「必取一歲之作置於几上，焚香再拜，酹酒祝曰：『此吾終年苦心也！』」

宋代寬鬆的節慶假日，促進了官員的文化娛樂。陸游記述他年輕時為官，「少年從宦地，休日喜無涯。坐上強留客，街頭旋買花」，一至節慶假日，便喜之不盡；蘇東坡也一樣喜歡在節慶假日間泛舟江上，「誦明月之詩，歌窈窕之章」，〈前赤壁賦〉就是這樣寫出來的。蘇東坡常在筆耕中度過除夕，「晚歲相與饋問，為『饋歲』；酒食相邀，呼為『別歲』；至除夜，達旦不眠，為『守歲』。蜀之風俗如是。余官於歧下，歲暮思歸不得，故以此三詩，以寄子由」。「思歸不得，至春節過，寫詞達旦不眠。」

古代官員做官與讀書如何兩全

兩千多年前子夏一句「仕而優則學，學而優則仕」，將做官和讀書聯成一體：官做得有聲有色了就可安逸地讀讀書，書讀得有所獲了就可以做做官。當書還刻在竹簡上時，讀書只是貴族的特權，所謂「學在官府」；等到春秋王官解紐，學術下移，私學興起，平民才有機會讀書，所謂「學在四夷」。家無讀書子，官從何處來？讀書成了平民做官進入上流社會的通道。

到了隋唐以後，科舉制度更是將「讀書做官」制度化，學成文武藝，貨與帝王家，成了天下書生的夢想。那麼，是不是古人做了官就真的不讀書或不用讀書了呢？

白天做官，晚上讀書

讀書人在古代有一種天然的優越感，如果在鄉閭，家有秀才，那麼其地位就會高於別家；在官場，書香門第同樣是引以為傲的事。因此，古代官員「白天做官，晚上讀書」，十分普遍。

一是習慣使然。歷朝歷代的官員大多年幼時就開始學習四書五經、諸子百家，寒窗苦讀，養成了長年讀書的習慣，做了官以後大多不改其習慣，能勤於讀書，即使在休假中、退休後也依然手不釋卷。總之，讀書是古代官場的主流。

二是萬般皆下品，唯有讀書高的社會價值觀的推崇。魏晉南北朝和唐宋時期，品評官員往往看其出身門第，識其談吐風度，論其書法辭章，講究名望口碑等，有了這些不成文的尺度，官場上讀書、作文蔚成風氣，不讀書之輩很難在官場裡立足和生存。

三是宰相須用讀書人，歷代皇帝用人導向的指引，以及偃武修文、重用儒生的制度建設，都要求做官必須讀書。漢武帝時考核提拔官吏的一個重要條件就是能否通達儒學。通於世務，明習文法，以經術潤飾吏治的儒生備受器重。漢朝標榜以孝治天下，因此漢代官員爭相閱讀《孝經》。據《太平御覽》載：「故漢制天下皆誦《孝經》，選吏則舉孝廉，盡以孝為務也。」、「上有所好，下必甚焉」，官員自然也就將學習《孝經》奉為必修課。

盛唐時期好學之風遍及朝野，官員士子對讀書極為重視。唐太宗常言「以史為鏡，可以知興替」，告誡百官多讀史書；韓愈說，「人之能為人，由腹有《詩》、《書》」；中唐以敢於進諫出名的陽誠因家貧無書讀，便去做了抄書吏，晝夜不出門，「經六年，乃無所不通」，堪稱「勵志哥」。

史載「宋太宗崇尚儒術，聽政之暇，以觀書為樂」，宋真宗「聽政之暇，唯文史是樂」。九九〇年，宋太宗更是向各路官員遍賜《九經》，而趙普、范仲淹等宋代名宦幾乎個個都是勤學苦讀的典範。宋太宗為趙普撰《神道碑》，稱其「及至晚歲，酷愛讀書，經史百家常存几案，強記默識，經目諳心，碩學老儒，宛有不及」。《宋史》對宋代官員的讀書之風給予了高度評價：「上之為人君者，無不典學；下之為人臣者，自宰相以至令錄，無不擢科，海內文士，彬彬輩出焉。」

明成祖朱棣看到「士人家稍有餘資，皆欲積書，況於朝廷」，便於永樂四年動用文人儒臣三千餘人，集古今圖書八千餘種，歷時六年編成一萬一千零九十五冊、三億七千字的《永樂大典》。在統治者的大力倡導下，明代刻書業發達，書市繁榮，尤以帝京雲集天下書商，書市之大，書籍之全，歷史罕見。明代官員亦以淘書、刻書為樂，舉凡科舉考試上榜者「必有一部刻稿」。

清代官員中不僅漢人熱衷讀書，就連滿人都愛學漢文、讀漢書，清代前期出了不少通曉漢籍的滿族官員，如和珅就是一個飽讀詩書的文人。康熙皇帝更是做出了表率，他不僅能詩善文，對西方的算學、地理、光學等自然科學表現出了濃厚的興趣，還下令將《幾何原本》譯成滿漢文字發給官員學習。

上馬殺賊，下馬讀書

古代官員分文官和武官，文武之間最容易產生矛盾，互相瞧不起。五代後漢時，雙方曾大吵一架。這邊說：「安定國家在長槍利劍，安用毛錐？」、「毛錐」就是用來記帳收稅的毛筆。那邊說：「無毛錐則財賦何從可出？」武官認為文官「授之握算，不知縱橫，何益於用」。但統治者當然明白這是片面的理解，連元初耶律楚材都主張「守成者必用儒臣」，重視保護書院，優禮儒士。

絕大多數武將出生入死之際，也認識到讀書的重要性，重視謀士，如劉邦、劉備等。有的武將本身就是文官，如辛棄疾、陸游等；也有不少文人投筆從戎，征戰沙場，特別是大唐和大宋年間；還有的武將酷愛讀書，如關羽燈下讀《春秋》；曹操本身就是詩人；武人狄青就是接受范仲淹的建議讀兵法，終成一代名將。趙匡胤出身行伍，卻酷愛讀書，他隨後周世宗攻打淮南，有人告發他私載貨物數車，一查，發現其實是數千卷書籍。周世宗說：「你一個武將，應該多想想堅甲利兵，帶這麼多書做什麼？」趙匡胤回答：「臣承蒙陛下用為將帥，擔心不能完成任務，所以弄來些書隨時觀看，就是為了學知識、廣見聞、增智慮啊。」九六二年，趙匡胤對身邊人說：「欲武臣盡令讀書以通治道。」另外，文官愛讀兵書也很普遍，如韓信據說得了一部《太公兵法》。

明清兩代的督撫本身還兼軍職，負有戰守之任。王陽明一代大儒，先後帶兵平定了多次叛亂；曾國藩率湘軍東征，身邊將領如羅澤南、胡林翼、郭嵩燾、劉蓉、左宗棠、李鴻章等大多是讀書人，他們朝出鏖兵，暮歸講道，上馬殺賊，下馬讀書；湘軍悍將曾國荃的志願就是「百戰歸來再讀書」；太平軍李秀成後來總結失敗的原因之一，便是太平軍中無讀書人。

拜師交友，讀書悟道

西漢劉向說，「書猶藥也，善讀可以醫愚」。讀書歷來都是修身養性、明理求道的重要途徑，也是衡量人品官德的重要標準。讀書窮理，格物致知，為的就是明心見性，正身立德，「熱鬧場中冷得下，紛華場中淡得下，艱苦場中耐得下，便有幾分人品，幾分學力」。《論語》云：「學也，祿在其中矣。」多讀點書，不斷總結經驗，提高自己，是一種繼續學習，既是儒家要義，也是為政需要，且不說不學詩無以言，不學禮無以立，官員讀書旨在增加學識，開闊心胸，提高施政水準。如董仲舒以《詩經》、《春秋》斷獄，趙普以《論語》為治理天下的依據等都是一時美談。

北宋寇準被罷免丞相後，以刑部尚書知陝州，蜀帥張詠返京述職時路經陝州，寇準以東道主身分接待他，臨別時低聲問張詠：「何以教準？」張詠只說了一句話：「〈霍光傳〉不可不讀也。」寇準不解其意，立即命手下找來《後漢書》閱讀，讀至「不學無術」四字，笑著說：「此張公謂我矣。」可見即使官居高位，長期不讀書不學習貽誤國事、害人害己。

古人可讀書籍有限，為了彌補不足，士大夫之間還重視拜師訪友，以廣見識，以開心智，逐漸形成各自的師友圈，或書信往還，論書問學，或借假日相邀而聚，以文會友，品評文章，交流心得，互相啟發，相互促進。這樣的事例史不絕書，如曾國藩在京城時到處拜師學習，交友訪學，尋求讀書良法；後來做了高官，身邊也聚集大批門生好友，如李鴻章說：「吾從師多矣，莫若此翁之善教者。」這為他們後來書生領兵奠定了基礎。

著書講學，化民成俗

古代官員仕宦一生，最終往往將安身立命之地寄於學術事業，將「求道」作為自己一生最大的奮鬥目標，讀書成為古代文人士子「修身、齊家、治國、平天下」的不二選擇，恪守「立德、立功、立言」的人生目標。讀書也是「透得名利關，便是小歇處」。《紅樓夢》裡薛寶釵就以自家是個讀書人家，祖父愛藏書為傲。

一是在著書作文方面勤勉篤毅，成為做官和作文兩方面的典範。漢唐以來大小官員中，身為思想家、文學家、史學家的就不少，文化人和政治家往往合為一身。特別是自魏文帝曹丕把文章提到「經國之大業」的高度後，詩文著述就成官場的顯規則。古代官員大多能詠詩言志，賦詞遣情，並將其融會於從政實踐中，涵養為一種以讀書鋪就為官之路、以為官提升品性的優良傳統。唐宋官員幾乎人人都有詩文集傳世，南宋司法幹部宋慈還撰寫《洗冤集錄》，成為中國法醫學的里程碑之作。

二是在講學布道方面不遺餘力。如唐宋官員每到一地，都樂於收門生，建書院，講學傳經布道。宋代書院之發達，就是這種背景下的產物。明清繼承這一傳統，講學之風更盛。如萬曆年間，以顧憲成為精神領袖的一些文官經常利用休假在無錫東林書院讀書講學，議論時政。顧憲成還為東林書院題聯：「風聲雨聲讀書聲聲聲入耳，家事國事天下事事事關心。」清代，特別是甲午戰後，官員們終於從虛驕夢中驚醒，士林爭講西學，官吏競談新法成為官場新常態。開讀書會成為政務之餘的新時尚，如長沙由譚嗣同、熊希齡發起南學會，聯絡全省官紳讀書講學，每七日集會演講一次，聽者數千人，「專以開濬知識，恢張能力，拓充公益為主」。

著書講學，在官員們看來也是儒家賦予他們的社會責任，正官風，倡士風，教民風，化民成俗，開悟民眾。

古代文字獄箝制了誰的思想

文字獄是中國歷史上一大悲慘的「文化景觀」，它以文字犯忌、株連廣泛為特色，歷來受到後世的指責和學界的批判。由於歷史上文字獄現象較為普遍，背景複雜，也造成人們對文字獄的諸多誤解。仔細梳理歷史上影響較大的文字獄案，可以清楚地看到，古代文字獄的幾個重要表現值得引起學界重新思考，如重災區為什麼總發生在詩歌、奏章領域？觸發文字獄案的關鍵到底是什麼？古代文字獄箝制了誰的思想？

古代文字獄的幾個重要表現

（一）詩歌與奏章：古代文字獄的重災區

認真梳理歷史上較為典型的文字獄案，不難發現，古代文字獄主要反映在詩歌和奏章上。被認為開了「文字獄」先河的蘇東坡「烏臺詩案」，起因只是一篇表章。元豐二年（一〇七九年）三月，蘇軾由徐州調任湖州。他作〈湖州謝上表〉，例行公事地客套一番，略敘為臣的過去並無政績，而今皇恩浩蕩，但文中夾了幾句牢騷話：「陛下知其愚不適時，難以追陪新進；察其老不生事，或能牧養小民。」被御史臺告發，由此殃及蘇軾寄贈他人的大量詩詞。最後，以蘇軾承認在詩中批評新政，被貶黃州收場。

明代的文字獄以朱元璋時期為最，也集中在詩和奏章上。如翰林編修高啟作詩「小犬隔牆空吠影，夜深宮禁有誰來」，被腰斬；御史張尚禮作詩「夢中正得君王寵，卻被黃鸝叫一聲」，下獄死；僉事陳養浩作詩「城南有安婦，夜夜哭征夫」，被溺死。

清代文字獄仍然集中在詩歌上。如康熙五年（一六六六年），發生在山東的黃培詩案、一柱樓案、「南山集案」等，都是因詩惹禍。

奏章則是文字獄的另一「重災區」。雍正八年（一七三〇年），徐駿在奏章裡把「陛下」的「陛」字錯寫成「狴」字，被革職。後來再派人查出徐駿的詩集裡有「清風不識字，何事亂翻書」、「明月有情還顧我，清風無意不留人」等句，被認定存心誹謗，照「大不敬」律斬立決。

被視為嘉慶朝文字獄的洪亮吉案，也緣於嘉慶四年（一七九九年）八月洪亮吉作的〈乞假將歸留別成親王極言時政啟〉，書成三份，分寄成親王永瑆、吏部尚書朱珪、左都御史劉權之，希望他們能夠將自己對時政的指陳轉達聖聽。文中揭露了清代中葉政治黑暗、吏治腐敗的社會現實，既有對內外諸臣的彈劾，又有對天子的規諫，個別言辭過激，並把朝廷弊政未能扭轉的首要原因，歸結為嘉慶帝沒有「盡法祖宗初政之勤」。嘉慶帝閱後認為，這實為小臣妄測高深，意存軒輊，狂謬已極，於是洪亮吉被革職，按大不敬罪被處以斬立決。但嘉慶心思「朕方冀聞讜論，豈轉以言語罪人，亦斷不肯為誅戮言臣、自蔽耳目之庸主」。因而洪亮吉被改發配伊犁。不久嘉慶又感處分過重，再次對《極言時政啟》詳加披閱後，將原書裝潢成卷，常置座右。洪亮吉因而被釋放回籍。這一案不論是嘉慶還是時人並沒有看作是文字獄。洪亮吉性情放蕩不羈，曾在宴席上公開指斥朱珪崇信釋道，為邪教首領，譏諷大學士王傑剛愎自用，劉墉為當朝鮑老，結果「一時八座，無不被其譏者」，他因言獲罪也是很自然的。可見不能將所有因諫言獲罪者都視為文字獄。

上述重要案例都未涉及思想學術，由此可知，文字獄重點「打擊」的對象是文學作品，而非學術、思想。用吳偉業的話來說就是「詩禍史禍」。至於書寫歷史惹禍是否能一概歸諸文字獄，更需斟酌。早在先秦時期，就有秉筆直書的史家被斬的先例，如董狐、太史簡，無疑不當歸入文字獄。

（二）犯忌：觸發文字獄的關鍵

犯忌，而非思想是觸發文字獄的主要因素。犯忌有很多種，一是名諱上特殊的禁忌（政治禁忌）。如順治康熙年間的莊廷鑨「明史案」，書印出十年後被人告發，書中在敘及南明史事時，仍尊奉明朝年號，不承認清朝的正統，還提到了明末建州女真的事，如直寫努爾哈赤的名字，寫明將李成梁殺死努爾哈赤的父祖，斥罵降清的尚可喜、耿仲明為「尚賊」、「耿賊」，寫清軍入關用了「夷寇」等，這些都是清廷極為忌諱的。而這些忌諱稍有文化的明白人都知道，不用提醒。

時隔幾十年後的《南山集》案也是哪壺不開提哪壺，《南山集》行世已久，錄有南明桂王時史事，並多用南明三五年號，被御史趙申喬參劾，以「大逆」罪下獄處死，株連數百人，震動儒林。可以說，清代的文字獄大多數集中在明朝這個敏感概念上。

雍正朝的年羹堯案，本身就是一個政治案，雍正畏防年氏專權已久，文字獄只是一個藉口。以年羹堯的表章中將「朝乾夕惕」寫成了「夕惕朝乾」，雍正認為他居功藐上，心懷不軌，那些對年氏有怨懟的人群起而攻之，於是年羹堯被劾九十二條大罪，隨帶引出汪景祺西征隨筆案、錢名世名教罪人案。

二是犯帝王個人的禁忌，如朱元璋十分忌諱「光」、「禿」等字眼，因為他做過和尚，對

「僧」字及讀音差不多的「生」也同樣厭惡；他參加過紅巾軍，不喜歡別人說「賊」、「寇」，連讀音相近的「則」也厭惡。偏偏有人不顧忌，北平府學訓導趙伯寧作〈長壽表〉中有「垂子孫而作則」，斬；福州府學訓導林伯璟作〈賀冬表〉中有「儀則天下」，斬；桂林府學訓導蔣質作〈正旦賀表〉中有「建中作則」，斬；常州府學訓導蔣鎮作〈正旦賀表〉中有「睿性生智」，斬；澧州學正孟清作〈賀冬表〉中有「聖德作則」，斬。這些所謂的禁忌幾乎都是出於統治者的極度自卑而引發。

至於查嗣庭案只是野史。據說雍正四年（一七二六年）查嗣庭任江西鄉試正考官，出「維民所止」的試題，「維止」二字被認為是「雍正」無頭。而一柱樓詩案，因詩集中「舉杯忽見明天子，且把壺兒抛半邊」，被指用「壺兒」喻「胡兒」，被暗指清朝。還有「明朝期振翮，一舉去清都」，乾隆稱「用朝夕之朝為朝代之朝，不用上清都、到清都，而用去清都」，「顯有興明滅清之意」。

三是犯狂妄悖逆誹謗之忌。《南山集》案中，戴名世的罪名是「狂妄不謹」；雍正七年（一七二九年）陸生楠《通鑒論》案，罪名是「抗憤不平之語甚多，其論封建之利，言辭更屬狂悖，顯系排議時政」，雍正甚至對《通鑒論》中的「狂悖」議論逐條加以批駁；謝濟世《古本大學注》案，大臣擬定的罪名是譭謗程朱，雍正何等聰明，譭謗程朱算不上什麼，他給定性為對時政「恣意謗訕」，尤切齒於《注》中「拒諫飾非必至拂人之性，驕泰甚矣」一句，咄咄逼問道：「試問謝濟世：數年以來伊為國家敷陳者何事？為朕躬進諫者何言？朕所拒者何諫？所飾者何非？」令人啞口。

還有一種禁忌是文人故意為之。如黃培詩案中的黃培，明末官至錦衣衛都指揮使，明亡後，隱居在家。曾經接濟過於七農民起義軍，其詩如「一自蕉符紛海上，更無日月照山東」、「殺盡樓蘭未肯歸，還將鐵騎入金徽」、「平沙一望無煙火，唯見哀鴻自北飛」反映出黃培反清的民族思想，他還和一幫同道結為大社；戴名世在《南山集》中或歌頌抗清義士，或表彰入清隱居不仕、品節高尚的志士仁人，全然不知避諱，直書其事，犀利的言辭難免會觸動統治者的「隱疾」，遭到忌恨。他本人也知道，曾在《與劉大山書》中說自己「古文多憤世嫉俗之作，不敢示世人，恐以言語獲罪」。至於曾靜、呂留良案本身就是作死的產物，他們屬明知而故犯。

(三) 告訐：文字獄案發背後的動機

文字獄案發都是由臣子告訐。告訐的動機往往是敲詐、索賄等個人私利。如「明史案」中，《明史輯略》刊刻後，起初並無事，只因幾年後幾個無恥小人想去敲詐莊家，才惹出事來。當時主事者莊廷鑨已死多年，一個叫吳之榮的小官告到了北京，引起鰲拜等人的興趣。

明史案開了以「逆書」索賄的惡劣先河，有小人乾脆自製逆書，想敲詐誰就把誰的名字列上。如沈天甫、夏麟奇、呂中刻印一本詩集，假托為陳濟生所編，書中所列作者為大江南北名士巨室七百餘名。康熙六年（一六六七年）沈天甫到內閣中書吳元萊家索銀二千兩被拒，遂將此書檢檢舉官。

乾隆十五年（一七五〇年）前後，民間出現了一篇「假孫嘉淦奏稿」，內容「五不解，十大過」，直指乾隆帝，並把當時的朝中大臣幾乎全部進行揭露斥責，十八省爭相傳抄。次年六月，偽稿流傳到雲南時被當局發現，由此順藤摸瓜，輾轉根究，在全國追查偽稿作者。乾隆四十八年（一七八三年），李一《糊塗詞》有「天糊塗，地糊塗，帝王帥相，無非糊塗」。被河南登封人喬廷英告發，經查發現檢舉人喬廷英的詩稿也有「千秋臣子心，一朝日月天」句，日月二字合為「明」，不是謀反又是什麼？

黃培詩案中告發黃培的人是其家僕黃寬之孫黃元衡。南山集案中的戴名世與趙申喬亦有怨隙，戴在會試時名列第一，殿試第二，狀元趙熊詔是趙申喬之子；戴名世在士林中素享盛名，趙熊詔則才名不顯，當時傳言趙氏因賄賂而中狀元，故趙申喬先發制人，羅織罪名欲置戴於死地，以斷他人追究之想，塞他人議論之口；王錫侯不滿《康熙字典》，花費十七年心血編成一部體例新穎的字典《字貫》，乾隆四十年（一七七五年）刊行面世。書刊出後，被王錫侯同鄉以誣衊康熙的名義告官。

康熙年間的一柱樓案，事發江蘇東臺，有個叫蔡嘉樹的曾以兩千四兩銀子將一塊地賣給徐懷祖。徐懷祖死後，蔡氏想以九百六十兩向其子徐食田贖回，遭到拒絕。懷恨在心的蔡嘉樹就威脅要將其祖父徐述夔的《一柱樓詩集》告官，說其詩中有「詆毀本朝」的句子。徐食田主動將其祖父所著四本書交給縣衙。縣令竭力為兩家講和，最後判定徐食田撥部分田地給蔡嘉樹。不過，此時蔡的目的已不限於贖田了，他想讓徐食田嘗嘗牢獄之苦。他以縣令受賄而包庇之名，向江寧藩司衙門告狀。但其用心被看穿，反而落得個下獄的下場。蔡家有位總管叫童志嶙，因進泰州學一事未獲主管徐述夔同意而記恨。碰上劉墉來金壇的機會，童將《一柱樓詩集》交給劉，劉隨後交給乾隆，說書中「語多憤激」。總之，文字獄的產生有著很明顯的偶然性，多是由個人私利引發，文字獄成了他們假借的工具。參見下表：

乾隆朝重要的代表性文字獄案

是誰推動了文字獄

如上所述，古代文字獄涉案文字大都沒有什麼實質的學術思想意義，大多是在一些個別詩句文字裡面引發大案，往往是作為權力鬥爭或利益爭執的工具，這就是文字獄多發在詩歌和奏章領域的重要原因。

魯迅先生指出：「大家向來的意見，總以為文字之禍，是起於笑罵了清朝。然而，其實是不盡然的。」魯迅分析文禍之因：「有的是鹵莽；有的是發瘋；有的是鄉曲迂儒，真的不識諱忌；有的則是草野愚民，實在關心皇家。」這道出了文字獄的真相。

凡人厭誹謗，文人善譏訕，朱元璋就明白這點，但文字獄只限於以表箋文字不當而罹罪。

清代的詩歌成就其實不在唐詩之下，文人士大夫寫詩極為普遍，要弄出點影射來極為容易，奏章是臣子必備的行文工具，二者都不可能危及統治，皇帝們未嘗不知。他們只不過是借此鼓勵臣子們檢舉告密而已。乾隆聽從山東道御史曹一士「請寬妖言禁誣告折」的建議：今後凡告發旁人詩文書札等悖逆譏刺的，如審無實跡，一律照誣告反坐；如果承審的法官比附成獄的，以「故入人罪」論。

對於文字獄，歷代帝王大都有清醒的認識。宋神宗在烏臺詩案中就說過：「朕絕不以文字之罪殺人，更不會以文字為獄而累罪於天下文人，招致千古不絕之唾罵。」康熙五十一年（一七一二年）十月，玄燁收到了一封告密信，信的內容是解讀兩首詩。一首是「雪艇松庵閱歲時，廿年蹤跡鳥魚知。春風再拂生公石，落照仍銜短簿祠。雨後萬松全逕匝，雲中雙闕半迷離。夕佳亭上憑欄處，紅葉空山繞夢思。」詩中的「萬松」，檢舉人認為是寓「由崧」，就是南明弘光帝；「紅葉」是指明裔，因為「紅」即「朱」，「葉」即「裔」。另一首詩是：「塵鞅刪余半晌閒，青鞋布襪也看山。離宮路出雲霄上，法駕春留紫翠間。代謝已憐金氣盡，再來偏笑石頭頑。楝花風後遊人歇，一任鷗盟數往還。」詩中「代謝已憐金氣盡」，被解讀為詛咒清朝政權國運不長，因為清廷入關前國號為「後金」；「一任鷗盟數往還」，被認為是作者陰通臺灣鄭成功之明證，因鄭氏偏居海島，鷗者，海鳥也。

詩的作者叫陳鵬年，時任武英殿纂修總裁官。而檢舉者為噶禮，時任兩江總督。噶禮是滿洲正紅旗人，因噶禮在皇帝親征噶爾丹時負責督運糧餉，深受康熙信任。噶禮羅織周納，極盡能事，指摘陳鵬年「陰有異志，非徒以文字訕謗而已」，「以原稿呈進，而逐句籤其旁」，要置陳鵬年於死地：「摘印下獄，復擬大辟。」

康熙處置過著名的文字獄有十餘起，但面對這一檢舉，他表現得非常冷靜。因為他對被檢舉人陳鵬年和檢舉人噶禮二人素有了解，他將陳鵬年的詩作交給朝臣們傳閱，並指出：「陳鵬年稍有聲譽，學問亦優。噶禮之欲害之也久矣。」、「朕閱其詩，並無干礙」，「詩人諷詠，各有寄託，豈可有意羅織，以入人罪？」可見，康熙皇帝深知文字獄成了官員們用以打擊政敵的一種手段，他本人並非刻意要禁錮人的思想和言論：「噶禮曾奏陳鵬年詩語悖謬，宵人伎倆，大率如此。朕豈受若輩欺耶？」直接否決了噶禮的告密。

客觀地說，許多類似文字獄案根本不能歸入文字獄，以康熙年間的朱方旦案為例。此案在著名的文字獄案目錄中赫然在列。在此案的敘述中，朱方旦是個名醫，著有《中補說》與《中質祕書》兩部醫學著作，流傳很廣。朱方旦提出了腦是人的主要思考器官：「古號為聖賢者，安知中道？中道在我山根之上，兩眉之間」。所謂中道，是指人的意念、記憶；腦是人體思維的最重要部分，稱為山根，他認為「中道在山根之上、兩眉之間」，就是意識是在腦子裡面。這是對此前數千年傳統儒家認為「心之官則思」的觀念的顛覆，因此被視為妖言，藐視孔孟，詆斥理學，遭到朝臣們的圍攻，朱方旦因此被殺。如此而來，朱方旦之死倒與布魯諾捍衛哥白尼「日心說」而遭燒死一樣，成為英雄了。

朱方旦果真是因為文字獄而死嗎？簡潔的敘述背後其實隱藏著深層的原因。朱方旦是名醫不假，但他治病的方法很玄，用「意念」幫人治病，而且還頗為「靈驗」。大學士李光地在《榕村語錄》裡言之鑿鑿地記載了一件事：

「朱方旦初至京，傾動一時。猗氏衛先生在朝班，極詆之，適史子修聯坐，色殊不悍，猗氏並責之。子修曰：我非孟浪信從其教者，彼實能起死人而生之，雖欲不信從得乎？猗氏詢其詳，子修曰：吾妻病已三年，委床待斃。聞朱至，往叩之，朱曰：俟吾察其命盡有囧，君姑還，余即至。某問：先生能遽來耶？朱曰：不須余來，病者自知。是夜，妻竟安臥，又聞室中有異香。至雞鳴時，妻欠伸而覺曰：汗透矣。索衣易之，勸其少間，妻曰：我愈矣。適夢至一公廨，有大官命吏檢簿，須臾吏白曰：史鶴齡妻壽限未盡，但災厄甚重。忽聞屏後有人曰：既壽限未盡，令其夫婦皈依道教，以禳解其災可乎？大官起立拱諾，曰：受朱先生教。因命余歸。遂蹶然而起。」

這一來，朱方旦更是聲名大振。湖廣巡撫董國興以朱方旦左道惑眾劾奏，將朱方旦逮往北京。解送時，數百民眾前來告別送行。朱方旦信誓旦旦說自己不日將回。到京後刑部議以妖術惑人罪擬斬首，押入大牢。恰巧康熙祖母太皇太后博爾濟吉特六十壽辰，大赦天下。朱方旦並無煽動叛逆誹謗當朝的言行，亦在赦免之列。時北京城裕親王福全妃難產，求朱方旦診治。朱方旦攜福全之手走進另一房間靜坐，用「意念」發功助王妃安全分娩，再次轟動了京師。不僅王公大臣都成了朱方旦的信徒，連康熙對他亦頗為禮遇。康熙十三年（一六七四年），在平定吳三桂造反中，大將軍勒爾錦多次找朱方旦卜問戰機。巡撫張朝珍還贈其「聖教帝師」匾，康熙聞聽，諭旨「軍機大事，萬不可聽其蠱惑」，及時制止了這股熱潮。

此後，朱方旦開始在漫遊中著書立說，這兩部書中主要談的是意念氣功，指摘程朱理學。這引起了明史纂修官汪懋麟、大學士熊賜履、侍讀學士王鴻緒等人的警覺，歷史上東漢張角、元代劉福通，都是利用為人治病發展信徒，直至聚眾造反的，殷鑒在前，為避免朱方旦「陽託修練之名，陰挾欺世之術」，「搖惑民心」，提出予以嚴懲。康熙並沒有在意，但朱的信徒勒爾錦十分著急，向康熙求情。這一來引起了康熙的惱怒，連近親宗室大臣都沉迷其中，這可不是件好事，於是顯露殺機。對朱方旦的處置得到了朝廷上下一致的同意。

很顯然，朱方旦案並不是文字獄，這位自稱「二眉道人」的「名醫」和王林之輩一樣都屬於神棍。

文字獄箝制了誰的思想

「避席畏聞文字獄，著書都為稻粱謀」，龔自珍的這句詩道盡了歷史上文字獄的可怕。然而，把「著書都為稻粱謀」一概歸諸文字獄所致，把文字獄視為一種可怕的統治手段，是導致思想、學術貧乏的首惡則值得商榷。古代統治者無一例外都重視統治地位的穩固，都有從思想上加以箝制的舉措，如指定科舉科目，焚燬禁書等，對一些不馴服的知識分子進行鎮壓也是手段之一。然而，將文字獄誇大為箝制思想和言論自由，顯然不合歷史的真相，更不是導致乾嘉學風轉變的主要原因。果如是，龔自珍為何敢寫詩公然抨擊文字獄？不止龔自珍，清人很早就以各種各樣的形式記錄了形形色色的文字案獄，描述各種慘狀，表達各種觀點。如《明史》案發不久，詩歌、散文、小說、戲曲裡對慘案進行了詳實的記錄，或長歌當哭，或悲嘆浩劫，或鳴冤叫屈。他們難道不怕文字獄嗎？因此，對歷史上的文字獄的作用有必要客觀地歷史地審視。

事實上，明清兩代的學術思想並沒有因文字獄而受到禁錮。相反，明清學術文化呈現出一片繁榮景象。義理之學（哲學）、考據之學（史學）、詞章之學（文學）都獲得了長足發展，特別是清代的實學。被認為是實施文化高壓政策的乾隆時期，僅在浙江一帶收繳禁書三千多種，六七萬部以上，與《四庫》收書差不多，這從另一個側面反映出清代學術文化的繁榮。清代考據學的繁榮並非如此前學術界所說的「被文網所迫」，而是學者的自覺。梁啟超在《清代學術概論》中說：「凡『思』非皆能『潮』，能成潮者，則其『思』必有相當之價值，而又適合於時代之要求者也。凡『時代』非皆有『思潮』，有思潮之時代，必文化昂進之時代也。其在我國自秦以後，確能成為時代思潮者，則漢之經學，隋唐之佛學，宋及明之理學，清之考證學，四者而已。」梁啟超的論述恰當地指出了清代考據學的思想學術繁榮與價值所在。

後世發現記載明初文字獄案的史料明顯多處失真，清初錢謙益對明初文人死於「太祖文字獄說」存疑，他力斥蒲庵禪師來復死於文字獄之舊說，認為來復真正的死因是受胡唯庸謀反案牽連，徐一夔死於明初文字獄也屬虛構。

辛亥革命前後，知識界為打擊清廷，製造輿論，將文字獄渲染成「言論自由之人權」，顯然是有政治意圖的。古代文字獄基本上不涉及學術、思想和言論自由，真正的「思想犯」如顧炎武、黃宗羲、王夫之等人在清朝康乾年間倒沒人拿來做文章[三]。乾隆編修《四庫全書》，「初下詔時，切齒於明季野史。其後，四庫館議，維宋人言遼金元，明人言元，其議論偏謬尤甚者，一切擬毀。」換言之，清朝統治者是出乎民族自尊而查禁「明季野史」，並沒有禁止言論自由。充其量是文化上自卑的清統治者過於敏感，凡涉及「明」、「清」、華夷有關的字眼，就不舒服。如乾隆帝惡胡中藻為鄂爾泰黨羽，親自批駁其《堅磨生詩鈔》：「『一把心腸論濁清』，加『濁』字於國號之上，是何肺腑？」江蘇興化人李驎《虬蜂集》中有「杞人憂轉切，翹首待重明」；「日有明兮，自東方兮，照八荒兮，我思孔長兮，夜未央兮」，被認為故意影射。這些都談不上真正的言論不自由，因為避諱古來有之，是明確禁止的用語，人所共知。

更進一步分析和仔細梳理歷史上的文字獄，不難發現，文字獄案固然涉及少數朝中大臣或地方官員，但更多的是不能出仕的下層讀書人即生員、童生之類以及個別不仕舉人；他們因本身功名不遂，境遇困頓，產生一種「變態心理」，對社會現實心有不滿而作憤激怨望之語，而其人品行亦屬庸陋狠鄙者，也正是這些下層讀書人在文字獄中的遭遇折射出當時無數讀書人的命運和變態心理。比如一個人的詩裡反覆出現如「明」、「清」、「日月」這樣的字眼，即便不聯繫到清代統治者的禁忌，也不能不說作者才情有限，徒然授人以柄。那些真正有成就的學者、正直的大臣很少涉及文字獄。可見文字獄很大程度是一種報復陷害的工具與產物，與思想和學術自由並無多大關係。

[三] 顧炎武因康熙七年（一六六八年）捲入黃培詩案，他本意圖為同人辯誣，不料反被人誣陷入獄七月，顧氏據理力爭，加上親友搭救而出獄。顧氏乃明末大儒，以抗清著名，累拒仕清，志在反清復明，但直到康熙二十一年顧氏以七十高齡去世，都沒有因自己的著述遭遇文字獄。

歷史上復仇私鬥之風為何長盛不衰

自先秦至明清，華麗的歷史背後隱藏有一部血腥的歷史，這就是復仇私鬥史，而且綿延上千年，至今在中國人心裡尚潛伏著一股復仇的痛快感。荊軻刺秦王、趙氏孤兒復仇記、武松血刃潘金蓮等，歷史和小說中人們無一不為主角最終復仇成功而大呼痛快。撇開專諸刺王僚、聶政刺俠累、豫讓刺趙襄子、要離刺慶忌等著名刺客故事不算，先秦社會上還上演著各種各樣的復仇劇。

復仇私鬥的原因千奇百怪。有的為血親被殺而復仇，如《竹書紀年》記載了殷商先人王亥在有易氏淫亂被殺，其子上甲微借兵報仇的故事。《左傳．襄公二十六年》記伍子胥復仇，《史記》對此更是表達了高度的稱讚：「向令伍子胥從奢俱死，何異螻蟻。棄小義，雪大恥，名垂於後世，悲夫！方子胥窘於江上，道乞食，志豈嘗須臾忘郢邪？故隱忍就功名，非烈丈夫孰能致此哉？」

有的是因為怨恨而復仇。著名的「楚材晉用」，就是因為析公、雍子、子靈、苗賁皇四個楚國大夫因為各式各樣的怨恨離開楚國後，為晉國所用，對楚國產生了巨大的威脅。

有的因自尊受到侵犯而報仇，如范雎就以「一飯之德必償，睚眦之怨必報」而聞名；晉文公重耳為公子時流浪國外，路過曹國，被曹共公偷窺其洗澡而感覺受辱，即位三年後發兵滅曹；宋國南宮萬曾被魯國所俘，宋閔公戲之曰：「始吾敬子；今子，魯囚也；吾弗敬子矣。」南宮萬為此記恨宋閔公，便於次年謀亂，「弒閔公於蒙澤」；陳靈公與孔寧、儀行父君臣三人都與夏姬淫亂，有一次在夏姬家中飲酒之後，互相調戲夏姬之子夏徵舒長得像對方，夏徵舒聞聽大怒，殺死靈公；晉國大夫郤克有足疾，奉君命出使齊國遭到了婦人的侮辱。回國即勸晉景公伐齊，不獲允許，但郤克長期憋著氣，終於等到成為執政大夫兼中軍元帥之後起兵伐齊；孟嘗君也曾因被恥笑而復仇。孟嘗君過趙，趙人聞其名都來觀看，原以為他是一個魁梧大人，不料竟是個矮個子「小丈夫」，便都笑他，孟嘗君感到受辱，斫擊殺數百人，遂滅一縣而去；吳起年輕時，家產千金，遊歷求官不成，反而敗掉了家業，鄉親們嘲笑他，他便殺掉了三十多個譏笑他的人。

有的是為君主或國家報仇。如齊襄公復九世之仇而滅紀。復仇之風直接導致三大後果：

私鬥成風

血親復仇的起源早於文明社會，進入宗法社會後，親親原則更加強化了復仇的責任。先秦作為一個典型的宗法社會，其復仇習俗為儒家所承繼。《禮記》、《大戴禮記》、《公羊傳》、《周禮》等文獻對此甚至做出了具體的要求，形成了教條，由此擴展到君主師友等政治與社會關係中。

復仇與私鬥紐結，個人之間的爭鬥忿怒常轉為宗族家庭血緣集團間反覆不解的仇殺。一人被殺後，為了預防其親族後人為其報仇，就不得不將其親屬全部加以殺戮——「滅門」。有的還借助外力，因而游俠、刺客應運而生，捲入其中。至戰國時，復仇報怨、私鬥之風仍很盛行，私家專制人命，排斥公法，甚而報殺官吏親屬，成為嚴重的社會公害。程大力先生認為，中國武術發達，絕大部分內容產生於私鬥、用於私鬥。

冤冤相報

秦二世而亡即亡於復仇。張良之所以追隨劉邦，就是為韓復仇。其先人韓破，弟死不葬，悉以家財求客刺秦王，「以大父、父五世相韓故」。後來張良尋得一力士，使鐵錘重百二十斤。秦始皇東遊，張良與刺客狙擊秦始皇博浪沙中，誤中副車。秦始皇大怒，大索天下，為張良故也。張耳、陳餘也如此結交少年「報父兄之怨」。《史記》載，楚之南公曰：楚雖三戶，亡秦必楚。也是抱著復仇心理。到了秦末，全國各地「家自為怒，人自為鬥，各報其怨而攻其讎，縣殺其令丞，郡殺其守尉」。秦王朝的各級官員，要麼被眾多的復仇者殺害以響應起義，要麼改弦易轍倒向起義軍，秦王朝的覆滅才會如此之迅速。

正是基於這樣的社會風氣，春秋時期老子提出了「報怨以德」的思想，試圖說服人們結束冤冤相報的死結。然而，這一思想卻遭到了以孔子為代表的儒家反對。《論語．憲問》中，孔子首先質疑「以德報怨」，否則「何以報德」？乾脆地提出「以直報怨，以德報德」，就是以對等的辦法回報人家的怨。在他看來，以德報怨是不公平、不等值的。

因此，《禮記．檀弓上》載：子夏問孔子：「居父母之仇，如之何？」孔子回答：「寢苫枕塊不仕，弗與共天下也。遇於朝市，不返兵而鬥。」父母之仇，不共戴天，遇上則鬥。《禮記．曲禮上》、《大戴禮記．曾子制言上》都表達了同樣的觀點：「父母之仇不與同生，兄弟之仇不與聚國，朋友之仇不與聚鄉，族人之仇不與聚鄰。」由此產生了「有仇不報非君子」、「君子報仇、十年不晚」等根深蒂固的復仇觀念。

司法難題

如果說《禮記》、《論語》贊成復仇還只是影響民間，那麼，孔子在《春秋》中讚賞復仇則直接影響到司法。因為《春秋》不僅是儒家的經典，還是後世決獄的依據。孔子在《春秋》中認為「不復仇而怨不釋」。他讚賞齊襄公滅紀，批評了魯莊公沒有復仇（襄公陰謀害死魯桓公卻與齊襄公釋怨。

後來儒家春秋公羊學派的進一步提倡，對司法判決的影響極為深遠。漢代以《春秋》斷獄，為復仇披上一層合法的外衣，在司法實踐中，法律的尊嚴在儒家倫理面前黯然失色。「賊鬥殺人，以劾而亡，許依古義，聽子弟得追殺之」（《漢書．刑法志》）；「《春秋》之義，子不報父仇，非子也」（《春秋繁露》）。復仇情緒得以高揚，「睚眦之怨莫不報復」，為當時的價值取向和共同心態，上自王公貴胄，下至販夫走卒，無不生活在「怨仇相殘」之中，造成相當嚴重的社會後果。淮南厲王劉長手刃仇人審食其，梁孝王劉武遣郎吏暗殺袁盎，壽光侯劉鯉「怨劉盆子害其父，因（沛王劉）輔結客，報殺盆子兄故弑侯恭」等故事不斷上演。刺客或在大庭廣眾之下，或在縣廷之中公開殺人復仇。

為了改變這一局面，歷史上也採取過不少辦法對復仇私鬥加以限制。

秦自商鞅變法始即採取了兩手抓，一是將民氣導向公戰，二是嚴懲私鬥（包括家庭宗族間的復仇）。秦法規定：「有軍功者，各以率受上爵；為私鬥者，各以輕重被刑」，透過「重刑而連其罪」的措施，使「褊急之民不鬥」。秦簡《法律答問》中關於懲治私鬥的條例有十二款之多。雖未根絕復仇私鬥，但世風為之一變。史稱秦人「勇於公戰，怯於私鬥，鄉邑大治」。荀子入秦「觀其風俗」，見「其百姓樸」、「百吏肅然」。

孟子也看到了「殺人之父，人亦殺其父；殺人之兄，人亦殺其兄」的現實，指出雖然不是他自己殺了父兄，但也只差那麼一點點了。《韓非子．六反》直斥他們為「活賊匿奸」、「暴激之民」。《韓非子．五蠹》中指出：「人主尊貞廉之行而忘犯禁之罪，故民逞於勇而吏不能勝也。」認為不可助長個人復仇行為。成書於戰國的《周禮》「地官」篇中有為復仇而設的專職官吏「調人」，「掌司萬民之難而諧和之」。「調人」近乎今天的司法調解員，殺父殺兄之仇，儘量勸說當事人遠離當地「避仇」，如果不避仇，調人就可以抓捕他治罪。如果是官吏依法誅殺有罪的人而被復仇的，則視為天下公敵加以捕殺。如果殺人符合義理，就使當事雙方不要同住一國，勸令不要報仇，如果報仇就要判死罪。如果吵嘴打架，就加以評斷和解，不和解，就記錄下來，先行報復的要加以懲罰。《左傳．襄公二十二年》中，鄭國的游眅公然掠奪他人之妻，被其夫所殺，執政子展下令召還殺人者，並且禁止游氏復仇。這就是霍姆斯所說「法律起源於復仇」。

私人不再有擅自殺人的權利，殺人復仇須受公法制裁。但是，社會風氣卻仍然將其看作是貞廉之行。《韓非子．五蠹》指出：「今兄弟被浸，必攻者廉也，知友被辱，隨仇者貞也。廉貞之行成，君上之法犯矣。」張金光先生在《商鞅變法後秦的家庭制度》中指出，秦簡《日書》中民間尚有定「利報讎」的吉日，並主要存在於東方。有些審案官不惜做出「犧牲」官位甚至性命以保全復仇者的舉動。薛況在皇宮門口刺殺官吏，本是重罪，卻因為是為父報仇符合《春秋》之義而被從輕發落。

既然公法不允許私人復仇，到兩漢時期，就產生一種變通做法：「受賕報仇」，即買兇殺人。兩漢上承戰國之餘烈，人民「輕死重氣，怨惠必仇，令行私庭，權移匹庶」，整個社會依然彌漫著濃厚的復仇情緒。

這個時期社會上出現許多「輕薄少年惡子」、「淫惡少年」（班固語），他們「輕死重氣，結黨連群；實蓄有徒，其從如雲」，「攻剽椎埋，劫人作奸，掘塚鑄幣，任俠並兼，借交報仇」。（《史記．貨殖列傳》）如郭解常「以軀借交報仇」，「少年慕其行者，亦輒為報仇」。原涉家養「刺客如雲，殺人皆不知主名」；潁川「大姓原、褚宗族橫恣，賓客犯為盜賊」；戴子高「家富好給施，尚俠氣，食客常三四百人」。《漢書．游俠傳》將他們稱為「報仇怨養刺客」之「豪俠」，實際上成為武斷鄉曲的地方黑惡勢力。

東漢復仇之風更濃。桓譚說：「今人相殺傷，雖已伏法，而私結怨仇，子孫相報，後忿深前，至於滅戶殄業，而俗稱豪健，故雖有怯弱，猶勉而行之。」酷吏陽球組織輕俠少年數十人，暴殺辱母郡吏，「滅其家」。竇憲所養「悍士刺客滿城中」。祭遵「嘗為部吏所侵，結客殺之」。東漢南陽太守杜詩不惜丟官棄爵，「遣客為弟報仇」。酒泉楊阿若「少游俠，常以報仇解怨為事，故時人為之號曰：東市相斫楊阿若，西市相斫楊阿若。」桓帝末，京都童謠曰：「河間來合諧，河間來合諧！」

《潛夫論．述赦》說：「洛陽至有人主諧和殺人者，謂之會任之家，受人十萬，謝客數千。」他們又用財賕賂官府，「吏與通姦，利入深重」，「榮樂過於封君，勢力侔於守令」，形成盤根錯節之勢。因而王夫之在《讀通鑒論》直指：「猾民伏其巧辯，訟魁曲為證佐，賕吏援以游移，而法大亂。」

西漢鮑宣，東漢桓譚、張敏都曾建議朝廷禁止「私相傷殺」，「其相傷者，加常二等」，且不得贖罪。帝王也害怕這些勢力發展，漢武帝將郭解滅族；尹賞捕殺長安「惡少年」；王溫舒捕滅「河內豪奸之家」，「苛察淫惡少年」；涿郡太守嚴延年誅殺大姓西高氏、東高氏。漢成帝河平年間，京兆尹王尊捕殺長安「宿豪大猾」賈萬、萬章、張禁諸人。

然而，這種做法打擊的只是「豪俠」勢力，卻沒有改變其根本，漢世以「孝悌」治國，以血緣為紐帶捆縛家國宗族為一體，因而民間對復仇者仍然給予普遍同情和讚譽。人們唯恐被世人譏笑為「忍辱之子」、「無恥之孫」。東漢時，血親復仇甚至成了品評人物的重要標準之一。朝廷也陷入一種尷尬兩難的境地，因為如果「不許復仇」，又擔心「傷孝子之心，乖先王之訓」；如果允許復仇，又擔憂「人將倚法專殺，無以禁止其端」。因此東漢章帝制定了《輕侮法》，為私鬥復仇提供了合法的依據，官方對復仇者往往寬宥。和帝雖然聽從張敏之議，廢除此法，但「形同具文」。兩漢的司法實踐始終陷於這種禮與法的衝突、縱與禁的掙扎中，買兇殺人之風從未息止。

三國時孫策死於刺客之手，曹操報殺父之仇攻伐徐州，劉備為報關羽之仇發兵攻吳等故事，仍然可見復仇之風甚烈。

有唐一代依然糾結於此，陳子昂主張禮法兼顧，對復仇者依律處刑，但其復仇行為應予表彰，「宜正國之典，寬之以刑，然後旌閭墓也」。柳宗元則指出二者只能擇其一，否則就會出現「趨義者不知所向，違害者不知所止」的麻煩。韓愈主張酌宜處之：「然則殺之與赦，不可一例，宜定制曰：凡有復父仇者，事發具其事由，下尚書省集議奏聞，酌其宜而處之，則經律無失其旨矣。」此後儒家理學盛行的宋明清等歷代都未能逃避這種兩難境地。特別是元末明初和明末清初，民族復仇情緒一度高漲，也折射出社會上根深蒂固的復仇情緒。

總之，在公權觀念沒有確立之世，復仇私鬥始終成為社會一大景觀，或隱或顯。在張揚儒家傳統的今天，這股復仇私鬥風仍然值得人們警惕。

電子書購買

國家圖書館出版品預行編目資料

歷史只露半邊臉：求仙、殺宰相、文字獄……血腥中帶著一點搞笑的君臣日常！/ 劉緒義著 . -- 第一版 . -- 臺北市：崧燁文化事業有限公司 , 2021.08

面； 公分

POD 版

ISBN 978-986-516-686-1(平裝)

1. 中國史 2. 通俗史話

610.9　　110008535

歷史只露半邊臉：求仙、殺宰相、文字獄……血腥中帶著一點搞笑的君臣日常！

臉書

作　　者：劉緒義

發 行 人：黃振庭

出 版 者：崧燁文化事業有限公司

發 行 者：崧燁文化事業有限公司

E-mail：sonbookservice@gmail.com

粉 絲 頁：https://www.facebook.com/sonbookss/

網　　址：https://sonbook.net/

地　　址：台北市中正區重慶南路一段六十一號八樓 815 室

Rm. 815, 8F., No.61, Sec. 1, Chongqing S. Rd., Zhongzheng Dist., Taipei City 100, Taiwan (R.O.C)

電　　話：(02)2370-3310　　　**傳　　真**：(02) 2388-1990

印　　刷：京峯彩色印刷有限公司（京峰數位）

定　　價：380 元

發行日期：2021 年 08 月第一版

◎本書以 POD 印製